普通高等学校经管类精品教材

客户关系管理实务
第 2 版

主　编　陈小秀　张　兵

编写人员（以姓氏笔画为序）

卢　苑　朱元璐　张　兵
杨　星　陈小秀　邹火龙

中国科学技术大学出版社

内 容 简 介

本书基于客户关系管理工作岗位的人才需求设计内容结构,全面介绍了客户关系管理的概念、方法和典型应用,旨在满足高素质客户服务技能人才培养的需求,培养能够开发潜在客户、正确处理客户投诉、进行客户满意度和忠诚度维护且善于沟通、团队意识强的企业基层客户服务人员。

图书在版编目(CIP)数据

客户关系管理实务/陈小秀,张兵主编. — 2 版. —合肥:中国科学技术大学出版社,2022.6
ISBN 978-7-312-05331-3

Ⅰ.客… Ⅱ.①陈… ②张… Ⅲ.企业管理—供销管理 Ⅳ.F274

中国版本图书馆 CIP 数据核字(2021)第 205163 号

客户关系管理实务
KEHU GUANXI GUANLI SHIWU

出版	中国科学技术大学出版社
	安徽省合肥市金寨路 96 号,230026
	http://press.ustc.edu.cn
	https://zgkxjsdxcbs.tmall.com
印刷	安徽省瑞隆印务有限公司
发行	中国科学技术大学出版社
开本	787 mm×1092 mm 1/16
印张	17.75
字数	454 千
版次	2019 年 2 月第 1 版 2022 年 6 月第 2 版
印次	2022 年 6 月第 3 次印刷
定价	39.80 元

第 2 版前言

随着经济全球化的快速发展,科学、高效地管理客户已成为企业的核心竞争力,并且在企业管理中发挥着越来越重要的作用。"客户关系管理"是一门理实一体化较强的课程,表现为企业在客户管理工作中既要遵循一定的原则和方法,又要灵活地、动态地、艺术地管理客户。

作为经济管理类专业群共享课程的配套教材,本书以"立德树人"为根本,以社会主义核心价值观为引领,在充分吸收国内外客户关系管理学科理论研究和客户管理实践的新成果、新经验和新素材的基础上,紧密结合当前客户关系管理实践中遇到的关键性问题,从认识客户关系管理工作开始,到客户开发、客户服务管理,再到客户投诉处理、客户满意度和忠诚度管理,最后到大客户管理和客服人员的压力管理,我们凝练出客户关系管理实践的七大关键模块,围绕这些模块,我们设置了认识客户关系管理工作、客户选择与互动、开发潜在客户、线下线上客户服务管理等 10 个学习项目,采用任务驱动方式进行项目化教学,立足于提高学生职业素养和客户关系管理的综合职业能力,着重培养学生的创新能力和实践能力。

本书第 1 版出版 3 年来,深受读者喜爱。本次修订,在保持第 1 版整体结构的基础上,针对高职院校学生特点,在内容、形式以及所融入的教学方法和手段上均有改进。第 2 版内容更加丰富、形式更加灵活、更加与时俱进,是一本集理论、实践、知识拓展与生产性实训于一体、数字化资源齐全的立体化教材。

第 2 版教材的特点如下:

1. 数字化教学资源丰富。教材植入微课、动画、情景剧等动态资源二维码,也有配套的线上习题库和教案,便于实施线上线下混合式教学。

2. 内容结构合理。按模块化设计,使用任务驱动、项目导向的教学模式,每个学习项目均有思维导图,明确重难点,每节知识点里至少附带 1 个案例/小故事,1 个拓展知识点/职场小贴士,1 个微课/网络视频二维码链接,1 次互动——想一想/看一看/练一练等,并设置了学习小结、学习检测和实践挑战,便于教、学、做相结合,理实一体化。

3. 针对性更强。结合高职教育教学特点,针对高职院校的市场营销和电子商务等经济管理类专业,精编精讲客户关系管理理论,充分利用校企合作资源,注重理论和方法在合作企业的实际应用和技能训练。

4. 育人性凸显。本教材全面落实"立德树人"的根本任务,各项目明确提出培养人才的具体素养目标,以微课、案例、故事等形式融合社会主义核心价值观、职业道德观、工匠精神、赣商精神、中华优秀传统文化等内容,潜移默化地进行思政育人。

本书由陈小秀、张兵任主编,朱元璐、杨星、卢苑、邹火龙参加编写。陈小秀负责拟定编写大纲,组织协调并审定全稿。本书共 10 个项目,陈小秀编写项目一至项目三,张兵编写项目八,朱元璐编写项目六和项目十,杨星编写项目四和项目五,卢苑编写项目七,邹火龙编写项目九。

本书配有电子资源,读者可扫码观看,也可登录以下网站:① 智慧职教(https://www.icve.com.cn);② 学银在线(http://www.xueyinonline.com);③ 中国大学MOOC(https://www.icourse163.org)。读者可在以上网站中搜索"企业与客户的那些事——客户关系管理"课程,该课程是陈小秀老师带领课程团队,基于"模块化和项目化"重塑课程体系、设计教学任务,配以优质教学视频,精心制作而成的。已建成核心课程资源 333 个,其中微课视频 40 个,总时长约 400 分钟,平均时长约 10 分钟;课件 50 个;题目总量 263 道;章节测试及参考答案 10 套;课程考核试卷 2 套。课程全部教学资源按照国家在线开放课程标准建设,教学视频对课程内容实现了全覆盖,并在每个项目后面提供了测试和参考答案等,既可满足社会学习者系统自学客户关系管理内容的需求,也可满足院校师生开展线上线下混合式课程教学的需要。

本书在编写过程中参阅了国内外许多客户关系管理方面的文献,在此向相关作者致以深深的谢意。由于编者水平有限,书中难免存在不足和错误之处,恳请广大读者批评指正。

编　者

前　言

客户关系管理课程在我国高校开设已经有十几年的时间,翻译而来的国外教科书及国内高校教师编写的相关教材已有不少,但这些已经出版的教材的结构、内容、侧重点甚至一些概念都不完全一样。有鉴于此,编者希望有一本综合性强、内容更加规范、理念与技术并重的教材,以供应用型高职院校的市场营销和电子商务专业教学使用。这既是编者编写这本书的初衷,也是编者尽力追求的目标,更希望成为本书的特色。

本教材以服务社会为宗旨,以提高学生职业素养和技能为指导方针,突出应用能力的培养,把重点放在概念、结论和方法的实际应用和技能训练上。作为经济管理类学生专业基础课的配套教材,本书在内容上紧密结合当前客户关系管理实践中遇到的关键性问题,重在提高学生分析问题和解决问题的能力。此外,本课程在具体实施时注重实践性教学环节,注重教、学、做相结合,主张理论与实践的一体化,并有针对性地采取了案例研讨、任务驱动、项目导向等行动导向的教学模式,体现理论性、实践性和开放性的要求,力求通过本课程的教学,培养学生企业经济管理素质和技能。

本书为集体创作成果,一方面注重让新、老教师各自展其所长,另一方面在偏重理论研究型教师的编写队伍中补充了具有丰富实践经验的"双师型"教师。在内容的编排上,本书采用任务驱动模式,以模块化形式组织课程体系,每个模块又分别包括了若干章节的内容,全面讲述企业客户关系管理岗位所需掌握的理论知识和实践技能。每个课题列出了本章节的知识、技能要求,明确了主要的知识点和技能点。为了增加可读性,本书在论述的基础上增加了大量图表,并在每章节后面设有综合案例。为了巩固学习效果,每个项目末尾都有相应的复习思考题,这些复习思考题既突出主要知识点,又注重对学生操作技能的培养。

九江职业技术学院张兵、九江职业大学余育新为主编;江西财经职业学院武丹,九江职业技术学院陈小秀、张江、沈捷、张梦雨为副主编;九江职业技术学院张晓云、卢苑为参编。张兵负责本书的整体策划和统稿工作,并执笔项目一;余育新执笔项目六和项目十一;武丹执笔项目九;陈小秀执笔项目五;张江执笔项目三和项目八;沈捷执笔项目二;张梦雨执笔项目四;张晓云执笔项目七;卢苑执笔项目十。

在本书的编写过程中,参考和引用了大量的图书和论文,也在百度、客户世界等网站搜集了大量的资料,在此对这些文献资料的作者深表感谢。由于我们水平有限,加之客户关系管理理论和实践仍处于不断发展之中,书中难免有不妥和疏漏之处,敬请广大读者和专家批评赐教。

编　者

目　　录

第 2 版前言 ·· （ⅰ）

前言 ·· （ⅲ）

模块一　认识客户关系管理工作

项目一　正确认识客户关系管理 ·· （ 3 ）

　　任务一　追根溯源谈客户关系管理 ··· （ 4 ）

　　　　一、我们所处的环境 ··· （ 4 ）

　　　　二、客户关系管理的背景 ··· （ 5 ）

　　　　三、客户关系管理产生的原因 ·· （ 6 ）

　　任务二　全面认识客户关系管理 ·· （ 9 ）

　　　　一、客户关系管理基本概念界定 ··· （10）

　　　　二、客户关系管理的内涵 ··· （12）

　　　　三、客户关系管理体系的结构和流程 ·· （15）

　　　　四、客户关系管理的分类 ··· （16）

　　　　五、客户关系管理的作用 ··· （19）

　　任务三　客户关系管理典型岗位介绍 ·· （23）

　　　　一、客户服务管理岗位设计示例 ··· （23）

　　　　二、客户服务各岗位目标分解 ·· （24）

　　　　三、客户服务管理岗位工作职责与工作明细 ······································· （27）

模块二　客　户　开　发

项目二　客户选择与互动 ··· （41）

　　任务一　客户信息的收集 ··· （42）

　　　　一、客户信息的基本内容 ··· （42）

　　　　二、客户信息的收集渠道 ··· （49）

　　　　三、客户信息的收集方法 ··· （52）

　　任务二　客户选择 ··· （54）

一、客户画像 …………………………………………………………………………（55）
二、客户选择的重要性 ………………………………………………………………（57）
三、客户选择的标准 …………………………………………………………………（57）
任务三 客户互动 ………………………………………………………………………（60）
一、客户互动的含义 …………………………………………………………………（60）
二、客户互动之场景营销 ……………………………………………………………（60）
三、客户互动之感官营销 ……………………………………………………………（62）
四、客户互动之全渠道营销 …………………………………………………………（64）

项目三 开发潜在客户 ………………………………………………………………………（68）
任务一 潜在客户的开发途径与方法 …………………………………………………（69）
一、谁是你的潜在客户 ………………………………………………………………（69）
二、潜在客户开发的常用方法 ………………………………………………………（70）
任务二 潜在客户的管理与评估 ………………………………………………………（74）
一、潜在客户的管理 …………………………………………………………………（74）
二、潜在客户名单创建 ………………………………………………………………（75）
三、潜在客户的评估 …………………………………………………………………（76）
任务三 客户开发的步骤与技巧 ………………………………………………………（78）
一、电话拜访的步骤 …………………………………………………………………（78）
二、电话拜访的技巧 …………………………………………………………………（84）
三、直接拜访的步骤 …………………………………………………………………（86）
四、直接拜访的技巧 …………………………………………………………………（94）

模块三 客户服务管理

项目四 线下客户服务管理 …………………………………………………………………（99）
任务一 客户服务的内涵 ………………………………………………………………（100）
一、客户服务的含义 …………………………………………………………………（100）
二、客户服务的内外部环境 …………………………………………………………（100）
三、客户服务的流程 …………………………………………………………………（101）
四、客户服务质量要素 ………………………………………………………………（102）
五、客户对服务的基本需求 …………………………………………………………（103）
任务二 客户服务人员的要求与素养 …………………………………………………（104）
一、心理素质要求 ……………………………………………………………………（104）
二、品格素质要求 ……………………………………………………………………（105）
三、技能素质要求 ……………………………………………………………………（107）
四、综合素质要求 ……………………………………………………………………（108）

任务三　客户服务技巧 (109)
　　一、接待客户 (110)
　　二、理解客户 (111)
　　三、帮助客户 (114)
　　四、留住客户 (115)

项目五　线上客户服务管理 (118)
任务一　认识网络客户服务 (119)
　　一、网络客户服务的含义 (119)
　　二、网络客户服务的内容 (119)
　　三、网络客户服务的作用 (121)
　　四、网络客户服务的工具 (122)
任务二　网络客户服务流程与技巧 (123)
　　一、网络客户服务的流程 (123)
　　二、售前网络客户服务 (126)
　　三、售后网络客户服务 (128)
任务三　网络客户服务评价指标 (130)
　　一、询单转化率 (131)
　　二、客单价 (133)
　　三、响应速度 (135)
　　四、商品退货率 (135)

模块四　客户投诉处理

项目六　正确处理客户投诉 (141)
任务一　正确认识客户投诉 (142)
　　一、客户投诉的含义 (142)
　　二、客户投诉的类型 (142)
　　三、客户投诉的产生过程 (143)
　　四、客户投诉对于企业的价值 (143)
　　五、端正对于客户投诉的态度 (145)
任务二　客户投诉心理分析及应对 (146)
　　一、寻求发泄的心理及应对 (146)
　　二、寻求尊重的心理及应对 (147)
　　三、寻求补偿的心理及应对 (148)
　　四、寻求认同的心理及应对 (149)
　　五、提建议的心理及应对 (149)

六、寻求公平的心理及应对 ………………………………………………………（150）
　任务三　正确处理客户投诉 …………………………………………………………（151）
　　一、正确处理客户投诉的原则 ……………………………………………………（151）
　　二、正确处理客户投诉的流程 ……………………………………………………（152）
　　三、正确处理客户投诉的方法 ……………………………………………………（154）
　　四、正确处理客户投诉的技巧 ……………………………………………………（157）
　　五、正确处理特殊客户投诉的技巧 ………………………………………………（160）

模块五　客户满意度和忠诚度管理

项目七　客户满意度管理 …………………………………………………………………（165）
　任务一　客户满意度的内涵与影响因素 ……………………………………………（166）
　　一、客户满意的内涵 ………………………………………………………………（167）
　　二、客户满意的意义 ………………………………………………………………（168）
　　三、影响客户满意度的因素 ………………………………………………………（168）
　任务二　客户满意度的测评 …………………………………………………………（174）
　　一、衡量客户满意度的参考指标 …………………………………………………（174）
　　二、客户满意度调查和评价 ………………………………………………………（176）
　任务三　提升客户满意度的策略 ……………………………………………………（182）
　　一、加强客户期望值管理 …………………………………………………………（183）
　　二、提高客户感知价值 ……………………………………………………………（184）

项目八　客户忠诚度管理 …………………………………………………………………（193）
　任务一　客户忠诚度的内涵与影响因素 ……………………………………………（194）
　　一、客户忠诚的含义 ………………………………………………………………（194）
　　二、影响客户忠诚度的因素 ………………………………………………………（197）
　任务二　客户忠诚度的测评 …………………………………………………………（202）
　　一、客户保留 ………………………………………………………………………（202）
　　二、钱包份额 ………………………………………………………………………（203）
　　三、推荐 ……………………………………………………………………………（205）
　　四、竞争对手的可获得性 …………………………………………………………（206）
　　五、竞争对手的吸引力 ……………………………………………………………（206）
　　六、忠诚度分布 ……………………………………………………………………（207）
　　七、忠诚度细分 ……………………………………………………………………（208）
　任务三　提升客户忠诚度的策略 ……………………………………………………（211）
　　一、努力实现客户完全满意 ………………………………………………………（212）
　　二、奖励客户的忠诚 ………………………………………………………………（212）

三、增强客户对企业的信任与感情 …………………………………………… (214)
四、建立客户组织 …………………………………………………………… (215)
五、提高客户的转换成本 …………………………………………………… (215)
六、加强业务联系,提高不可替代性 ……………………………………… (216)
七、加强员工管理 …………………………………………………………… (217)
八、以自己的忠诚换取客户的忠诚 ………………………………………… (218)
九、社交与影响力 …………………………………………………………… (218)

模块六　大客户管理

项目九　大客户管理 …………………………………………………………… (225)
　任务一　正确认识你的大客户 ………………………………………………… (226)
　　一、大客户的含义和特征 …………………………………………………… (226)
　　二、大客户管理的含义和特征 ……………………………………………… (228)
　　三、大客户管理的目的与意义 ……………………………………………… (228)
　　四、树立正确的大客户管理观念 …………………………………………… (229)
　任务二　大客户营销策略 ……………………………………………………… (232)
　　一、大客户营销的含义和特征 ……………………………………………… (232)
　　二、大客户营销的原则 ……………………………………………………… (233)
　　三、大客户营销的策略 ……………………………………………………… (234)
　　四、大客户营销的注意事项 ………………………………………………… (235)
　任务三　大客户流失的原因与预防 …………………………………………… (237)
　　一、大客户流失的原因 ……………………………………………………… (237)
　　二、大客户流失的预防 ……………………………………………………… (238)
　　三、实施大客户战略 ………………………………………………………… (240)

模块七　客户服务人员的压力管理

项目十　客户服务人员的压力管理 …………………………………………… (245)
　任务一　正确认识客户服务工作的压力 ……………………………………… (246)
　　一、压力的含义 ……………………………………………………………… (246)
　　二、压力的分类 ……………………………………………………………… (246)
　　三、压力对客户服务人员的消极影响 ……………………………………… (248)
　　四、压力测试 ………………………………………………………………… (249)
　任务二　客户服务人员压力的基本类型分析 ………………………………… (251)
　　一、客户服务人员压力的形成因素 ………………………………………… (251)

二、客户服务人员压力的常见类型 …………………………………………（253）

任务三　客户服务人员的压力管理 ……………………………………………（254）

　　一、情绪上：放松情绪 ……………………………………………………（255）

　　二、认知上：调整认知 ……………………………………………………（256）

　　三、行为上：立目标定计划 ………………………………………………（257）

　　四、社交上：建立社会支持系统 …………………………………………（260）

附录　中华人民共和国消费者权益保护法 ……………………………………（262）

参考文献 ………………………………………………………………………（270）

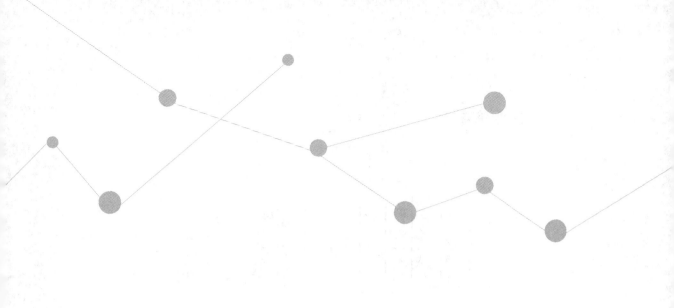

模块一

认识客户关系管理工作

学习思维导图

```
模块一 认识客户关系管理工作
  └─ 项目一 正确认识客户关系管理概述
       ├─ 任务一 追根溯源谈客户关系管理
       │    ├─ 我们所处的环境
       │    ├─ 客户关系管理的背景
       │    └─ 客户关系管理产生的原因
       ├─ 任务二 全面认识客户关系管理
       │    ├─ 客户关系管理基本概念界定
       │    ├─ 客户关系管理的内涵
       │    ├─ 客户关系管理体系的结构和流程
       │    ├─ 客户关系管理的分类
       │    └─ 客户关系管理的作用
       └─ 任务三 客户关系管理典型岗位介绍
            ├─ 客户服务管理岗位设计示例
            ├─ 客户服务各岗位目标分解
            └─ 客户服务管理岗位工作职责与工作明细
```

项目一　正确认识客户关系管理

学习目标

1. 知识目标
(1) 了解客户关系管理的含义；
(2) 了解客户关系管理产生的背景；
(3) 认识客户关系管理的作用；
(4) 熟悉客户关系管理的典型岗位与职责；
(5) 知晓企业常用的客户关系管理软件。

2. 技能目标
(1) 能正确理解客户关系管理的内涵；
(2) 能意识到客户关系管理在企业的重要作用；
(3) 能根据客户关系管理典型岗位及职责，规划自己的职业发展。

3. 素养目标
践行和谐、友善、敬业的社会主义核心价值观。

引导案例

××披萨店的电话铃响了，客服人员(以下简称客服)拿起电话
客服:这里是××披萨店，非常高兴为您服务，请问您有什么需要？
客户:你好！我想订餐。
客服:先生，请把您的会员卡号告诉我。
客户:15989×××891。
客服:周先生，您好！您住在×××路44号12楼5室，您家的电话是8237××××，您单位的电话是3886××××，您的手机号码是1331883××××。请问您想订什么餐？
客户:你怎么知道我的这些信息？
客服:周先生，因为我们联机到了客户关系管理系统。
客户:我想订一个海鲜披萨。
客服:周先生，海鲜披萨不太适合您。
客户:为什么？
客服:根据您的医疗记录，您的血压和胆固醇都偏高。
客户:既然这样，你们有什么可以推荐的？
客服:您可以试试我们的低脂健康披萨。
客户:好，那我要一个家庭特大号的，需要多少钱？
客服:99元，这个足够您一家五口吃了，不过要提醒您，您的母亲应该少吃，因为她上个

月刚刚做了大手术,处于恢复期,饮食应清淡。

客户:可以刷卡吗?

客服:周先生,对不起!请您付现款,因为您的信用卡已经严重透支了,您现在还欠银行14 885元,而且另外还有房屋贷款未还。

客户:那我先去附近的取款机取款。

客服:周先生,根据您的记录,您已经超过今日取款限额。

客户:算了,你们直接把披萨送我家吧,家里有现金。你们多久送到?

客服:大约10分钟。如果您自己来取会更快。

客户:为什么?

客服:根据全球定位系统及车辆行驶自动跟踪系统记录,您正在开着一辆车号为××××的别克轿车,即将从我们店的门口经过……

工作任务导入

小茗同学应聘到一家企业做客户服务代表,公司安排小茗到客服部试岗,客服部经理给了小茗三个月试用期。小茗的目标是在三个月的试用期内达到公司对自己的要求,并顺利转正。

为了达到客服部的工作要求,小茗一方面在公司的岗前培训中努力学习;另一方面仔细观察,并虚心向有经验的同事请教,同时分析整理出自己在实习期间应该完成的工作任务,并加强对"客户关系管理实务"课程的理论学习。"究竟客户关系管理是做什么的?客户关系管理能给企业带来什么样的优势?"小茗带着满腹疑问与期望开始了对该课程的学习。

任务一 追根溯源谈客户关系管理

学习重难点

(1)分析客户关系管理产生的原因;
(2)掌握消费者选择价值变迁的三个阶段及特征。

内容精讲

现在,市场正发生着很多的变化,就消费者市场而言,这些变化包括人口老龄化,农村城镇化,晚婚、离婚现象增加,家庭变小,出现越来越多的具有个性化需求的小消费群体,消费者生活方式多样化等。

一、我们所处的环境

与以往相比,经济大环境正在发生着巨大的转变,在当今时代,供求关系发生了根本性变化,短缺经济不再是经济的主体;全球经济一体化,竞争不分国界;信息技术迅速发展,企业生产、管理呈数字化;客户(Customer)、竞争(Competition)与变化(Change)成为时代特征(3C 时代)。如图 1-1 所示。

图 1-1　我们所处的环境

总体来讲,当今时代经济环境有四大特点:

(1) 企业的关注点从有形资产价值向无形资产价值转移。企业扩张活动越来越频繁,与旧经济时代相比,更加注重对无形资产的利用和控制,同时也更加关注无形资产所带来的价值。

(2) 企业竞争力的转变。价值创造者从提供产品的企业转移到同时提供低价格、高度个性化产品的企业,或者能够提供问题解决方案的企业。

(3) 信息技术成为经济活动的载体。过去的经济是建立在制造业基础之上的,以标准化、规模化、模式化、讲求效率和层次化为特点。而当今和未来的经济,则建立在信息技术基础之上,追求的是差异化、个性化、网络化和速度。

(4) 大规模的广告传播已不合适。广告代理将渐渐转变为传播代理;营销人员的职能发生了转变,不仅仅是传递产品信息,更重要的是利用新的营销方式为客户提供全方位的服务;网上商店的商品价格更为公开,竞争更为激烈,传统的店面经销遇到了强劲的挑战。

二、客户关系管理的背景

"客户关系管理"最早产生于美国,Gartner Group 首先提出了"客户关系管理"的概念。20 世纪 90 年代以后伴随着互联网和电子商务的大潮,客户关系管理得到了迅速发展。客户关系管理的理论基础源于西方的市场营销理论。市场营销作为一门独立的管理学科存在已有百余年的历史,它的理论和方法极大地推动了西方国家工商业的发展,深刻地影响着企业的经营观念及人们的生活方式。信息技术的快速发展,为市场营销管理理念的普及和应用搭建了一个新的平台,开辟了更广阔的空间。

在工业经济时代,企业是通过提高工效并最大限度地降低成本,同时建立质量管理体系以控制产品质量,从而取得市场竞争优势的。可以说,工业经济时代是以"产品生产"为导向的卖方市场经济时代,也可称作产品经济时代。产品生产的标准化及企业生产的规模大小决定其市场竞争地位,企业管理最重要的指标是成本控制和利润最大化。

生产力的不断发展,逐步改变了社会生产能力不足和商品短缺的状况,并导致了社会生产能力过剩。商品的极大丰富并出现过剩,使客户选择空间及选择余地显著增大,与此同时,客户的需要开始呈现出个性化特征。为了提高客户满意度,企业必须完整掌握客户信息,准确把握客户需求,快速响应个性化需要,提供便捷的购买渠道、良好的售后服务与经常性的客户关怀等。企业尝试着去衡量每一个客户可能带来的盈利能力,并委派专门的客户代表负责管理客户。在这种情况下,企业将为客户送去他们需要的产品,而不是让客户自己去寻找他们需要的产品。在这种时代背景下,客户关系管理理论不断地被提升,并逐渐得到完善。

客户关系管理被企业重视的另一个重要因素应当归功于近年来资本市场的发展。一个新成立的企业尤其是服务类企业,在没有取得利润前,会计师事务所及投资公司都将企业客户资源作为对企业价值进行评估时的重要指标,因此促使了客户资源的重要性上升。这一点在对网络公司的价值评估中表现得最为显著。

【想一想】一粒普通的麦子,大致有三种命运:第一,加工后食用;第二,作为种子播种后,来年收获更多的麦子;第三,保管不善,霉烂或被老鼠吃掉。哪种命运最好呢?

显然是第二种,对企业来说,客户就是那粒麦子,管理有方既能帮助客户实现自身价值,同时还能创造出更大的价值。

三、客户关系管理产生的原因

从1999年年中开始,客户关系管理受到了诸多媒体的关注,国内外很多软件商(如甲骨文、中圣、惠普等)推出了以客户关系管理命名的软件系统,一些企业开始实施以客户关系管理命名的信息系统,这是有一定必然性的。

(一)需求的拉动

1. 客户的需求

客户的购买行为已进入"情感消费阶段",产品的特性不再是人们选择产品时考虑的首要因素。企业提供的附加利益,企业对客户个性化需求的满足程度以及企业与客户之间的相互信任程度,都成为影响客户购买的主要因素。

在这一阶段,客户的选择标准是"满意"与"不满意"。

2. 企业的需求

由于新技术使新产品的生命周期越来越短及售后服务的易模仿性,使得忠诚客户成为企业能够保持竞争优势的重要资源;吸引一个新客户的成本是留住一个老客户的6~8倍;忠诚于企业的客户数目增长为企业带来的利润增长率远大于其数量的增长率;从"80/20法则"——20%的客户为企业贡献80%的利润来看,企业必须关注重点客户。

【小故事】拥有忠诚客户,"牛"气冲天

1886年,可口可乐在美国佐治亚洲亚特兰大市诞生,自此便与社会发展相互交融,激发创新灵感。由它所创造的历史时刻精彩纷呈,成就了该全球品牌的百年传奇。可口可乐公司曾表示,如果工厂今天被一把大火烧了,公司第二天就可以另起炉灶,接着生产,继续供应可口可乐。

为什么可口可乐这么"牛"?原因很简单,因为全球每天有17亿人次的消费者在畅饮可口可乐公司的产品,大约每秒钟售出19400瓶饮料。拥有如此庞大的忠诚客户,是可口可乐公司永葆竞争优势的法宝。

在很多企业中,销售、营销和服务部门虽然已经建立了信息系统,但信息化程度已越来越不能适应业务发展的需要。企业的销售、营销和客户服务部门难以获得所需的客户互动信息,来自销售、客户服务、市场、制造、库存等部门的信息分散在企业内,这些零散的信息使得企业无法对客户有全面的了解,各部门难以在统一信息的基础上面对客户,这就需要各部门对面向客户的各项信息和活动进行集成。

在对客户、销售人员、营销人员、服务人员、企业经理的调查中我们经常遇到这样的问题:从市场部门提供的客户线索中很难找到真正的客户怎么办?老客户现在的需求有哪些新的变化?如何开发新的客户群体?客户对我们的产品看法怎样?其中有多少人已经与销售人员接触了?应该和哪些真正的潜在购买者多接触?谁是真正的潜在购买者?客户的行为如何预测?这些都是亟须解决的问题。

(二)技术的推动

计算机技术、通信技术、网络应用的飞速发展使得上述问题的解决不再停留在梦想阶段。办公自动化程度、员工计算机应用能力、企业信息化水平、企业管理水平的提高都有利于客户关系管理的实现。值得庆幸的是,现在信息化、网络化的理念在我国很多企业已经深入人心,很多企业都有一定的信息化基础,建立和使用了管理信息系统(MIS),正在利用企业资源计划(ERP)系统管理企业。电子商务在全球范围内开展得如火如荼,正在改变着企业经营的方式。通过互联网,可开展营销活动,向客户销售产品,提供售后服务,搜集客户信息。更重要的是,这一切的成本越来越低。

在可以预期的将来,我国企业的通信成本将会大幅度降低。这将推动计算机电话集成技术(CTI)的发展,进而推动呼叫中心的发展。网络和电话的结合,使得企业可以以统一的互联网平台面对客户。

(三)管理理念的更新

(1)以市场为中心的营销理念不再适应新形势的发展,如何满足客户个性化的需求成为企业营销活动的重点。

对于广大的最终消费者,随着社会物质财富的逐渐丰富,人们的生活水平逐步提高,其消费价值选择标准也不断发生改变,其过程如图1-2所示。

图1-2 消费观念的变更

在理性消费时代,消费者不但重视价格,而且更看重质量,追求的是物美价廉和经久耐用,此时,消费者价值选择的标准是"好"与"差"。随着生产能力的扩大,产品出现过剩,进入感性消费时代,消费者的价值选择不再仅仅是经久耐用和物美价廉,而是开始注重产品的形象、品牌、设计和使用的方便性等,选择的标准是"喜欢"和"不喜欢"。而随着信息技术的广泛使用,各厂家的产品和服务的差别越来越小,人们进入情感消费时代,消费者越来越重视心灵上的充实和满足,更加着意追求在商品购买与消费过程中心理上的满足感,这时的价值选择标准是"满意"与"不满意"。

【微课】客户是很"挑剔"的——客户眼中的 CRM

同理,企业管理观念也随着市场环境的变化经历了五个阶段的演变,其过程如图 1-3 所示。

图 1-3　企业管理观念的发展

从图 1-3 中可以看出,最初企业所处的市场环境为卖方市场,产品销售基本上不存在竞争,只要生产出产品就能卖得出去,故企业管理的目标是如何更快更好地生产出产品。后来随着生产能力的不断加大,市场出现了竞争,企业生产出的产品如果卖不出去,就无法实现资本循环,为了实现从商品向货币的转换,取而代之的是"销售额中心论",企业一方面提高产品的质量,另一方面强化促销,所追求的目标是产品的销售额。随着市场竞争的加剧,企业发现在单纯追求高销售额时,由于生产成本和销售费用越来越高,利润反而下降,这绝不是经营者所期望的效果,因此,企业转而追求利润的绝对值,通过在生产和营销部门的各个环节上最大限度地削减生产成本和压缩销售费用来实现利润最大化。众所周知,成本是由各种要素构成的,不可能无限制地去削减,当企业对利润的渴求无法或很难再从削减成本中获得时,自然就将目光转向了客户,并希望通过削减客户的需求价值来维护其利润,为此,企业开始从内部挖掘转向争取客户,进入了以客户为中心的管理阶段。需求构成了市场,也构成了企业的获利潜力,客户的满意就是企业效益的源泉,这样客户的满意程度就成为当今企业管理的中心和基本观念,形成客户满意中心论,这也正是客户关系管理产生及近年来成为一个新热点的原因。

(2) 市场营销组合理论从 4P 理论发展到 4C(满足客户需要和欲望),再发展到 4R(与客户主动建立双赢关系)与 4S(客户满意理论)。

4P:Product(产品)、Price(价格)、Place(渠道)、Promotion(促销)。

4C:Consumer(客户)、Cost(成本)、Convenience(便利)、Communication(沟通)。

4R:Relevance(关联)、Response(反应)、Relationship(关系)、Reward(报酬)。

4S:Satisfaction(满意)、Service(服务)、Speed(速度)、Sincerity(诚意)。

现在是一个变革的时代、创新的时代。比竞争对手领先一步,哪怕是一小步,就可能意味着成功。

【知识拓展】从 4P 到 4C

4P 指 Produce（产品）、Price（价格）、Place（渠道）、Promotion（促销），由美国营销学者杰罗姆·麦卡锡教授于 20 世纪 60 年代提出。

麦卡锡教授认为，一次成功和完整的市场营销活动，意味着以适当的产品、适当的价格、适当的渠道和适当的促销手段，将产品或服务投放到特定市场。

4P 是市场营销过程中可以控制的因素，也是企业进行市场营销活动的主要手段。在 20 世纪 90 年代以前，企业的营销大多采用 4P 策略。

4P 策略更多的是从企业自身出发，存在某种局限性。1990 年，美国营销专家劳特朋教授从顾客的角度提出了新的营销观念与理论——4C 组合理论，即 Customer（顾客）、Cost（成本）、Convenience（便利）以及 Communication（沟通）。

4C 强调企业首先应该把追求顾客满意放在第一位，产品必须满足顾客需求，同时降低顾客的购买成本，产品和服务在研发时就要充分考虑客户购买力，然后要充分注意到顾客购买过程的便利性，最后还应以消费者为中心实施有效的沟通。

【职场小贴士】4P 会被 4C 替代吗？

对比 4P 和 4C 的概念可以看出，4P 是营销策略和手段，而 4C 则属于营销理念和标准。4C 所提出的营销理念和标准最终还是要通过 4P 的策略和手段来实现。

例如，要提高顾客购买的便利性，就要通过渠道策略来完成；要满足消费者的需求，就要通过产品策略来达成。可见，4P 和 4C 不是矛盾和对立的，4C 只是强调了满足客户需求和双向互动沟通的重要性。

【微课】追根溯源谈 CRM——CRM 的产生与发展

任务二　全面认识客户关系管理

学习重难点

（1）理解客户关系管理的内涵；
（2）认识客户关系管理的重要性及作用。

内容精讲

CRM 是英文"Customer Relationship Management"的缩写，一般译作"客户关系管理"，也译作"顾客关系管理"。在实际中，customer 译作"客户"所表示的意义更为广泛，它包括过去购买和正在购买的消费者,以及还没有购买但今后可能产生购买行为的"潜在消费者",所指更为准确。

一、客户关系管理基本概念界定

(一)客户的定义

《现代汉语词典》对于客户的解释有两种,分别是:① 旧时指以租佃为生的人家(跟"主户"相对);② 工商企业或经纪人称来往的主顾;客商。那么对于企业来说,客户到底是谁?客户的概念具有狭义和广义之分,也有个人和组织之分。狭义的客户是指产品和服务的最终使用者或接受者。广义的客户要结合过程模型来理解,任何一个过程输出的接受者都是客户。用系统的观点看,企业可以看成是由许多过程构成的网络,其中某个过程既是前面过程的客户,又是后面过程的供方,如果划定了系统的边界,在企业内部就存在着内部供方和内部客户,在企业外部就存在着外部供方和外部客户。因此,企业内部下一道工序是上一道工序的客户指的就是广义的客户。个人客户是指消费者,即购买最终产品与服务的零售客户,通常是个人或家庭,他们构成消费者市场;企业客户是指企业将其购买的产品或服务附加在自己的产品上一同出售给另外的客户的客户,或者附加到其内部业务上以增加盈利或服务内容的客户。企业客户构成企业市场。

客户的概念具有其特定的内涵和外延:客户的外延是指市场中广泛存在着的、对企业的产品或服务有不同需求的个体或群体消费者;客户的内涵则是指企业的供应商、分销商以及下属的不同职能部门、分公司、办事处、分支机构等。从中我们可以看出,企业的客户不但包括外部客户,也包括内部客户。客户是把需求和利润带到我们面前的人,也是企业获胜的重要资源,是企业生存和发展的基础。对客户的争夺才是市场竞争的实质,让客户满意是企业的职责。

【想一想】客户、顾客、用户和消费者,这些说法有什么区别呢?

(二)客户关系的内涵

关系是指两个人(组织)或两组人(组织)之间彼此的行为方式以及感觉状态。

关系具备两个特征:一是行为特征,是指客户与企业关系程度的行为表现,如重复购买、交叉购买等。二是感觉特征,是指客户与企业关系程度的态度表现,如偏爱与推荐消费、口碑传播等。

客户关系是指企业为达到其经营目标,主动与客户建立起的某种联系。

根据目前企业和客户之间建立的关系,我们可以将客户关系分为以下五种类型:

1. 基本型关系

这种关系是指企业销售人员在产品和服务销售后,不再与客户接触。如街头流动小贩售卖水果等。

2. 被动型关系

企业的销售人员在销售产品和服务的同时,还鼓励消费者在购买产品和服务后,如果发现产品和服务有问题或不满意时及时向企业反映,如很多企业设立 400 免费服务电话就属于这种情形。

3. 负责型关系

企业的销售人员在产品和服务售后不久，就会通过各种方式了解产品和服务是否能达到消费者的预期，并且收集客户有关改进产品和服务的建议，以及对产品和服务的特殊要求，把得到的信息及时地反馈给企业，以便不断地改进产品和服务。如眼镜店会在一周后回访客户佩戴眼镜的体验等。

4. 主动型关系

企业销售人员经常与客户沟通，不时地打电话与消费者联系，向他们征询改进产品和服务的建议，或者提供有关新产品的信息，促进新产品和服务的销售。如品牌服装店经常会向门店 VIP 客户推送最新款服装信息，邀请客户进店试穿等。

5. 伙伴型关系

企业与客户持续合作，使客户能更有效地使用其资金或帮助客户更好地使用产品，并按照客户的要求来设计新的产品。如"HarmonyOS 体验官活动"是华为为了更好地让消费者体验 HarmonyOS 2，邀请体验者参与活动门店产品体验，助力后续产品的优化设计的活动。

【想一想】以上五种客户关系类型有优劣之分吗？

以上 5 种客户关系类型之间并不具有简单的优劣对比程度或顺序，管理大师科特勒认为，企业可以根据其客户的数量及产品的边际利润水平，来选择合适的客户关系类型。企业选择客户关系类型的策略如图 1-4 所示。

图 1-4　企业选择客户关系类型的策略

（三）客户关系管理的定义

客户关系管理是指企业为提高核心竞争力，利用相应的信息技术以及互联网技术协调企业与客户间在销售、营销和服务上的关系，从而提升其管理水平，向客户提供创新的个性化的客户服务的过程。其最终目标是吸引新客户、保留老客户以及将已有客户转为忠实客户，增加市场份额。

【案例】苏宁的客户关系管理系统

苏宁全国 100 多个城市客户服务中心利用内部 VOIP 网络及呼叫中心系统建成了集中式与分布式相结合的客户关系管理系统，建立了 5000 万个客户消费数据库；建立了视频、OA、VOIP、多媒体监控组成的企业辅助管理系统，提供图像监控、通信视频、信息汇聚、指挥调度、情报显示、报警等功能，能够对全国连锁店面及物流中心实施实时图像监控，总部及大区远程多媒体监控中心负责实时监控连锁店、物流仓库、售后网点及重要场所运作情况，实现全国连锁网络"足不出户"的全方位远程管理。

不同的研究机构对于客户关系管理的定义有不同的表述,综合现有的客户关系管理定义或概念,大致上可以分为以下三类:

第一类:客户关系管理遵循客户导向的战略,对客户进行系统化的研究,通过改进对客户的服务水平,提高客户的忠诚度,不断争取新客户和商机,同时以强大的信息处理能力和技术力量确保企业业务行为的实时进行,力争为企业带来长期稳定的利润。这类概念的主要特征是基本上都从战略和理念的宏观层面对客户关系管理进行界定,往往缺少对于实施方案的明确的思考和揭示。

第二类:客户关系管理是一种旨在改善企业与客户之间关系的新型管理机制,它实施于企业的市场营销、销售、服务与技术支持等与客户相关的领域,一方面通过对业务流程的全面管理来优化资源配置、降低成本;另一方面通过提供优质的服务吸引和保持更多的客户,增加市场份额。这类概念的主要特征是从企业业务管理模式、经营机制的角度对客户关系管理进行定义。

第三类:客户关系管理是企业通过技术投资,建立能搜集、跟踪和分析客户信息的系统,或可增加客户联系渠道、增强客户互动以及增强客户渠道和企业后台整合能力的功能模块,主要范围包括销售自动化、营销自动化、呼叫中心等。这主要是从微观的信息技术、软件及其应用的层面对客户关系管理进行的定义,在与企业实际情况和发展的结合中往往存在一定的偏差。

二、客户关系管理的内涵

综合所有 CRM 的定义,可以将其理解为管理理念、商务模式以及技术系统三个层面。其中,管理理念是 CRM 成功的关键,它是 CRM 实施应用的基础;商务模式是决定 CRM 成功与否、效果如何的直接因素;技术系统是 CRM 成功实施的手段和方法。三者构成 CRM 稳固的"铁三角",如图 1-5 所示。

图 1-5 CRM"铁三角"

(一)CRM 内涵之一:新管理理念

客户关系管理是企业为提高核心竞争力,达到竞争制胜、快速成长的目的,树立以客户为中心的发展战略,并在此基础上开展的包括判断、选择、争取、发展和保持客户所实施的全部商业过程。

必须肯定,CRM 作为目前全世界范围内各种企业热烈讨论的一个重要概念,首先体现为这是一个触及企业内所有独立的职能部门和全部的业务流程的商业理念。简单地说,在客户关系管理的理念和思想指导下,企业将着力去建立新的以客户为中心的商业模式,通过集成前台和后台资源,基于办公系统整套应用的支持,确保直接关系到企业利润的客户满意的实现。企业高层和经营管理人员必须贯彻这一思想,实践这一理念,树立并领导执行这一商业战略。在此层面上,客户关系管理对企业的成长、发展具有关键的影响和决定作用,但如果仅靠业务流程改进和技术应用来体现显然是远远不够的。以前企业只注重运营效率的提高,但随着网络经济和电子商务的发展,人们在大量的探索和实践中逐渐认识到,建立并维持良好的客户关系,已成为获取独特竞争优势的最重要的基础。

客户关系管理作为企业的经营指导思想和业务战略,其核心理念主要体现在以下几个方面:

1. 客户价值的理念

客户关系管理是涉及选择和管理客户的经营思想和业务战略,目的是实现客户价值的最大化。客户关系管理的实践,促使企业树立新的客户观念,重新认识客户关系和客户的价值所在。也就是说,客户关系管理重新定义了企业的职能并对其业务流程进行了重组,要求企业真正用以客户为中心的理念来支持有效的营销、销售和服务过程。企业关注的焦点必须从内部运作转移到客户关系上来,通过加强与客户的交流,全面了解客户的需求,并不断对产品和服务进行改进和提高,以持续满足客户需求,完成将注意力集中于客户的商业模式的转变。企业的客户关系管理理念,一定要反映在上至公司高层、下至每位员工的所有可能与客户发生关系的环节上,促使他们充分地沟通,共同围绕客户关系的中心展开工作。从更广的范围讲,客户关系管理不仅促使企业与客户之间进行良好的交流,也为企业与合作伙伴之间共享资源、共同协作提供了基础。而在帮助企业真正做到以客户为中心的解决方案中,完整的、智能的 CRM 系统可以根据不同的客户建立不同的联系,根据其特点提供服务,这充分体现了客户关系管理的核心思想和理念内涵。

2. 市场经营的理念

客户关系管理要求企业的经营以客户为中心,在市场定位、市场细分和价值实现中必须坚持贯彻这一理念。客户资源是企业最重要的资产之一,客户满意度大小直接关系到企业能否获得更多的利润,因而对现有客户的管理及潜在客户的培养和挖掘是企业在市场上获得成功的关键。今天的企业在市场上面临着更大的竞争和不稳定性,只有瞄准以个性化需求的满足为特征的细分市场,企业的资产回报率才能提高。

3. 业务运作的理念

客户关系管理要求企业从"以产品为中心"的业务模式向"以客户为中心"的模式转变。在具体的业务活动中,客户关系管理的理念指导企业搜集、整理和分析每一个客户的信息,号召为客户提供最合适的个性化服务,力争能把客户想要的产品和服务送到他们手中,以及观察和分析客户行为对企业收益的影响,从而使企业与客户的关系以及企业盈利都实现最优化。

4. 技术应用的理念

客户关系管理要求以客户为中心的商业运作流程实现自动化及通过先进的技术平台来支持、改进业务流程。首先,客户关系管理理念的实践,即在企业范围内实现协调、信息传达和责任承担,需要一个技术方案来实现企业新的商业策略;其次,考虑到业务流程的整合和较高的客户服务期待,不涉及企业中信息技术支持和应用的状况是不可行的;最后,当前信息技术领域的多种进步最终都会汇集到一点上,使客户关系管理的重要性和实效性不断得到加强。

(二) CRM 内涵之二:新商务模式

客户关系管理还是企业以客户关系为重点,开展系统化的客户研究,通过优化企业组织体系和业务流程,提高客户满意度和忠诚度,提高企业效率和利润水平的工作实践。

CRM 作为一种旨在改善企业与客户之间关系的新型管理机制,实施于企业市场营销、服务与技术支持等与客户有关的业务领域,与传统的生产、销售的静态商业模式存在根本区别。客户关系管理系统的建立意味着企业在市场竞争、销售及业务支持、客户服务等方面形成动态协调的全新的关系实体,形成持久的竞争优势,从而实现企业客户资源的最优化管理。这些新型管理机制的变革集中地体现在市场营销、销售实现、客户服务和决策分析等与客户关系有关的重要业务领域。

1. 市场营销

客户关系管理中的市场营销包括对传统市场营销行为和流程的优化和自动化。个性化和一对一成为当前营销的基本思路和可行做法,实时营销的方式转变为电话、传真、网站、E-mail 等的集成,客户可以自己的方式、在方便的时间获得他需要的信息,获得更好的体验。

2. 销售实现

客户关系管理扩展了销售的概念,从销售人员的不连续活动到涉及企业各职能部门和员工的连续进程都被纳入到销售实现中。在具体流程中它被拓展为包括销售预测、过程管理、客户信息管理、建议产生及反馈、业务经验分析等一系列工作。

3. 客户服务

客户关系管理模式把客户服务视为最关键的业务内容,视同企业的盈利而非成本来源。企业提供的客户服务已经超出传统的帮助平台,成为能否保留并拓展市场的关键,只有提供更快速和更周到的优质服务才能吸引和保持更多的客户。客户服务必须能够积极主动地处理客户各种类型的询问、信息咨询、订单请求、订单执行情况反馈,以及提供高质量的现场服务。

4. 决策分析

客户关系管理的另一个重要方面在于创造并具备了使客户价值最大化的决策和分析能力。首先,通过对客户数据的全面分析,规范客户信息,消除交流和共享障碍,并预测客户的需求,衡量客户满意度,以及评估客户带给企业的价值,提供管理报告、建议和完成各种业务的分析;其次,在统一的客户数据的基础上,将所有业务应用系统融入分析环境中开展智能分析,在提供标准报告的同时又能提供既定量又定性的即时分析,分析结果反馈给管理层和整个企业各职能部门,增加了信息分析的价值,更能使企业领导者权衡信息,做出全面及时的商业决策。

(三) CRM 内涵之三:新技术系统

客户关系管理也是企业在不断改进与客户关系相关的全部业务流程,整合企业资源,实时响应客户,最终实现电子化、自动化运营目标的过程中所创造并使用的先进的信息技术、软硬件以及经过优化的管理方法、解决方案的总和。这主要是从企业管理中的信息技术、软件及应用解决方案的层面对 CRM 进行定义。

(1) 应用软件系统。客户关系管理系统可以理解为企业运用信息技术实现客户业务流程自动化的软件系统,其中涉及销售、市场营销、客户服务等软件。

（2）方法和手段。客户关系管理也可以是它所体现的方法论的统称，指可用于帮助企业管理客户关系的一系列信息技术或手段。例如，建立能精确描绘客户关系的数据库，建成实现客户信息的集成、综合各类客户接触点的电话中心或联络中心等。

客户关系管理的解决方案从方法论上讲，对于大多数行业和企业而言，其以客户为中心的业务流程分析思路中主要包含的内容具有一定的共性，简称"7P"：

（1）客户概况分析（Profiling），包括客户的层次、风险、爱好、习惯等。

（2）客户忠诚度分析（Persistency），指客户对某个产品或商业机构的忠诚程度、持久性、变动情况等。

（3）客户利润分析（Profitability），指不同客户所消费产品的边际利润、总利润、净利润等。

（4）客户性能分析（Performance），指不同客户所消费的产品按种类、渠道、销售地点等指标划分的销售额。

（5）客户预测分析（Prospecting），包括客户数量、类别等情况的未来发展趋势和争取客户的手段等。

（6）客户产品分析（Product），包括产品设计、关联性、供应链等。

（7）客户促销分析（Promotion），包括广告、宣传等促销活动的管理。

在 CRM 的应用系统中，解决方案主要集中在以下方面：业务操作管理（涉及的基本商业流程包括营销自动化、销售自动化、客户服务）、客户合作管理（对客户接触点的管理，如联络中心和电话中心建设、网站管理、渠道管理等）、数据分析管理（主要涉及为实现决策分析智能化的客户数据库的建设、数据挖掘、知识库建设等工作）等。

在客户关系管理的应用方案中，将客户作为公司业务流程的中心，通过与企业管理信息系统的有机结合，日益丰富客户信息，并使用所获得的客户信息来满足客户个性化需求，努力实现企业前后台资源的优化配置。CRM 应用系统在管理企业前台方面，提供了搜集、分析客户信息的系统，帮助企业充分利用其客户关系资源，扩展新的市场和业务渠道，提高客户的满意度和企业的盈利能力；在与后台资源的结合方面，CRM 应用系统要求同企业资源规划等传统企业管理方案实现有机结合，率先实现内部商业流程的自动化，提高生产效率。

客户关系管理在企业内部、企业与客户和业务伙伴之间建立的无缝协作的能力，随着网络技术的发展将展示出更为巨大的价值。在传统意义上，技术只是管理的辅助手段，但现在信息技术已成为越来越多的企业运营管理的重要途径和工具。

三、客户关系管理体系的结构和流程

客户关系管理体系的结构和流程如图 1-6 所示。

在该体系结构中，最初，运营数据（企业与客户之间已发生的业务处理记录）是从客户"接触点"搜集的。这些运营数据，连同遗留下来的内部客户数据和外来的市场数据经过整合和变换，装载进数据仓库。之后，联机分析处理工具和数据挖掘等技术被用来从数据中分析和提取相关规律、模式和趋势。最后，利用报表工具，使有关客户信息和知识在整个企业内得到有效的流转和共享。这些信息和知识将转化为企业的战略和战术行动，用于提高在所有渠道上同客户交互的有效性和针对性，把适当的产品和服务，通过适当的渠道，在适当的时间，提供给适当的客户。

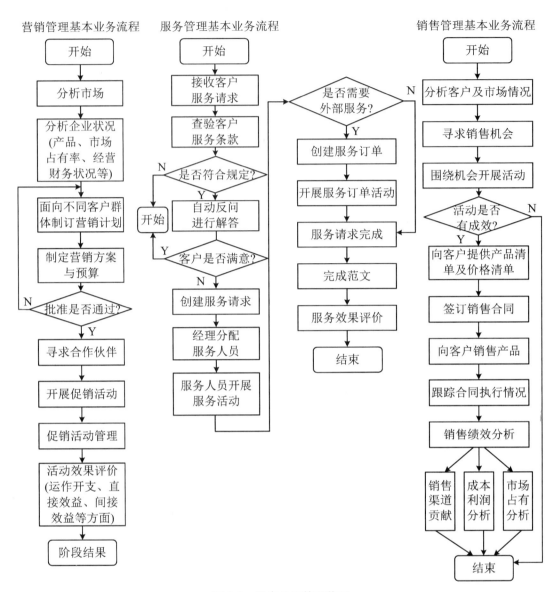

图1-6 客户关系管理体系

四、客户关系管理的分类

客户关系管理涵盖了直销、间接销售及互联网销售等所有的销售渠道,能帮助企业改善包括营销、销售、客户服务和技术支持在内的与客户关系有关的业务流程。在新技术和新应用的推动下,全球CRM市场正以每年50%的速度增长,逐渐成为一个价值数十亿美元的软件和服务大市场。随着CRM市场的不断发展,新公司的加入和现有公司以合并、联合以及推出新产品的方式重新定位,这一领域可谓日新月异,CRM解决方案呈现出多样化的发展趋势。为便于了解CRM的全貌,可以从以下几个角度对CRM进行分类。

（一）按客户目标分类

并非所有的企业都能够执行相似的 CRM 策略，而当同一公司的不同部门或地区机构在考虑 CRM 策略的实施时，可能事实上有着不同的商务需要。同时，另一个需要考虑的因素是不同的技术基础设施。因此，根据客户的行业特征和企业规模来划分目标客户群，是大多数 CRM 的基本分类方式。在企业应用中，越是高端应用，行业差异越大，客户对行业化的要求也越高，因而有一些专门的行业解决方案，比如，银行业、电信业、大型零售商等 CRM 应用解决方案。而对于中低端应用，一般采用基于不同应用模型的标准产品来满足不同客户群的需求。一般将 CRM 分为三类：以全球企业或者大型企业为目标客户的企业级 CRM，以 200 人以上、跨地区经营的企业为目标客户的中端 CRM，以 200 人以下的企业为目标客户的中小企业 CRM。

在 CRM 应用方面，大型企业与中小企业相比有很大的区别：首先，大型企业在业务方面有明确的分工，各业务系统有自己跨地区的垂直机构，形成了企业纵横交错的庞大而复杂的组织体系，不同业务、不同部门、不同地区实现信息的交流与共享极其困难，同时，大型企业的业务规模远大于中小企业，致使其信息量巨大；其次，大型企业在业务运作上强调严格的流程管理，而中小企业在组织机构方面更加轻型、简洁，业务分工不一定明确，但运作上更具有弹性。因此，大型企业所用的 CRM 软件比中小企业的 CRM 软件要复杂、庞大得多。而一直以来，国内许多介绍 CRM 的报道和资料往往是以大型企业的 CRM 解决方案为依据的，这就给人以一种错觉：CRM 都是很复杂、庞大的。其实，面向中小企业的 CRM 软件也不少，其中不乏简洁、易用的。

不过，有关公司规模方面的要求现在越来越随意，因为越来越多的 CRM 供应商依据不同情况来提供不同产品。主要的 CRM 提供商一直以企业级客户为目标，并逐渐向中型市场转移，因为后者的成长潜力更大。以企业级客户为目标的公司包括 Siebel、Oracle 等。另外一些公司，如 Onyx、Pivotal、Multiactive 和 SalesLogix 等公司瞄准的是中小企业，它们提供的综合软件包虽不具有大型软件包的深度功能，但功能丰富、实用。

（二）按应用集成度分类

CRM 涵盖整个客户生命周期，涉及众多的企业业务，如销售、技术支持服务、市场营销以及订单管理等。CRM 既要完成单一业务的处理，又要实现不同业务间的协同，同时，作为整个企业应用中的一个组成部分，CRM 还要充分考虑企业的其他应用，如与财务、库存、ERP、供应链（SCM）等应用进行集成。

但是，不同的企业或同一企业处于不同的发展阶段时，对 CRM 整合应用和企业集成应用有不同的要求。为满足不同企业的不同要求，CRM 在集成度方面也有不同的分类。从应用集成度方面可以将 CRM 分为 CRM 专项应用、CRM 整合应用、CRM 企业集成应用。

1. CRM 专项应用

以销售人员为主导的企业与以店面交易为主的企业，在核心能力上是不同的。销售自动化（SFA）是以销售人员为主导的企业的 CRM 应用关键，而客户分析与数据库营销则是以店面交易为主导的企业的 CRM 应用关键。

在专项应用方面，还有著名的呼叫中心（Call Center）。随着客户对服务要求的提高和企业服务规模的扩大，呼叫中心在 20 世纪 80 年代得到迅速发展，与 SFA 和数据库营销一起成为CRM的早期应用。到目前为止,这些专项应用仍然具有广阔的市场,并处于不断发展中。其代表厂商有AVAYA(Call Center)、GoldMine(SFA)等。

对于中国企业特别是对于中小企业而言,CRM的应用处于初期阶段,根据企业的销售与服务特点,选择不同的专项应用不失为一条现实的发展道路。当然,在启动专项应用的同时,应当考虑后续的发展,特别是业务组件的扩展性和基础信息的共享,应选择适当的解决方案。

2. CRM整合应用

由于CRM涵盖整个客户生命周期,涉及企业众多的业务,因此,对于很多企业而言,必须实现多渠道、多部门、多业务的整合与协同,必须实现信息的同步与共享,这就是CRM整合应用。CRM业务的完整性和软件产品的组件化及可扩展性是衡量CRM整合应用能力的关键。这方面的代表厂商有Siebel(企业级CRM)、Pivotal(中端CRM)、MyCRM(中小企业CRM)。

3. CRM企业集成应用

对于信息化程度较高的企业而言,CRM与财务、ERP、SCM以及群件产品如Wxchange/MS-Outlook和Lotus Notes等的集成应用是很重要的。这方面的代表厂商有Oracle、SAP等。

(三)按系统功能分类

1. 操作型CRM

用于自动集成商业过程,包括销售自动化、营销自动化和客户服务与支持三部分业务流程。

2. 合作型CRM

用于同客户沟通所需途径(包括电话、传真、网络、电子邮件等)的集成和自动化,主要有业务信息系统、联络中心管理系统和Web集成管理系统。

3. 分析型CRM

用于对以上两部分所产生的数据进行分析,为企业的战略、战术决策提供支持,包括数据仓库和知识仓库建设,以及依托管理信息系统的商业决策分析。

【知识拓展】国内常见的CRM系统

神州云动CloudCC

神州云动CloudCC成立于2008年,2013年在新三板上市,客户群主要集中于上市公司、集团企业等中大型公司。CloudCC秉承按需定制、随需而变的生态型CRM的产品设计理念,经过十多年的努力,日益成熟,产品和方案集中在IT、教育、金融保险、制造消费品、健康医疗等行业。同时推出应用商店,可以让企业低成本扩充其他SaaS应用,客户可通过CloudCC PaaS平台搭建和开发,并与钉钉、企业微信集成,大幅度提升企业的营销竞争力,因此受到用户的广泛认可。CloudCC CRM的生态平台与Salesforce的appExchange平台很相似。CloudCC于2020年开启了伙伴赋能计划。

销售易

销售易自2016年以来主打移动销售工具市场。其在2019获得了腾讯的融资后,加大了市场宣传力度,初期产品面向中小微企业,后期发布了基于PaaS平台的教育、金融等五大行业解决方案计划,逐步向中型企业客户延伸。这些使得销售易的竞争实力不断上升。但是受其前期产品平台设计的限制,其能够影响市场也许还需要一段时间。

纷享销客

纷享销客在功能上注重企业办公管理,其强势的"连接"概念让很多传统的 CRM 企业感到不少压力,并直接与销售易展开市场竞争。由于其走的是价格低廉路线,所以受到不少小微企业的欢迎,保持了较好的市场占有率。伴随近两年公司内部管理几次重大调整,并再次获得金蝶集团的投资,其成长迅速。但由于其主要偏办公平台发展,主打连接概念,在 CRM 上稍显薄弱,所以产品迭代和专业度上不如其他产品。

五、客户关系管理的作用

美国公司满意度索引(ACSI)的数据显示,具有最高客户满意度的公司增长的市值是具有最低客户满意度的公司的两倍多。换句话说,客户满意度能直接转化为公司价值。客户满意度如果提高5%,企业的利润将翻倍。

一个非常满意的客户的购买意愿将6倍于一个满意的客户。2/3 的客户离开其供应商是因为供应商对客户关怀不够。93% 的 CEO 认为客户管理是企业成功和更富竞争力的最重要因素。50% 以上的企业利用互联网是为了整合企业的供应链和管理后勤。

经济全球化趋势和电子商务的快速发展正以前所未有的广度和深度改变着企业传统的业务运作方式。企业一般可以采用两种方式保持竞争优势:一是在能够发挥自身优势的业务领域以超过竞争对手的速度增长;二是要比竞争对手提供更好的优质客户服务,而提供优质服务的前提是实施客户关系管理。

归纳起来,客户关系管理的目标主要包括降低销售及服务成本、增加盈利、巩固客户关系、提高客户满意度、改进信息提交方式、加快信息提交速度、简化客户服务过程等。具体可以归纳为以下几个方面。

【小故事】是我放错了地方

在一家经营古董和装饰品的商店里,两位女士看中了几件精致的工艺品,但因价格昂贵,有些犹豫不决。其中一位女士在转身时,肩上的挎包碰到了展台上一个雕花瓷瓶,瓷瓶跌落摔得粉碎。这位女士正惶恐地不知所措时,老板走到她身旁,关切地说:"对不起,没有吓着您吧?"女士不好意思地回答:"是我不小心,我要照价赔偿吗?"老板笑着连连摇手:"您并没有过错,您只是用自己的方式告诉了我,商品应当放在恰当的位置。"女士和她的同伴对望了一下,不约而同走到了自己看中的商品面前,高高兴兴地买走了两个昂贵的古希腊铜像和一套彩色瓷盘,因为她们觉得这位有人情味的老板是值得信赖的。

故事中,老板面对客户的过错,采取了包容的态度,一句"您并没有过错,您只是用自己的方式告诉了我,商品应当放在恰当的位置。"巧妙地化解了客户的困境,虽然表面上看,店铺短期遭受了经济损失,但老板宽容为怀的肚量以及"和谐友善"的价值观,赢得了一个长久的客户和良好的口碑。毋庸置疑,案例中的两位女士必定会成为商店的忠诚客户,也会向亲朋好友推荐,根据吉拉德的"朋友圈250人法则",这家古董店很有可能增加近500个新客户,给商店带来的价值远远超出了那只打碎的瓷瓶的价值。

【想一想】企业做好客户关系管理有哪些重要作用呢？

（一）全面提升企业的核心竞争能力

进入新经济时代，以往代表企业竞争优势的企业规模、固定资产、销售渠道和人员队伍已不再是企业在竞争中处于领先地位的决定因素。由于新竞争对手和新机遇不断涌现，企业必须创造出新的结构以适应不断变化的需求。依赖于客户生存的企业必须学会如何对待具有不同背景的客户，并通过语言识别和人工智能等手段将技术"人性化"，提高对客户的吸引力。

在新的经济模式下，企业应当在管理客户关系方面做得更好，CRM将成为一种企业核心竞争能力。通过使用正确的工具、技术，CRM可以为所有企业提供"看得见的优势"。

今天，竞争的基础和竞争优势的本质已经发生了变化，这主要是因为信息时代的地理和环境不再具有以往的意义，规模和权力也不再能确保市场份额。技术发展和全球化趋势增强甚至消除了许多过去妨碍经济增长的障碍，人们可以在全球范围内建立人与人以及人与信息之间的连接，不仅使客户可以随时、随地寻找到能够满足其需求的最佳服务供应商，而且消除了现存市场和机遇固有的防卫壁垒。在市场中获胜所需的条件，例如土地、人力、资本、信息等，可以很快被竞争对手复制；然而，详细而灵活的客户信息，即有关客户及其爱好的信息和良好的客户关系本身，却很难被复制。

如果土地、人力和资本不再是企业增长的核心，那么如何才能保持业务领先呢？可以采用的一个方法就是比竞争对手提供更好的客户服务。优质的服务可以促使客户回头购买更多的产品或服务，而价格的高低将不再是客户做出选择时所考虑的第一因素。这可以通过建立以忠诚度为目标的持续不断的关系来实现，企业的整个业务也将从每位客户未来不断的采购中扩大。

此外，企业应采用所有可以直接与客户接触的方式，如人员接触，通过电话或电子邮件接触等。企业每天都拥有成千上万个这样的交流机会。采用CRM意味着通过技术的应用将这些与客户的交流从简单的活动变为对双方都有用的获取商业经验的方式。反过来，这种转换将使企业的业务代表持续提供卓越的客户服务，从而为企业建立起一种战略性竞争优势。

CRM系统并不仅仅针对第一次接触CRM系统的客户或优质服务，它针对的是整个客户接触生命周期以及如何处理这些接触，企业采取这种客户关系管理方式可以使其从竞争中脱颖而出。退一步讲，从价格、服务和客户知识等方面展开全面的竞争要优于单纯的价格竞争。进一步讲，CRM的实施可以按照企业的意图改变整个竞争格局。

（二）提升客户关系管理水平

CRM系统不是孤立的解决方案，它是企业管理的重要组成部分。人们已经深刻地认识到，仅仅从某些方面去解决企业的问题无法从根本上解决问题。在电子商务时代，企业从大规模生产体系转向灵活敏捷的竞争体系，CRM要满足用户在提升客户价值、通过合作提高竞争力、建立适应变化的组织、充分利用人员与信息的杠杆作用方面的需要，最终帮助企业造就一个获利稳定的经营基础。

1. 客户研究与客户挖掘

需求和产品多样化使客户选择的负担日益增加，供应商有责任帮助客户确定其需要和要求，这一切意味着应"研究和培育"客户，深知客户做什么、想什么和应该做什么。客户关系管理支持用户描述其经营范围、经营网络、业务流程。两者的变化意味着需求的变革，意味着客户服务的扩展和升级。企业在这一点上反应不准确，就会迅速失去客户。

采集未来的客户信息、描述客户的形成过程可以使企业获得捕捉到新的客户的机会。客户挖掘过程，就是把潜在客户培养为现实客户，并进一步变为支持者的过程。客户关系管理可对潜在客户的数据采集和需求验证、可能客户的简介编制和定位选择、支持者的地位作用及喜好动机进行描述。

2. 客户响应与交易记录

在电子商务环境下，为了与用户进行实时通信，企业必须建立一个以现代通信基础设施为依托的客户接待前台。在处理各类信息的接收、发送与记录的基础上，客户关系管理着重于满足客户要求、开展服务跟踪和客户查询。前台系统把客户要求分配给相关部门并跟踪服务回应，客户通过数据系统查询自己的交易数据。这样做可以降低企业的响应成本，并有利于实现企业数据系统与客户数据系统一体化，进而增进彼此的忠诚度。客户以自己喜欢的方式与企业进行交流，可以方便地获取信息并得到更好的服务。客户的满意度得到提高，可帮助企业保留更多的老客户，并更好地吸引新客户。

3. 客户追踪与客户评价

客户服务追踪、客户反馈和善后管理是联系在一起的。客户关系管理提供主动追踪服务，支持企业接收、处理客户反馈数据，其善后管理包括维护工作预约和派遣、备件管理、服务收费及欠款催收等。

CRM 系统不只是一套产品，其中也包含了触及企业内部许多部门的商业理念。企业的商业理念一定要反映在 CRM 系统上，并且从高层到每位员工都要有充分的认识。其核心思想是将企业的客户（包括最终客户、分销商和合作伙伴及内部客户）作为最重要的企业资源。通过完善的客户服务和深入的客户分析来满足客户的需求，保证实现客户的终身价值。

在激烈的竞争环境中，任何企业要发展都需要有一流的客户关系，越来越多的企业认识到了服务对于企业发展的重要性。对于那些迫切需要提高客户关系管理水平的企业来说，选择合适的 CRM 解决方案将带来事半功倍的效果。

（三）重塑企业营销功能

企业实施 CRM 就是要全面重塑企业营销功能，这种重塑要求源于企业所处的竞争环境发生的结构性变化，企业正在从一个大量市场产品和服务标准化、寿命周期长、信息含量小、在一次性交易中交换的竞争环境向新的全球竞争的环境转变，在这一新的竞争环境中，产品和服务呈现出个性化、寿命周期短、信息含量大的特征，并处在客户基础不断变化的交易过程中。

企业经营从以生产设备为支点变为以客户为支点，营销成为企业活动的重要因素；飞速发展的计算机网络、日益开放的全球技术经济市场使企业不能再固守一隅。在这样的环境中，客户、竞争、品牌成了密不可分的要素，捕捉客户机会和迎合客户需求的准确性和速度决定着企业的存亡，企业需要一个信息畅通、行动协调、反应灵活的 CRM 系统。

（四）提升销售业绩

CRM 的运用直接关系到企业的销售业绩。它可以重新整合企业的用户信息资源，使以往"各自为战"的销售人员、市场推广人员、电话服务人员、商店维修人员等开始真正地开展协调与合作,组成秉持"满足客户需求"这一核心宗旨的强大团队。CRM实施成果经得起销售额、用户满意度、用户忠诚度、市场份额等指标的检测,它为企业新增的价值是看得见、摸得着的。因此,CRM的实施必将确实改变企业的销售文化,让企业中的每一位成员都切身感受到信息时代带来的机遇和挑战。

(五)降低成本、提高效率

CRM的运用使得团队销售的效率和准确率大大提高,服务质量的提高也使得服务时间和工作量大大降低,这些无疑都将降低企业的运作成本。

通过实施完整的CRM策略,企业允许内部人员、供应商和合作伙伴通过网络进行联系,共享客户信息。

1. IT管理的加强和成本的降低

Oracle公司原来在全球分布有97个数据中心,现在减少到了4个,不仅更好地加强了信息的集中管理和资源的充分共享,而且降低了设备维护和人员管理的成本。将IT的管理集中到了几个大的中心,管理的效率和系统的可靠性也得到了进一步加强。仅此一项,就为公司节省了1100万美元。另外,通过把大量内部培训课程移植到网上,也节省了250万美元。通过全球财务数据的自动合并和整合管理,每年亦可为公司节约350万～500万美元的费用。

2. 公司整体效率的提高和成本的降低

Oracle公司通过将大量工作和日常业务处理转移到网络上,日常工作量减少了25%,业务处理更快捷,员工的工作效率明显提高。这种自助式服务与过去一年相比为公司节省了240万美元的日常开支,每份报告的成本从25美元减少到10美元。电子商务的战略采购管理,预计在未来5年内将为公司节省9800万美元。

Oracle公司为中国银行和美的集团等许多企业实施了Oracle的客户关系管理解决方案,都取得了令人非常满意的效果。

【微课】企业是很"认真"的——企业眼中的CRM

(六)利用整合信息提供卓越服务,提高客户忠诚度

利用客户资料,针对客户需求完善对客户的服务,提高客户对服务的满意度,通过整理分析客户的历史交易资料,强化与客户的关系,提高客户再次光顾的次数或购买数量,通过确认客户、吸引客户和保留客户提高获利率。

例如,在与客户洽谈汽车保险续约时,如果发现客户资料中没有人寿保险的记录,可尝试推销人寿保险;又如,银行或信用卡公司经常寄产品目录或旅游信息给客户,借以提升公司获利机会,这些都是常见的营销手段。

通过客户关系管理的实施,客户和潜在客户感觉企业对他们的需求很重视,也具有响应客户要求的能力,就会考虑成为该企业的忠诚支持者。因此,实施客户关系管理将提升公司的竞争优势。

例如，T牌汽车运用最新工作流程计算机化技术，引进客户关系管理系统中最重要的"客户抱怨追踪系统"，以实现"客户第一"的理念。有了这个系统的协助，企业可以方便地查询客户历史资料、疑难处理经验，利用计算机掌握、追踪客户投诉处理进度，对客户投诉问题进行交叉分析。这不仅使每一位客户的声音都被快速充分地考虑，而且还能提供产品及服务改善的方向，永葆企业的竞争优势。

任务三 客户关系管理典型岗位介绍

学习重难点

(1) 熟悉企业典型客户关系管理岗位的职责与要求；
(2) 能结合自身实际情况，做好职业规划。

内容精讲

一、客户服务管理岗位设计示例

客户服务管理岗位设计具体示例如图 1-7 所示。

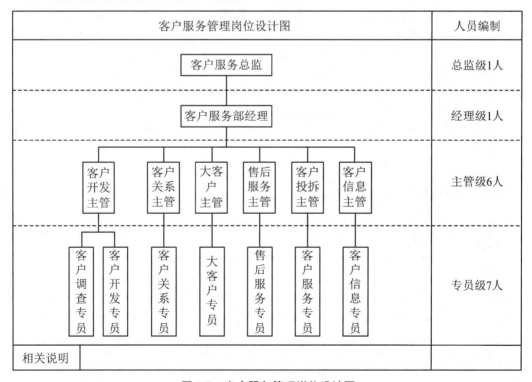

图 1-7 客户服务管理岗位设计图

二、客户服务各岗位目标分解

（一）客户管理岗位工作目标

客户管理岗位工作目标如表 1-1 所示。

表 1-1　客户管理岗位工作目标

总体目标	目标细化
客户服务体系建设目标	1. 规范客户服务标准，完善客户服务体系 2. 按时组织制定客户服务计划，并保证服务计划 100% 得到贯彻执行 3. 及时编制各项客户服务管理制度，并确保各项制度 100% 得到执行
客户开发目标	1. 及时组织针对目标客户的市场调查活动，完成客户市场调研任务 2. 按时组织制定客户开发计划，监督开展客户开发工作，确保按时完成客户开发计划

（二）客户开发岗位工作目标

客户开发岗位工作目标如表 1-2 所示。

表 1-2　客户开发岗位工作目标

总体目标	目标细化
客户调研目标	1. 做好目标客户相关信息的调查与收集工作，确保收集信息的准确、及时 2. 对调查的信息进行汇总分析，准确了解目标客户现状，并对客户需求进行评估
客户开发管理目标	1. 根据对客户调研结果的分析，及时编制具体的客户开发计划 2. 与相关部门配合，按时完成客户开发工作
客户资料管理目标	1. 及时整理客户调研及客户开发的相关资料，确保资料完整率达到 100% 2. 及时将需要归档的材料送交档案管理人员，保证资料及时归档

（三）大客户管理岗位工作目标

大客户管理岗位工作目标如表 1-3 所示。

表 1-3　大客户管理岗位工作目标

总体目标	目标细化
大客户开发目标	1. 做好大客户开发的前期调查工作，准确把握客户需求 2. 组织实施大客户开发工作，确保大客户开发计划 100% 完成
大客户服务目标	1. 制定完善的大客户管理制度，并根据大客户的实际情况，制定相应的服务方案 2. 及时了解大客户的需求与反馈意见，保证公司与大客户之间沟通的及时性与畅通性

续表

总体目标	目标细化
大客户维护目标	1. 根据工作需要和相关标准,进行大客户回访,针对大客户的回访率达到____%
	2. 维护并巩固公司与大客户的关系,不断提高公司服务水平,使大客户满意度评价达到____分
大客户资料管理目标	1. 及时对大客户管理的相关资料进行整理,确保资料完整率达到100%
	2. 建立完善的大客户档案,并根据大客户实际情况的变化及时对相应的信息进行变更,将需要归档的材料送交档案管理人员,保证资料及时归档

（四）客户关系岗位工作目标

客户关系岗位工作目标如表1-4所示。

表 1-4　客户关系岗位工作目标

总体目标	目标细化
客户关系维护目标	1. 负责草拟客户关系维护计划,经领导审核后100%贯彻执行
	2. 做好客户回访、接待、提案等客户关系维护工作,确保客户满意度达到____%
	3. 做好客户关系维护工作总结,及时提出改善客户关系的建议
客户资料管理目标	1. 及时对客户关系维护过程中产生的资料进行整理,确保资料完整率达到100%
	2. 及时将需要归档的材料送交档案管理人员,保证资料及时归档

（五）售后服务岗位工作目标

售后服务岗位工作目标如表1-5所示。

表 1-5　售后服务岗位工作目标

总体目标	目标细化
售后服务目标	1. 严格执行各项售后服务制度,确保各项服务标准得到100%贯彻执行
	2. 做好售后服务管理工作,提升客户对售后服务工作的满意度,使大客户满意率达到____%,一般客户满意率达到____%
客户投诉管理目标	1. 及时处理客户投诉,确保客户投诉解决及时率达到____%
	2. 努力提高业务水平,确保客户对投诉解决的满意率达到____%
客户关系管理目标	1. 根据公司的需要,合理安排相关人员对客户进行回访,确保客户回访率达到____%
	2. 对客户提交的提案进行处理,并将处理结果及时反馈给客户
信息收集目标	1. 了解和掌握客户对公司产品或服务的意见及要求,确保信息收集的及时性、有效性
	2. 将客户反映的信息及时反馈给公司相关部门,确保信息反馈及时率达到____%

(六)客户投诉岗位工作目标

客户投诉岗位工作目标如表1-6所示。

表1-6 客户投诉岗位工作目标

总体目标	目标细化
客户投诉管理目标	1. 严格按照客户投诉处理规章制度执行,确保客户投诉处理及时率达到____% 2. 密切保持与其他相关部门的联系,使客户投诉解决率达到____% 3. 努力提高业务水平,确保客户对投诉解决的满意率达到____%
客户关系维护目标	1. 通过电话、邮件等方式做好客户投诉回访工作,使客户回访率达到____% 2. 将客户投诉过程中产生的提案及时转交给相关部门,并将处理结果反馈给客户
客户资料管理目标	1. 客户投诉信息记录规范,确保记录完整率达到100% 2. 及时将需要归档的材料送交档案整理人员,保证资料归档及时

(七)客户信息岗位工作目标

客户信息岗位工作目标如表1-7所示。

表1-7 客户信息岗位工作目标

总体目标	目标细化
信息管理目标	1. 严格按照客户信息管理制度的要求,及时完成收集各类客户信息的任务 2. 通过对客户信息的整理与分析,按时编制并提交客户信息分析报告
客户信用管理目标	1. 制定的客户信用等级评定制度合理、可行 2. 对公司客户的信用风险进行评估与预测,确保准确率达到____%
客户数据库建设目标	1. 根据公司对客户数据库建设的要求,具体推进数据库建设工作,并确保按时完成率达到100% 2. 做好数据库信息的更新工作,确保数据信息及时、准确、有效 3. 做好数据库系统的日常维护工作,确保数据库系统平稳、安全运行
客户档案管理目标	1. 客户档案完备,确保客户信息更新及时率达到100% 2. 做好客户档案日常管理工作,杜绝客户档案丢失、损坏事件

(八)呼叫中心岗位工作目标

呼叫中心岗位工作目标如表1-8所示。

表1-8 呼叫中心岗位工作目标

总体目标	目标细化
呼叫中心运营目标	1. 按照呼叫中心建设规划,按时完成呼叫中心系统建设任务 2. 做好呼叫中心各项管理工作,确保呼叫中心各项工作计划按时完成率达到___%
呼叫中心服务目标	1. 严格按照呼叫中心服务标准执行,确保呼叫中心服务水平 2. 及时处理客户投诉,使客户投诉解决及时率达到___% 3. 努力提高业务水平,使客户满意率达到___%
资料管理目标	1. 做好呼叫业务记录,确保记录完整率达到100% 2. 及时将需要归档的材料送交档案管理人员,保证资料及时归档

三、客户服务管理岗位工作职责与工作明细

(一)客户服务管理岗位工作职责

依据所在企业的类型及与企业实际工作的相关性,客户服务管理岗位的工作职责可以概括为以下几个方面:负责所经营区域客户的咨询解答;参与制定并执行客服流程、服务标准、客服工作计划;负责产品介绍、演示及解答客户使用中的问题等;负责客户电话回访,跟进及处理客户投诉等问题;维护客户关系,及时组织相关人员对客户进行回访和调研,收集客户对产品和服务的反馈意见;负责团队人员工作的分配,安排值班、倒班;负责工作日志、周报、月报的撰写,须及时对反馈的信息进行统计、分析和汇报;进行新客服的培训、考核与甄选;完成上级安排的其他工作任务。

(二)客户服务管理岗位工作明细

1. 客户总监岗位工作明细

客户总监岗位工作明细如表1-9所示。

表1-9 客户总监工作明细表

工作大项	工作细化	目标与成果
客户服务规划	1. 收集和分析行业及市场情况,制定公司服务策略	公司服务策略
	2. 制定业务发展方向、竞争策略、售后服务和预算等相关计划	相关工作计划
	3. 负责本部门的业务管理及处理关键任务,提高客户满意度	客户满意度评价达到___分
客户开发管理	1. 根据公司发展目标,制定客户开发计划与大客户管理策略	1. 客户开发计划 2. 大客户管理策略
	2. 根据公司的发展目标与客户开发计划进行客户开发、管理和维护工作	客户开发计划全面完成

续表

工作大项	工作细化	目标与成果
客户服务管理	1. 了解客户需求,组织人员做好公司客户的售后服务工作,巩固和增进公司与客户的合作关系	客户服务达标完成率达到____%
	2. 及时进行客户投诉处理的监督和检查,及时发现其中存在的问题,提升公司的服务水平	客户投诉处理解决率达到____%
	3. 建立与完善客户资料库	客户资料完备率达到____%
部门人员管理	1. 负责客户服务团队建设及日常工作管理,规范运作流程,提高客户服务质量	部门人员任职资格达标率达到____%
	2. 为团队成员提供业务培训与指导,以保证团队专业能力不断提高	部门培训计划完成率达到____%
	3. 负责与公司其他部门和团队的协调与沟通	部门协作满意度评价达到____分

2. 客户经理工作明细

客户经理工作明细如表1-10所示。

表1-10 客户经理工作明细

工作大项	工作细化	目标与成果
客户开发管理	1. 根据公司的发展目标和业务特点,制定客户开发计划	客户开发计划
	2. 根据客户开发计划,安排人员进行客户关系的开发与拓展、维护与管理工作	1. 客户开发计划全面完成 2. 客户保持率达到____%
客户关系管理	1. 根据公司的相关规定,对本公司客户的信用进行评定	客户信用评定表
	2. 安排人员进行客户关系维护工作,为公司开拓市场、开发新客户奠定基础	客户保持率达____%
	3. 客户档案管理	客户档案完备率达到____%
大客户管理	1. 围绕公司营销目标,制定公司大客户开发计划	大客户开发计划
	2. 保持与大客户良好的合作关系,提高大客户满意度	大客户满意度评价达到____分

续表

工作大项	工作细化	目标与成果
售后服务管理	1. 组织制定售后服务计划、标准并组织实施	售后服务计划、标准
	2. 安排人员做好客户咨询和相关的技术服务	客户满意度评价达到___分
	3. 提高客服人员的服务态度及综合素质,使其能妥善处理客户提出的问题,以提高客户投诉解决率	客户投诉解决率达到___%
	4. 安排相关人员及时了解并汇总客户对产品(服务)的意见和要求,并及时将相关信息反馈到相关部门	客户意见调查表
	5. 安排相关人员对客户进行不同形式的回访工作,提高客户回访率	客户回访率达到___%
客户信息管理	1. 组织人员做好客户信息的收集、统计与分析工作,保证各项信息完善、准确	信息收集及时、准确、完善
	2. 组织人员做好客户档案管理工作	客户档案完备率达到___%
呼叫中心管理	1. 合理安排公司呼入、呼出业务,完成公司目标	各项任务完成率达到100%
	2. 组织协调呼叫中心与其他相关部门的工作	部门协作满意度评价达到___分
部门人员管理	1. 根据工作需要,制定部门人员需求计划并负责人员的选拔工作	部门人员需求计划
	2. 对本部门人员工作进行指导与培训,提高其业务能力与服务水平	部门培训计划完成率达到___%
	3. 对本部门人员实施考核	1. 考核工作按时完成 2. 部门人员考核达标率达到___%

3. 客户开发岗位工作明细

(1) 客户开发主管工作明细如表 1-11 所示。

表 1-11　客户开发主管工作明细

工作大项	工作细化	目标与成果
客户开发管理制度制定	1. 根据公司发展目标,联系实际,协助客户服务部经理制定客户开发管理制度、工作流程及操作规范	各项规章制度
	2. 指导并落实各项规章制度的执行情况,根据公司实际情况及外部环境的变化对相关规章制度进行修订	各项规章制度得到全面执行
客户开发管理	1. 组织人员进行市场信息收集、客户信息收集工作	信息收集及时、准确
	2. 围绕公司的发展目标,制定客户开发计划并组织实施	客户开发计划
	3. 积极拓展客户开发渠道并组织客户开发工作	客户开发计划按时完成率达100%
	4. 对客户开发专员与客户签订的合同进行审核、审批	合同审批及时
	5. 与客户保持良好的合作关系并随时掌握客户的需求	客户满意度评价达到____分

（2）客户开发专员工作明细如表 1-12 所示。

表 1-12　客户开发专员工作明细

工作大项	工作细化	目标与成果
客户调查	1. 根据客户开发的需求,及时编制客户调查计划	客户调查计划
	2. 按照客户调查计划的要求,具体实施调查活动	调查计划按时完成率达到100%
客户开发	积极协助相关部门进行新客户的开发工作	客户开发计划按时完成率达100%
客户关系维护	1. 对客户进行定期或不定期回访	客户回访率达到____%
	2. 建立客户资料档案,并根据实际情况对客户的相关资料进行及时更新	客户资料完备率达到____%

4. 大客户管理岗位工作明细

（1）大客户主管工作明细如表 1-13 所示。

表 1-13　大客户主管工作明细

工作大项	工作细化	目标与成果
大客户服务管理	1. 配合公司营销部门制定大客户开发计划,并负责落实	大客户开发计划
	2. 根据公司实际情况,针对大客户制定适当的服务方案和激励政策	服务方案和激励政策
	3. 对大客户与本公司业务往来的情况进行分析,为公司相关部门提供决策依据	相关分析报告
大客户关系维护	1. 安排人员对大客户进行定期或不定期回访,及时了解大客户在使用公司产品或与公司发生的其他业务中遇到的问题	客户回访率达到____%
	2. 关注大客户的新动态,并及时给予相关协助	大客户相关信息
	3. 负责与公司重要客户进行日常沟通与关系维护	信息沟通及时
售后服务管理	1. 安排人员收集大客户的相关反馈信息并及时将其反映给相关部门	信息收集及时、准确
	2. 根据公司的相关制度和售后服务标准,组织实施和检查相关人员对大客户咨询、投诉、意见反馈等事项的执行情况	大客户满意度评价达到____分

（2）大客户专员工作明细如表 1-14 所示。

表 1-14　大客户专员工作明细

工作大项	工作细化	目标与成果
信息收集	1. 了解和掌握大客户的需求	大客户需求信息
	2. 收集并整理与大客户有关的新动态、新的发展方向等信息	大客户的相关信息
大客户关系维护	1. 主动为大客户提供新业务、新技术等方面的咨询服务	咨询解答准确、客户满意度评价达到____分
	2. 根据公司的安排,拜访大客户,不断增进双方之间的了解,以保持良好的合作关系	客户回访率达到____%
	3. 妥善处理大客户投诉	客户投诉解决率达到____%
大客户资料管理	1. 负责大客户的档案建立和资料管理	大客户档案
	2. 根据实际情况适时地对大客户的资料进行更新	资料更新及时、准确

5. 客户关系岗位工作明细

（1）客户关系主管工作明细如表 1-15 所示。

表 1-15　客户关系主管工作明细

工作大项	工作细化	目标与成果
规章制度制定	1. 协助客户服务部经理制定有关客户关系管理的各项规章制度	各项规章制度
	2. 组织实施客户关系管理的各项制度并监督其实施	各项规章制度得到全面执行
客户关系维护	1. 进行有效的客户管理和沟通，了解并分析客户需求	客户需求调查表
	2. 掌握公司所有客户的信息，对其进行分类统计，按不同的客户类型开展客户关系维护工作	客户的相关信息资料
	3. 发展与维护良好的客户关系	客户满意度评价达到____分

（2）客户关系专员工作明细如表 1-16 所示。

表 1-16　客户关系专员工作明细

工作大项	工作细化	目标与成果
信息收集	1. 对客户进行深入了解，包括客户需求、购买力等并将此信息反映给相关领导	信息收集及时、准确
	2. 对所收集的信息进行统计分析，提出改善客户关系的相关建议或措施	相关建议或措施
客户关系维护	1. 主动了解客户需求，维护客户关系	客户需求信息
	2. 接待来访客户，协助处理客户提出的一般性问题	客户满意度评价达到____分
	3. 根据公司的安排拜访客户	对客户的回访率达到____%
客户档案管理	1. 对收集到的客户信息进行归档管理	客户档案完备率达到____%
	2. 对客户档案进行及时更新与日常维护	信息更新及时率达到____%

6. 售后服务岗位工作明细

（1）售后服务主管工作明细如表 1-17 所示。

表 1-17 售后服务主管工作明细

工作大项	工作细化	目标与成果
规章制度制定	1. 协助客户服务部经理制定公司各类售后服务标准、制度、规范等	售后服务标准、制度、规范等
	2. 制定的各项规章制度经领导审批后组织实施	各项售后服务规章制度得到全面执行
售后服务管理	1. 负责制定售后服务计划、方案、费用预算等，并组织实施	售后服务计划、方案
	2. 安排人员开展售后服务和技术服务	客户满意度评价达到___分
	3. 妥善处理和解决客户投诉	客户投诉解决率达到___%
	4. 安排人员进行客户回访工作，了解客户需求及公司客户服务人员的现场工作情况，提高公司客户服务质量	对客户的回访率达到___%
	5. 按照公司要求，组织编制售后服务工作总结报告	售后服务工作总结报告
信息管理	1. 组织相关人员及时了解并汇总客户对公司产品或服务的意见和要求，并将相关信息及时反馈给相关部门	客户反馈的信息
	2. 及时处理现场服务人员及客户的反馈信息，对于重大质量事故及时通知相关部门，并参与对质量问题的分析和解决	相关措施
	3. 收集统计售后服务过程中发现的质量问题并予以处理	相关措施
客户关系管理	1. 组织人员对公司的客户进行定期或不定期的回访，以保持公司与客户良好的合作关系	对客户的回访率达到___%
	2. 根据大客户的实际情况，制定相位的售后服务方案和措施，维护并巩固与大客户的关系	客户满意度评价达到___分

（2）售后服务专员工作明细如表 1-18 所示。

表 1-18 售后服务专员工作明细

工作大项	工作细化	目标与成果
售后服务	1. 处理客户的信息咨询	客户满意度评价达到___分
	2. 处理客户的售后服务及技术事宜，将需要服务的客户的信息转交给相关部门	客户满意度评价达到___分
	3. 通过电话、网络等方式对售后服务过程进行监督，保证公司的售后服务质量	客户满意度评价达___分

续表

工作大项	工作细化	目标与成果
	4. 根据需要,对公司的客户进行各种形式的回访和调查,以获取客户的直接反馈	客户回访率达到____%
投诉处理	1. 受理与记录客户的投诉	客户投诉记录表
	2. 妥善解决客户的投诉,对重大或特殊的投诉要及时转交相关领导处理	投诉解决率达到____%
资料管理	1. 客户资料的日常维护与管理	客户的相关资料
	2. 售后服务文件的整理、存档	售后服务文件

【案例】华为售后客服岗位职责

1. 岗位职责
(1) 负责接听客户的来电,为客户解决售前、售后的问题;
(2) 负责客户关系管理及维护工作;
(3) 通过高效、准确的解答和专业的服务提升客户的满意度;
(4) 及时反馈服务中发现的问题,并积极提出改进意见和建议;
(5) 服务对象为全国各电商平台的消费者。

2. 岗位要求
(1) 拥有半年以上呼叫中心工作经验或者电商平台服务经验者优先;
(2) 正规院校大专及以上学历;
(3) 耐心,思维敏捷,主动性学习能力较强,抗压能力较强;
(4) 拼音输入法打字速度在45字/分钟以上;
(5) 熟练使用计算机和互联网。

7. 客户投诉岗位工作明细

(1) 客户投诉主管工作明细如表1-19所示。

表1-19 客户投诉主管工作明细

工作大项	工作细化	目标与成果
规章制度制定	1. 协助客户服务部经理制定客户投诉管理制度、投诉处理流程与工作标准	客户投诉管理制度及其相关流程
	2. 制定的规章制度、流程及标准经领导审批通过后组织实施	各项规章制度得到全面执行
投诉处理	1. 组织人员处理客户咨询、投诉、电话回访等各项客户服务业务	各项工作顺利进行,客户满意度评价达到____分
	2. 落实客户对公司产品、服务及其他方面的投诉并予以妥善解决	客户投诉解决率达到____%

续表

工作大项	工作细化	目标与成果
	3. 负责重大或特殊投诉事件的受理及跟踪处理	客户投诉解决率达到____%
	4. 督促完成各类工作报表的制定及上报、汇总、统计工作,分析各类投诉,便于公司制定相应措施和解决方案	各类工作报表

(2) 客户投诉专员工作明细如表 1-20 所示。

表 1-20　客户投诉专员工作明细

工作大项	工作细化	目标与成果
投诉处理	1. 负责对客户投诉事件进行登记并受理	客户投诉记录表
	2. 在投诉处理过程中与相关部门进行协调,及时解决客户投诉	客户投诉解决率达到____%
	3. 将投诉处理结果提交到公司相关部门	投诉处理结果报告表
编制报表	编制投诉报表和投诉分析报告,为改进客户服务提供支持	相关报表编制及时
资料管理	投诉资料的归档管理	资料归档及时、完备

8. 客户信息岗位工作明细

(1) 客户信息主管工作明细如表 1-21 所示。

表 1-21　客户信息主管工作明细

工作大项	工作细化	目标与成果
客户信用管理	1. 安排相关人员收集与调查公司客户信息,确保信息收集或调查内容的准确性	客户信息调查表
	2. 根据客户信用调查的结果及公司的相关规定对其进行信用级别评定	客户信用级别评定结果
客户信息管理系统的管理	1. 安排人员进行客户信息的收集、分析、统计等工作,保证客户信息准确、完善	客户相关信息
	2. 负责建立客户信息管理系统,完善客户信息	客户信息管理系统

(2) 客户信息专员工作明细如表 1-22 所示。

表 1-22　客户信息专员工作明细

工作大项	工作细化	目标与成果
客户信息调查	1. 根据公司需要,对客户的相关信息进行调查与收集	客户相关信息
	2. 对收集到的客户信息进行整理与分析,并提交给公司相关部门	客户相关信息

续表

工作大项	工作细化	目标与成果
客户信用管理	1. 负责进行客户信用调查	客户信用调查表
	2. 协助客户信息主管对客户信用进行评估,并对客户信用进行分级管理	客户信用等级评定表
客户档案管理	1. 客户资料的建档及管理	客户档案
	2. 维护客户信息系统	客户信息系统

9. 呼叫中心岗位工作明细

(1) 呼叫中心经理工作明细如表 1-23 所示。

表 1-23　呼叫中心经理工作明细

工作大项	工作细化	目标与成果
规章制度制定	1. 组织制定本部门的各项规章制度、工作流程、质量规范等	各项规章制度
	2. 指导并落实各项规章制度的执行情况,根据公司实际情况及外部环境的变化对相关规章制度进行修订	部门各项规章制度得到全面执行
日常运营管理	1. 负责呼叫中心的整体运作,指导其日常运营,带领本部门人员完成工作目标	各项工作有序进行
	2. 组织人员做好日常业务咨询、业务受理、业务投诉处理等工作	客户满意度评价达到____%
	3. 根据本公司业务模式及外部市场环境,进行项目的设计与开发	新项目开发情况
	4. 对相关数据进行分析,为公司决策提供依据	分析报告
质量监控	1. 监督并提高呼叫中心的服务水平	服务水平提高程度
	2. 与客户建立良好的关系,并通过呼叫中心业务监督质量规范,密切关注客户需求的变化	客户满意度评价达到____分
部门人员管理	1. 根据公司实际需求,制定本部门人员招聘计划	人员需求计划
	2. 合理安排部门人员的各项日常事务与工作	部门任务完成率达到____%
	3. 对部门人员工作进行指导与培训	部门培训计划完成率达到____%
	4. 负责本部门人员的绩效考核工作	(1) 考核工作按时完成 (2) 部门人员考核达标率达到____%

【知识拓展】中国呼叫中心最缺乏的人才

1. 呼叫中心培训专家

呼叫中心业务划分越来越细,所需要的技能越来越广泛,包括语音、语言、沟通、营销、冲突处理、数据分析、流程塑造、客户期望值管理、客户满意度管理、客户关怀、服务模式创新、营利模式创新等。社会对这些技能的需求导致了呼叫中心培训行业的繁荣。

2. 呼叫中心管理咨询顾问

中国呼叫中心行业的快速发展面临前所未有的人才瓶颈,并有着巨大的运营管理需求。许多呼叫中心需要专家来帮他们建立专业化的运营中心和一流的服务提供模式。客户服务代表可以通过自身努力成为呼叫中心管理咨询顾问。

(2) 坐席班长工作明细如表 1-24 所示。

表 1-24 坐席班长工作明细

工作大项	工作细化	目标与成果
呼叫业务管理	1. 负责提升本组人员的工作绩效,实现本部门的业绩目标	部门任务完成率达到___%
	2. 处理来自客户的抱怨、投诉及复杂的客户咨询	客户满意度评价达到___分
	3. 确保客户服务部新服务或新项目的顺利进行	领导满意度评价达到___分
	4. 提出业务改进措施,经相关领导批准后组织实施	相关业务改进措施
员工管理	1. 制定合理的人力安排计划及人员招聘计划	人员需求计划
	2. 对坐席员的工作进行指导与监督,并对其工作绩效进行评估	部门培训、考核工作按计划全面完成

(3) 坐席员工作明细如表 1-25 所示。

表 1-25 坐席员工工作明细

工作大项	工作细化	目标与成果
受理客户咨询	1. 处理呼入、呼出业务工作	工作任务按时完成率达到100%
	2. 负责客户咨询、信息查询及疑难问题的解答工作	客户满意度评价达到___分
	3. 协助客户进行信息登记和更新工作	信息登记准确、更新及时
投诉受理	1. 对客户投诉做好相应的记录,并予以解决	客户投诉解决率达到___%
	2. 对于重大投诉,需要公司统一协调的,报相关领导处理解决	报告及时
	3. 对客户的投诉进行总结与分析,将相关信息反映给直属上级	相关分析、总结报告

续表

工作大项	工作细化	目标与成果
客户回访	1. 负责客户日常的(电话)回访工作,记录客户反馈的意见	对客户的回访率达到___%
	2. 负责对客户反馈的意见进行记录、分类并整理,对客户提出的相关意见给予答复,同时将相关意见反映给直属上级	客户相关信息

【想一想】 学好客户关系管理,还可以从事哪些工作?

【微课】 了解你的升职之路——企业典型客户关系管理岗位及职责要求

学 习 小 结

1. 客户关系管理产生的原因:需求的拉动、技术的推动、管理理念的更新。
2. 消费观念的变化:理性消费、感性消费、情感消费。
3. 企业管理理念的发展:产值中心论、销售额中心论、利润中心论、客户中心论、客户满意中心论。
4. 客户关系管理是指企业为提高核心竞争力,利用相应的信息技术以及互联网技术协调企业与客户间在销售、营销和服务上的交互,从而提升其管理方式,向客户提供创新的个性化的客户交互和服务的过程。其最终目标是吸引新客户、保留老客户以及将已有客户转为忠实客户,增加市场份额。
5. CRM"铁三角":管理理念、商务模式及技术系统。
6. 从事客户关系管理工作的职业发展路径:专员—主管—经理—总监。

学 习 检 测

1. 客户关系管理产生的原因是什么?
2. 客户关系管理有哪些作用?
3. 客户关系管理的定义是什么?
4. 根据企业需求的不同层次,可以将客户关系管理的功能分为哪几类?每一类具体有什么样的功能?

实 践 挑 战

拨打10086等客户服务电话体验客户服务,结合体验结果谈一谈感受。

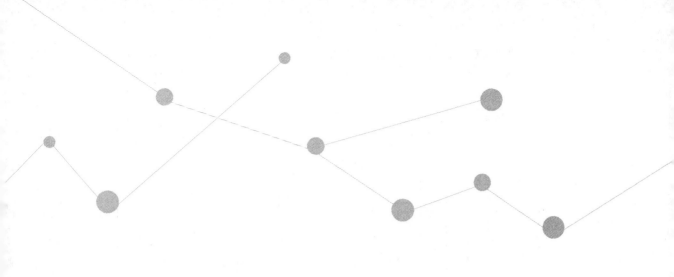

模块二

客户开发

学习思维导图

模块二 客户开发
- 项目二 客户选择与互动
  - 任务一 客户信息的收集
    - 客户信息的基本内容
    - 客户信息的收集渠道
    - 客户信息的收集方法
  - 任务二 客户选择
    - 客户画像
    - 客户选择的重要性
    - 客户选择的标准
  - 任务三 客户互动
    - 客户互动的含义
    - 客户互动之场景营销
    - 客户互动之感在营销
    - 客户互动之全渠道营销
- 项目三 开发潜在客户
  - 任务一 潜在客户的开发途径与方法
    - 谁是你的潜在客户
    - 潜在客户开发的常用方法
  - 任务二 潜在客户的管理与评估
    - 潜在客户的管理
    - 潜在客户名单创建
    - 潜在客户的评估
  - 任务三 客户开发的步骤与技巧
    - 电话拜访的步骤
    - 电话拜访的技巧
    - 直接拜访的步骤
    - 直接拜访的技巧

项目二　客户选择与互动

学习目标

1. 知识目标
（1）了解客户信息的基本内容；
（2）熟悉客户信息收集的渠道和方法；
（3）了解客户画像及客户选择标准；
（4）知晓客户互动的重要性；
（5）熟悉场景、感官和全渠道营销在客户互动中的应用。

2. 技能目标
（1）能掌握客户信息的收集渠道和方法；
（2）能使用客户画像进行精准营销；
（3）能根据好客户的特征正确选择客户；
（4）能在客户互动中合理使用场景、感官和全渠道营销，达到预期效果。

3. 素养目标
树立保护客户隐私的法治观念，培养创新意识。

引导案例

西南航空公司以机票低廉著称，它的竞争对手不怀好意地说："乘西南航空公司航班的旅客应该感到羞耻。"

西南航空公司在成立初期，将目标客户定位在对航空票价敏感的低端市场上，飞机上不设商务舱和头等舱，而且对航空服务进行了一系列的简化。

乘客到了机场的候客厅后，也不给安排座位，乘客要像坐公共汽车那样去排队，上了飞机后自己找座位，如果你到得很早，可能可以找到一个好座位；如果你到得晚，就很可能坐在厕所边。飞机上也不提供餐饮服务，乘客一坐下，直到飞机降落，飞机上都是闹哄哄的。

西南航空公司总裁在电视上回应说："我认为乘客根本没有必要理会这种污蔑，因为每坐一次西南航空的航班，你的钱包里就又省下一笔钱。如果你对我们的服务感到不满，那么非常抱歉地告诉你，你不是我们服务的目标客户，你可以乘坐别的航空公司的飞机。当你觉得需要我们服务时，欢迎你再次乘坐西南航空的班机。"

不论如何扩展业务范围，西南航空公司都坚守两条标准：短航线、低价格。因此西南航空采取差异化的发展策略，避开了航空市场激烈的竞争，精准选择了价格敏感型客户，在航空市场占据了一席之地。

工作任务导入

小茗同学在平时生活中非常细心,善于观察身边的事物。在某商场工作了一个月后,他了解了某些客户的个人喜好,甚至可以在他们下次来买东西的时候能猜到他们会买什么。小茗同学觉得很有趣,是否能将这个变成数据,计算出客户喜欢什么?能否根据客户的信息判断出我们的产品究竟卖给了谁?他们身上都有哪些典型标签?哪些客户能给我们带来预期的利润?为了增进企业和客户的关系,我们应如何设计互动活动呢?带着一肚子疑问,小茗同学开始了对课程的继续学习。

任务一 客户信息的收集

学习重难点

(1) 掌握企业必须收集的客户信息内容;
(2) 掌握收集客户信息的方法及其使用的优缺点。

内容精讲

客户信息数据对企业信息化至关重要,有句话描述了数据的重要性——"三分技术、七分管理、十二分数据"。

一、客户信息的基本内容

(一) 客户信息的分类

客户信息是指客户喜好、客户类别细分、客户需求、客户联系方式等一些客户的基本资料。

客户信息主要分为描述类信息、行为类信息和关联类信息三种类型。

客户描述类信息主要是指用来理解客户的基本属性的信息,如个人客户的联系信息、地理信息和人口统计信息,企业客户的社会经济统计信息等。这类信息主要来自于客户的登记信息以及通过企业的运营管理系统收集到的客户基本信息。这类信息的内容大多是描述客户基本属性的静态数据,其优点是大多数的信息内容比较容易采集到。但是一些基本的客户描述类信息内容有时缺乏差异性,而其中的一些信息往往涉及客户隐私,如客户的住所、联络方式、收入等信息。对于客户描述类信息最主要的评价要素就是数据采集的准确性。在实际情况中,经常有一些企业知道为多少客户提供了服务,以及客户购买了什么,但是往往到了需要主动联络客户的时候,才发现缺乏能够描述客户特征的信息和与客户建立联系的方式,或是这些联络方式已经失效了,这都是因为企业没有很好地规划和有意识地采集和维护这些客户描述类信息。

客户的行为类信息一般包括客户购买服务或产品的消费记录、客户与企业的联络记录、客户的消费行为、客户偏好和生活方式等相关信息。

掌握客户行为类信息的主要目的是帮助企业的市场营销人员和客户服务人员在客户分析中掌握和理解客户的行为。客户的行为信息反映了客户的消费选择或决策过程。行为类数据一般都来源于企业内部交易系统的交易记录、企业呼叫中心的客户服务和客户接触记录、营销活动中采集到的客户响应数据,以及与客户接触的其他销售人员与服务人员收集到的数据信息。有时企业从外部采集或购买的客户数据,也会包括大量的客户行为类数据。客户偏好信息主要是描述客户的兴趣和爱好的信息。比如有些客户喜欢户外运动,有些客户喜欢旅游,有些客户喜欢打网球,有些客户喜欢读书。这些数据有助于帮助企业了解客户的潜在消费需求。企业往往记录了大量的客户交易数据,如零售企业记录了客户的购物时间、购物商品类型、购物数量、购物价格等信息。电子商务网站也记录了客户网上购物的交易数据,如客户购买的商品、交易的时间、购物的频率等。

客户关联类信息经常是客户分析的核心目标。以移动通信企业来说,其核心的关联类信息就包括了客户的终生价值、客户忠诚度、客户流失倾向、客户联络价值、客户呼叫倾向等。关联类信息所需的数据往往较难采集和获得,即使获得了也不容易结构化后导入到业务应用系统和客户分析系统。规划、采集和应用客户关联类信息往往需要一定的创造性,往往是为了实现与市场管理或客户管理直接相关的业务目标,如提高客户满意度、提高客户忠诚度、降低客户流失率、提高潜在客户发展效率、优化客户组合等。

> 【职场小贴士】很多企业没有意识到应采集客户关联类信息,对于高端客户和活跃客户来说,这类信息可以有效地反映客户的行为倾向。对于很多企业来讲,尤其是服务类企业,有效地掌握客户关联类信息对于客户营销策略和客户服务策略的设计与实施是至关重要的。一些没能很好地采集和应用这些信息的企业往往会在竞争中丧失竞争优势和客户资源。

(二)客户信息的作用

1. 客户信息是企业决策的基础

信息是决策的基础,如果企业想要做"事前诸葛亮",想要维护与客户建立起来的关系,就必须充分掌握客户的信息,就必须像了解自己的产品或服务那样了解客户,像了解产品库存的变化那样了解客户的变化。

任何一个企业总是在特定的客户环境中经营发展的,有什么样的客户环境,就应有与之相适应的经营战略和策略。如果企业对客户的信息掌握不全、不准,判断就会失误,决策就会有偏差;而如果企业无法制定出正确的经营战略和策略,就有可能失去已建立起来的客户关系。所以,企业必须全面、准确、及时地掌握客户的信息。

2. 客户信息是客户分级的基础

企业只有全面收集客户信息,特别是他们与企业的交易信息,才能知道自己有哪些客户,才能知道他们分别有多少价值,才能识别哪些是优质客户、哪些是劣质客户,才能识别哪些是贡献大的客户、哪些是贡献小的客户,才能根据客户带给企业的价值大小和贡献不同对客户进行分级管理。

3. 客户信息是客户沟通的基础

大众营销、大众广告、大众服务都不能实现有针对性地与客户沟通，实际上还拉大了企业与客户之间的距离。随着市场竞争的日趋激烈，客户情报越显珍贵，拥有准确、完整的客户信息，既有利于了解客户、接近客户、说服客户，也有利于与客户沟通。

如果企业能够掌握详尽的客户信息，就可以做到"因人而异"地进行一对一的沟通，就可以根据每个客户的不同特点，有针对性地实施营销活动，如发函、打电话或上门拜访，避免大规模的高额广告投入，从而使企业的营销成本降到最低点，而使成功率达到最高点。一般来说，广撒网式的邮寄宣传品的反馈率较低。但是，在了解客户"底细"的基础上有针对性地邮寄宣传品，反馈率就可以有所提高。

4. 客户信息是客户满意的基础

在竞争激烈的市场上，企业要满足客户的需求、期待和偏好，就必须掌握客户的需求特征、交易习惯、行为偏好和经营状况等信息，从而制定和调整营销策略。

如果企业能够掌握详尽的客户信息，就可以在把握客户需求特征和行为偏好的基础上，有针对性地为客户提供个性化的产品或者服务，满足客户的特殊需要，从而提高他们的满意度。这对于保持良好的客户关系、实现客户忠诚将起到十分重要的作用。

如果企业能够及时发现客户的订货持续减少的信息，就可以赶在竞争对手之前去拜访该客户，同时采取必要的措施进行补救，从而防止他们的流失。

如果企业能够及时掌握客户对企业的产品或服务的抱怨信息，就可以立即派出得力的人员妥善处理和解决，从而消除他们的不满。

如果企业知道客户某个纪念日的日期，就可以在这个日子送上适当的礼物、折扣券、贺卡或电影票，或在知道客户正被失眠困扰时，寄一份"如何治疗失眠"的资料给他，这些都会给客户带来意外的惊喜，从而使客户对企业产生好感。

（三）应当掌握的客户信息

1. 个人客户的信息

个人客户的信息应当包括以下几个方面的内容：

（1）基本信息：姓名、籍贯、血型、身高、体重、出生日期、性格特征、身份证号码、家庭住址、固定电话、手机、电子邮箱，所在单位的名称、职务、单位地址、固定电话等。

（2）消费情况：消费的金额、消费的频率、消费的规模、消费的档次、消费的偏好、购买渠道与购买方式的偏好、消费高峰时点、消费低谷时点、最近一次的消费时间等。

（3）事业情况：以往就业情况、单位名称及地点、职务、年收入、对单位的态度、对事业的态度、长期事业目标、中期事业目标、最得意的个人成就等。

（4）家庭情况：已婚或未婚，结婚纪念日，如何庆祝结婚纪念日，配偶姓名、生日及血型、教育情况、兴趣专长及嗜好，有无子女，子女的姓名、年龄、生日、教育程度，对婚姻的看法，对子女教育的看法等。

（5）生活情况：过去的医疗病史及目前的健康状况，是否喝酒（种类、数量）及对喝酒的看法，是否吸烟（种类、数量）及对吸烟的看法，喜欢在何处用餐、喜欢吃什么菜，对生活的态度，有没有座右铭，休闲习惯及度假习惯，喜欢的运动和聊天话题，最喜欢的媒体，个人生活的中期目标、长期目标等。

（6）教育情况：高中、本科、研究生教育的起止时间，最高学历，所修专业，主要课程，在校期间所获奖励、参加的社团、最喜欢的运动项目等。

（7）性格情况：曾参加过的俱乐部或社团及目前所在的俱乐部或社团，个人重视的事情，性格是否固执，是否有宗教信仰，喜欢看的书。

（8）人际关系情况：亲戚情况及与亲戚相处的情况，最要好的朋友情况，邻居情况及与邻居相处的情况。

个人客户档案资料如表 2-1 所示。

表 2-1　个人客户档案资料

姓名		性别		出生年月日	
曾用名		民族		手机	
星座		学历		所学专业	
毕业学院		毕业时间			
爱好		E-mail			
信仰		喜欢的颜色			
喜欢的书籍		崇敬的名人			
家庭地址		家庭电话			
家庭成员					
姓名	称呼	出生年月	单位	职务	电话

个人简历

2. 企业客户的信息

企业客户的信息内容应当由以下几个方面组成：

（1）**基本信息**：企业的名称、地址、电话、创立时间、组织方式、业务种类、资产等。

（2）**客户特征**：规范程度、服务区域、经营观念、经营方向、经营特点、企业社会形象等。

（3）**业务状况**：销售能力、销售业绩、发展潜力与优势、存在的问题及未来的对策等。

（4）**交易状况**：订单记录、交易条件、信用状况及出现过的信用问题、与客户的关系及合作态度、客户对本企业及竞争对手的产品及服务的评价、客户的建议与意见等。

（5）**负责人信息**：所有者、经营管理者、法人代表的姓名、年龄、学历、个性、兴趣、爱好、家庭情况、能力、素质等。

企业客户档案资料范例如表 2-2、表 2-3 和表 2-4 所示：

表 2-2 企业客户档案资料 1

企业名称		企业电话	
企业地址		企业传真	
企业网址		企业性质	
注册时间		注册资金	
所属行业		员工人数	
企业宗旨			
企业文化			
所获荣誉			
经营项目			
经营范围			
经营产品			

企业其他主要成员情况						
姓名	性别	职务	出生年月	电话	传真	手机	E-mail

企业曾参加过的活动				
时间	名称	参加人员	评价	备注

企业简介

表 2-3 企业客户档案资料 2

企业名称		地址			
负责人		住所			
创业日期	年 月 日	营业项目		经营方式	独资（ ） 合伙（ ） 公司（ ）
开始交易日期	年 月 日	营业区域		经营地点	市场（ ） 住宅（ ） 郊外（ ）

续表

负责人	性格	温柔（ ） 开朗（ ） 古怪（ ） 自大（ ）	气质	稳重（ ） 寡言（ ） 急躁（ ） 饶舌（ ）
	兴趣		荣誉	
	学历	大学（ ） 高中（ ） 初中（ ） 小学（ ）	出生地	
	经历		谈话能力	能说（ ） 口拙（ ） 普通（ ）
	思想	稳健派（ ） 保守派（ ） 革新派（ ）	嗜好	酒： 饮（ ） 不饮（ ） 香烟： 吸（ ） 不吸（ ）
	长处		特长	
	短处		技术	熟练（ ） 不熟练（ ） 不会（ ）
	银行账号		银行信用	很好（ ） 好（ ） 普通（ ） 差（ ） 很差（ ）

表 2-4 企业档案资料 3

单位			电话		地址			
人员情况	负责人		电话		年龄		性格	
	总经理		电话		年龄		性格	
	接洽人		电话		职位		负责事项	

续表

经营状况	经营方式	□积极□保守□踏实□不定□投机
	业务状态	□兴隆□成长□稳定□衰退□不定
	业务量	每年　　　,月销量　　　,淡季　　　,旺季
	销售对象	□股份有限公司□责任有限□合伙店铺□独资
	价格	□合理□偏高□偏低□削价
	业务金额	
	组织形式	
	员工人数	
	同业地位	□领导者□具有影响□一级□二级□三级
付款方式	态度	
	付款期	
	方式	
	手续	

	年度	主要采购产品	金额	旺季/每月	淡季/每月
与本企业往来					

3. 心理与态度信息

此方面的信息主要是关注个人客户购买产品或者服务的动机是什么、客户有哪些性格特征、客户喜欢什么样的生活方式等。具体而言，主要包括以下四方面的信息：

（1）关于个人客户购买动机的信息。动机体现了个人客户购买产品的目的，即使是购买相同的产品，不同的个人客户动机也会存在差异。

> **【案例】不一样的需求,不一样的选择**
>
> 小张和小李是某高校的教师，都是30岁的年轻男性，两个人都去购买手机，其中小张给自己买，要求像素高、内存大，方便外出旅行拍照；而小李给女朋友买，要求外观时尚、靓丽，屏幕大，方便工作之余追剧。显然两人购买手机的动机不一样，对手机的要求就会存在差异。

（2）关于个人客户个性的信息。菲利普·科特勒认为个性指的是一个人独特的心理特征，并且这些特征能使一个人对他所处的环境产生相对稳定和持久的反应。一个人的个性通常体现为性格特征，例如内向、外向、自信、适应能力、进取心等。研究表明，个性特征对个人客户选择产品或者服务有一定影响。

（3）关于个人客户生活方式的信息。生活方式是一个人的生活模式，体现在个人的日常生活之中。学者们和许多调研公司都致力于划分个人客户的生活方式。一些学者根据活动、兴趣和观点三个维度来区分不同的生活方式。另外,有些咨询公司侧重对生活方式进行具体分类,其中最著名的是 SRI 咨询公司的价值和生活方式(VALS)分类。VALS 根据人们如何花费金钱和支配时间,以自我导向和资源这两个主要的维度将个人客户的生活方式划分为不同的类型。

(4) 关于个人客户信念和态度的信息。个人客户的信念和态度决定了他们对某些品牌或产品的感觉,以及他们对产品的态度,并由此影响他们对产品和品牌的选择。例如,李宁公司曾经做过一次市场调研,发现消费者将李宁公司产品定位为民族的、亲和的、体育的、荣誉的,这与李宁公司努力塑造的年轻、时尚的品牌形象差异很大。这就需要调整战略,以便使李宁的定位与客户的感知相符。许多企业都在试图弄清个人客户对产品、服务、品牌的态度是如何形成的,以便利用多种营销手段来改变这些信念和态度。

4. 行为信息

此方面的信息涉及个人客户的购买频率、种类、金额、途径等。此类信息通常容易为企业所获取,并且能够分析出对企业有价值的资料。

> 【职场小贴士】在不同的行业中,企业所需要记录的个人客户行为信息存在差异。例如,在超市中,需要记录的是个人客户的购买频率,购买商品的种类、数量以及金额;而在通信行业中,需要记录的则是客户通话的时长、本地通话或是长途通话、付款记录、信用记录等。
>
> 此外,行为信息只适用于现有客户,对于潜在客户,由于消费行为还没有开始,当然无法记录其消费行为。

二、客户信息的收集渠道

中国有句古话:"知己知彼,百战不殆。"开发客户也是同样的道理,当客户服务人员接近一个客户的时候,要做的第一件事情就是搜集相关信息。

收集客户的信息只能从点滴做起,可通过直接渠道和间接渠道来完成。

(一) 直接渠道

直接收集客户信息的渠道,主要是指客户与企业的各种接触机会。如从客户购买前的咨询开始到售后服务,包括处理投诉或退换产品,这些都是直接收集客户信息的渠道。以电信业为例,客户信息的直接收集渠道包括营业厅、呼叫中心、网站、客户经理等。也有很多企业通过展会、市场调查等途径来获取客户信息。

具体来说,直接收集客户信息的渠道如下:

1. 在调查中获取客户信息

即调查人员通过面谈、问卷调查、电话调查等方法得到第一手的客户资料,也可以通过仪器观察被调查客户的行为并加以记录而获取信息。例如,美国尼尔逊公司就曾通过计算机系统,在全国各地 1250 个家庭的电视机里装上了电子监视器,每 90 秒扫描一次电视机,只要节目被收看 3 分钟以上,就会被监视器记录下来,这样就可以得到家庭、个人收视偏好的信息。

优秀的营销人员往往善于收集、整理、保存和利用各种有效的客户信息。如在拜访客户时,除了日常的信息收集外,还会思考:这个客户与其他客户哪里相同?有什么不同?并对重点客户进行长期的信息跟踪。目前,某公司在已有市场经理、销售经理职位的基础上,增设了客户关系经理,其职责是尽可能详尽地收集一切相关的客户资料,追踪所属客户的动向,判断和评估从客户那里还能获得多少盈利的机会,并且努力维护和发展客户关系,以争取更多的生意。

2. 在营销活动中获取客户信息

例如,广告发布会进行后,潜在客户或者目标客户与企业联系——或者打电话,或者剪下优惠券寄回,或者参观企业举办的展览等。一旦有所回应,企业就可以把他们的信息添加到客户数据库中。又如,与客户的业务往来函电,包括询价、发盘、还盘、接受、合同执行、争议处理等函电,既可以反映出客户的经营品质、经营作风和经营能力,也可以反映出客户关注的问题及其交易态度等。因此,往来的函电也可以帮助企业获取客户经营信息,是收集客户信息的较好来源。

在与客户的谈判中,客户的经营作风、经营能力以及经营状况等资料将充分显现,所以谈判也是收集客户信息的极好机会。

另外,实行会员制度,成立客户联谊会、俱乐部等,也可以收集到客户的有效信息。

此外,由于博览会、展销会、洽谈会针对性强且客户群体集中,因此可以成为迅速采集客户信息、达成购买意向的场所。

3. 在服务过程中获取客户信息

对客户的服务过程是企业深入了解客户、联系客户、收集客户信息的最好时机。

在服务过程中,客户通常能够毫无避讳地讲述自己对产品的看法和期望,对服务的评价和要求,对竞争对手的认识,其信息量之大、准确性之高是在其他条件下难以实现的。因此,可以在服务记录、客户服务部的热线电话记录以及其他客户服务系统中收集到客户信息。

此外,客户投诉也是企业了解客户信息的重要渠道,企业可将客户的投诉意见进行分析整理,同时建立客户投诉的档案资料,从而为改进服务、开发新产品提供基础数据资料。

4. 在终端收集客户信息

终端是直接接触最终客户的前沿阵地,通过面对面的接触可以收集到客户的第一手资料。例如,星巴克的收银员要在收银机上输入客户的性别和年龄段,否则收银机就打不开,这样就可很快知道客户的消费时间、消费内容、消费金额以及客户的性别和年龄段等。又如,服装商场要求客户在优惠卡上填写基本情况,如住址、电话、邮编、性别、年龄、家庭人数等,当客户付款时,只要在收款处刷一下,就可以将采购信息记录在数据库中。商场通过客户采购商品的档次、品牌、数量、消费金额、采购时间、采购次数等,可以大致判断客户的消费模式、生活方式、消费水平以及对价格促销的敏感程度等。

这些信息不仅对商场管理和促销具有重要的价值,因为可据此确定进货的种类和档次以及促销的时机、方式和频率,而且对生产厂家也具有非常重要的价值——通过这些信息,生产厂家可以知道什么样的人喜欢什么颜色的衣服,何时何地购买,在什么价格范围内购买,这样生产厂家就可以针对特定的客户来设计产品,以及制定价格策略和促销策略。

但是,通过终端收集客户信息一般难度较大,因为这会增加商家的成本。因此,生产企业要通过激励机制调动商家的积极性,促使商家乐意去收集客户信息。

5. 网站和呼叫中心是收集客户信息的新渠道

随着电子商务的发展，客户越来越多地转向网站去了解企业的产品或者服务，以及进行即时下订单等操作，因此企业可以通过客户注册的方式建立客户档案资料。

此外，客户拨打客服电话，呼叫中心可以自动将客户的来电记录在计算机数据库内。另外，在客户订货时，通过询问客户的一些基本送货信息，也可以初步建立起客户信息数据库，然后逐步补充。

信息技术及互联网技术的广泛使用为企业开拓了新的获得客户信息的渠道，同时，由于网站和呼叫中心收集客户信息的成本低，所以通过网站、呼叫中心收集客户信息越来越受到企业的重视，已经成为企业收集客户信息的重要渠道。

在以上这些渠道中，客户与企业接触的主动性越强，客户信息的真实性和价值就越高，如客户呼入电话，包括投诉电话、请求帮助或者抱怨时所反馈的客户信息就比呼叫中心呼出电话得到的客户信息价值高。

同时，客户与企业接触的频率越高，客户信息的质量就越高，如在营业厅或呼叫中心获取的客户资料要比在展会中得到的客户信息真实，而且成本较低。

（二）间接渠道

间接收集客户信息的渠道，是指企业从公开的信息中或者通过购买获得客户信息，一般可通过以下渠道获得：

1. 各种媒介

国内外各种权威报纸、杂志、图书和国内外各大通讯社、门户网站、电视台发布的有关信息，这些往往都会涉及客户信息。

2. 工商行政管理部门及驻外机构

工商行政管理部门一般掌握客户的注册情况、资金情况、经营范围、经营历史等，是可靠的信息来源。对国外客户，可委托我国驻各国大使馆、领事馆的商务参赞帮助了解，另外，也可以通过我国一些大公司的驻外业务机构帮助了解客户的资信情况、经营范围、经营能力等。

3. 国内外金融机构及其分支机构

一般来说，客户均与各种金融机构有业务往来，通过金融机构调查客户的信息，尤其是资金状况是比较有效的。

4. 国内外咨询公司及市场研究公司

国内外咨询公司及市场研究公司具有业务范围较广、速度较快、信息准确的优势，可以充分利用这个渠道对指定的客户进行全面调查，从而获取客户的相关信息。

5. 从已建立客户数据库的公司租用或购买

小公司由于实力有限或受其他因素的限制，自己无力去收集客户信息，对此可以在合法的前提下通过向已经建立客户数据库的公司借用或者购买来获取客户的信息。

【职场小贴士】购买个人信息构成犯罪吗？

(1) 购买个人信息违法，严重时就会构成犯罪，受到刑法追究。一般来讲，买卖隐私信息将构成违法行为，但买卖信息是一件很复杂的事情，对于不同个案，需要具体认定，最高可处七年有期徒刑。

(2) 在网上花钱买别人的隐私信息，会产生民事责任，受害人可以根据侵权责任法要求泄露信息的人和购买信息的人承担侵权责任：停止侵害、消除危险、赔礼道歉、消除影响等。我们应当尊重和保护每个公民个人的隐私，隐私也是个人的人格尊严乃至人权的一个重要组成部分，没有隐私，就没有人格尊严，对于公民权利的保护就是不完全的。

(3) 消费者在购买、使用商品和接受服务时，享有个人信息依法得到保护的权利，经营者收集、使用消费者个人信息，应当遵循合法、正当、必要的原则，应当公开其收集、使用规则。

(4) 明知道是隐私信息而去购买，购买信息的时候已经在预备犯罪了，虽然不一定构成犯罪，但买卖信息的过程中，侵犯了公民的隐私权，只要买到了，不管用不用，都侵害了对方的隐私权。

(5) 隐私的信息、隐私的活动、隐私的空间，都属于公民个人隐私保护的范围，在推行实名制的当下，个人信息泄露的危害可能更严重，亟须构建隐私信息安全的网络环境。

三、客户信息的收集方法

企业通过直接或间接渠道收集客户信息时，可以使用多种方法，下面重点介绍三种主要方法：

（一）人员访谈法

人员访谈法是指企业直接与客户对话，通过与客户交流来弄清客户的需求。对企业而言，经常面对众多客户，因此就要求企业从中挑选部分客户作为访谈对象。在实践中，面对组织客户，很多企业会定期与客户交流，了解客户的需求等信息。例如作为一家大型的制造企业，海尔要求其销售员工定期拜访客户，了解客户的需求及对海尔售后政策、服务等方面的意见和建议。面对个人客户，由于其数量众多，企业只能从中选一些客户进行访谈，这些访谈经常发生在售后环节，主要是了解客户对企业产品或者品牌的态度。

【想一想】 人员访谈法的主要优缺点有哪些？

（二）观察法

观察法是指企业直接观察客户的行为，从中了解客户的需求。观察法可以用在客户日常的购买行为分析及营销活动中。观察法可以采用仪器进行观察。比如，在国外，有许多超市在购物车上安装了能够记录客户在超市行走路线的仪器，通过记录客户在超市的行走路线以及在不同货架前停留时间的长短，超市就能获得有关客户购买习惯和偏好的数据。除了使用机器之外，还可以安排人员直接观察客户的行为和习惯。

【知识拓展】观察法的优缺点

1. 观察法的主要优点

(1) 它能通过观察直接获得资料,不需其他中间环节。因此,观察的资料比较真实。
(2) 在自然状态下的观察,能获得生动的资料。
(3) 观察具有及时性的优点,能捕捉到正在发生的现象。
(4) 观察能搜集到一些无法言表的材料。

2. 观察法的主要缺点

(1) 受时间的限制,某些事件的发生是有一定时间限制的,过了这段时间就不会再发生。
(2) 受观察对象限制,其在购买涉及个人隐私的商品或服务时,一般不会让别人观察。
(3) 受观察者本身限制。一方面人的感官都有生理限制,超出这个限度就很难直接观察。另一方面,观察结果也会受到主观意识的影响。
(4) 观察者只能观察外表现象和某些物质结构,不能直接观察到事物的本质和人们的思想意识。
(5) 观察法不适用于大面积调查。

(三) 调查问卷

企业可以通过设计结构化或者开放式的调查问卷来了解客户的信息。调查问卷包括网上调研、电子邮件调研、电话调研、短信调研等多种方式。

企业可以向客户邮寄纸制调查问卷,在问卷中可以涉及多方面的问题,此种方法的优点是可以向众多的客户发放问卷,能够全面了解客户的信息,缺点是难以保证问卷的回收率。

随着网络的兴起,网上调研成为许多企业采用的一种方式。现在有许多专业从事问卷调研的网站。例如,www.zhijizhibi.com 就是一家专门从事问卷调研的网站。网上调研的优势在于费用低廉,只需将问卷公布在网上,而无需印刷问卷。另外,调研获得的数据可以直接输入数据库之中,省却了数据录入这一环节。网上调研的缺点在于:首先,和邮寄问卷一样,难以保证回收率;其次,难以保证覆盖到企业所关心的客户,很多时候,企业所关心的客户并不一定能在网上接触到这些问卷,难以保证问卷调研所获数据的真实性。

电子邮件调研也是企业常用的一种方式,主要是通过向目标客户发送附带问卷的电子邮件来收集客户的信息。与网上调研一样,电子邮件调研的方式成本低廉,而且速度很快,并且企业可以事先选择发送电子邮件的对象,确保问卷调研的针对性。同样的,电子邮件调研也无法保证问卷的回收率。此外,通过电子邮件发送问卷需要企业事先清楚客户的电子邮件地址,否则就无法向目标客户发送问卷。

电话调研是企业直接通过打电话来了解客户的信息。电话调研的优势在于能够及时回收客户的信息,并且能针对客户的回答进行更深入的访谈。相较于邮寄问卷、网上调研等方式,电话调研的回收率较高。但是统计表明,大概有三分之一的被调查者拒绝回答。此外,与邮寄问卷、网上调研、电子邮件调研等方式比较,电话调研的内容要简单得多,因为客户不太愿意长时间接听电话。

短信调研是随着手机的普及而新兴起的一种调研方式。它通过直接向企业选定的客户群体发送短信的方式来了解客户的信息和态度。例如,国家大剧院就利用发短信的方式,向在国家大剧院网站注册的会员发送短信,询问会员在歌剧、话剧、音乐剧、京剧中更喜欢哪一种。与电话调研类似,短信调研也只限于少数几个问题,否则客户就会拒绝参与调研。此外,短信调研还需要事先知晓客户的手机号码,否则就无法发送短信。

> 【知识拓展】网络调研工具——问卷星
>
> 问卷星是一个专业的在线问卷调查、考试、测评、投票平台,专注于为客户提供功能强大、人性化的在线设计问卷、采集数据、自定义报表、调查结果分析等系列服务。与传统调查方式和其他调查网站或调查系统相比,问卷星具有快捷、易用、低成本的优势,已经被大量企业和个人广泛使用,典型应用包括:
>
> 企业:客户满意度调查、市场调查、员工满意度调查、企业内训、各种需求登记、人才测评、培训管理、员工考试;
>
> 高校:学术调研、社会调查、在线报名、在线投票、信息采集、在线考试;
>
> 个人:讨论投票、公益调查、博客调查、趣味测试。
>
> 除了上述三种方法之外,企业还可以利用其他途径来收集客户信息。例如,通过客户的投诉和抱怨来获得信息,通过组织客户俱乐部的形式来了解客户需求,采用直接购买的方法来获得客户信息,等等。

> 【职场小贴士】在收集客户信息的过程中,要注意信息更新的及时性、抓住关键信息、及时分析信息。

【微课】识别客户的第一步——客户信息的收集

任务二　客户选择

学习重难点

(1) 掌握客户画像在客户服务中的应用;
(2) 根据好客户的标准正确选择企业客户。

内容精讲

在最短的时间里收集最多的客户资料是销售成功的第一步。当我们掌握了客户的资料时,我们就希望自己的产品能够更好地满足客户的需求。那么,我们该如何根据客户资料,快速掌握客户的特点并判断我们的产品或服务与该客户的适配度呢？这就需要使用一个工具——客户画像。

一、客户画像

（一）客户画像的含义

客户画像最初在电商领域得到应用，是指在大数据时代背景下，将客户的每个具体信息抽象成标签，利用这些标签将客户形象具体化，从而为客户提供有针对性的服务。

客户画像是指根据客户的社会属性、生活习惯和消费行为等信息抽象出的一个标签化的客户模型。构建客户画像的核心工作是给客户贴"标签"，而标签是通过对客户信息分析而得来的高度精练的特征标识。

一般来说，客户画像的主要内容包括两部分：人口属性和行为特征。人口属性主要包括客户的年龄、性别、所在城市、受教育程度、婚姻情况、生育情况、职业等内容；行为特征主要包括客户的兴趣爱好、常用的媒体或常登录阅读类网站、常用的社交网络、常登录的购物网站等内容。

（二）客户画像的优点

1. 客户画像可以使产品的服务对象更加聚焦

在行业里，我们经常看到这样一种现象：生产一个产品，期望目标客户能涵盖所有人：男人女人、老人小孩、专家小白……通常这样的产品会走向消亡，因为每一个产品都是为特定目标群的共同标准而服务的，当目标群的基数越大，这个标准就越低。换言之，如果这个产品是适合每一个人的，那么其实它是为最低的标准服务的，这样的产品要么毫无特色，要么过于简陋。

【职场小贴士】纵览成功的产品案例，他们服务的目标客户通常都非常清晰，特征明显，在产品上就是专注、极致，能解决核心问题。比如苹果公司的产品，一直都为有态度、追求品质、特立独行的人群服务，赢得了很好的客户口碑并占领了较大的市场份额。又比如豆瓣，专注文艺事业十多年，只为文艺青年服务，客户黏性非常高，文艺青年在这里能找到知音、找到归宿。所以，给特定群体提供专注的服务，远比给广泛人群提供低标准的服务更接近成功。

2. 客户画像可以在一定程度上避免产品及服务设计人员草率地代表客户

代替客户发声是在产品及服务设计中常出现的现象，产品及服务设计人员经常不自觉地认为客户的期望跟他们是一致的，并且还总打着"为客户服务"的旗号。这样的后果往往是：对于我们"精心设计"的服务，客户并不买账，甚至觉得很糟糕。

> **【案例】必须正确地使用客户画像**
> Google Buzz 在问世之前,曾对近两万人做过客户测试,可这些人都是 Google 自家的员工,测试中他们对于 Buzz 的很多功能都表示肯定,使用起来也非常顺手。但当产品真正推出之后,却意外地收到来自实际客户的抱怨。所以,我们需要正确地使用客户画像,小心地找准自己的立足点和发力方向,真切地从客户角度出发,剖析核心诉求,筛除产品设计团队自以为是的并扣以"客户"名义的伪需求。

3. 客户画像可以提高决策效率

在产品及服务设计流程中,各个环节的参与者非常多,分歧总是不可避免的,分歧影响决策效率,而决策效率无疑影响着项目的进度。客户画像是来自于对目标客户的研究,当所有参与产品及服务设计的人都基于一致的客户进行讨论和决策,就很容易约束各方保持在同一个大方向上,提高决策的效率。

(三)客户画像的作用

客户画像在客户服务的各个环节都有着显著的作用,包括数据挖掘、效果评估、私人订制以及战略分析等,主要体现在以下三方面:

1. 售前的精准营销

比如,某个家电制造企业,在新品发布时期希望通过短信和邮件方式,从老客户中找出最有可能参加活动的粉丝。企业可以利用企业的客服、销售等数据,对客户忠诚度进行综合评定,并挑选忠诚度最高的客户作为招募对象。很显然,这些忠诚客户还会主动推荐自己的亲朋好友来参加。企业通过构建客户人群画像,将目前企业近 60 万潜在消费者划分为四种精准人群投放产品信息,这样做的效果是精确投放点击率是盲投点击率的 10 倍,成本反而降低了 40%。又比如我们在网上购买了沙发,每次打开该网站,平台就会自动推送茶几、电视柜等信息,可想而知在这种情况下,我们购买茶几等配套家具的概率会大大增加,而且这种主动推荐是符合我们要求的,不会招致反感。这是平台通过获取我们的数据,不停地修正或丰富我们的客户画像,以达到精准营销的目的。

2. 售中的个性化推荐

当客户向客户服务代表咨询时,客户服务代表可以根据客户的需求提供更精准的推荐和服务。比如,爱婴宝的客户服务代表通过客户画像了解到眼前的这位妈妈有一对双胞胎,那么无需客户主动咨询,客户服务代表就可以推荐适合双胞胎使用的童车,并主动推荐满减等优惠活动,为客户节省费用。这种更主动、更贴心的服务,不但可以促进商品的销售,无疑也会提升客户体验,增加客户对商家的好感。

3. 售后的增值服务

企业把产品卖出去之后,可能会收到客户后续的产品咨询或者抱怨等,也就是说会涉及售后增值服务的问题。这时可以通过相关数据实时反馈客户的相关信息,比如维修、咨询信息等,以便于客户服务代表进行准确答复,提升服务效率和客户满意度,同时亦可收集客户的服务满意度数据,补充和完善客户画像信息,从而形成一个良性循环。

由此我们可以看到,客户画像在客户服务的全过程中作用重大,身为客户服务代表,我们要善于使用客户画像,实现精准营销,提升客户满意度。

【想一想】 星巴克咖啡的客户画像主要包含哪些标签?

【微课】众里寻他千百度——客户画像

二、客户选择的重要性

作为客户服务代表要根据用户画像进行精准营销,但同时也要考虑客户能否给企业带来利润,哪些客户才会给企业带来利润呢?企业该如何选择呢?

如果企业只知道要尽快将产品卖出去,但对于卖给什么人、这些人在哪里、他们有什么样的消费习惯、喜欢什么样的信息接收渠道都不清楚的话,那么即便投入巨大的广告费,可能绝大部分都浪费在无效客户身上。

传统观念认为登门的都是客,认为所有客户都很重要,因而盲目扩大客户数量,但忽视了客户的质量。

美国人威廉·谢登的"80/20/30"法则认为:在顶部20%的客户创造了企业80%的利润,但其中一半的利润被底部的30%无法带来赢利的客户消耗掉了。也就是说,一些优质客户给企业带来的超额价值,通常被许多"坏"客户给消耗了。他们是"捣蛋鬼",他们不仅花费企业高额的服务费用,还可能会形成呆账、死账,使企业"赔了夫人又折兵"——不但得不到利润,还要赔钱。

优质客户带来大价值,普通客户带来小价值,劣质客户带来负价值,甚至还可能给企业带来很大的风险,或将企业拖垮。

同样的道理,企业如果没有选好经营对象,或者选错了经营对象,那么开发的难度就会比较大,开发成本也会比较高,而且开发成功后维护客户关系的难度也比较大,维护成本较高,企业会感到力不从心,很难为客户提供相应、适宜的产品和服务;另一方面,客户这边也不领情,不乐意为企业买单,到头来企业吃力而不讨好。

相反,企业如果选对、选准了目标客户,那么开发客户、实现客户忠诚的可能性就很大。也只有选对、选准了目标客户,开发客户的成本和维护客户的成本才可能最低。

三、客户选择的标准

常言道,选好客户相当于客户经营成功了一半。那么,什么是好的客户?

好客户指的是本身"素质"好、对企业贡献大的客户,至少是给企业带来的收入要比企业为其提供产品或者服务所花费的成本高,这样才基本上算是个好客户。也就是说,好客户最起码的条件是能够给企业带来赢利。

菲利浦·科特勒将一个有益的客户定义为:能不断产生收入流的个人、家庭或公司,其为企业带来的长期收入应该超过企业长期吸引、销售或服务该客户所花费的可接受范围内的成本。

好客户通常具有以下五个特点:

(1)购买欲望强烈,购买力强。有足够大的需求量来吸引企业提供产品或服务,特别是对企业的高利润产品的采购数量多。

（2）能够保证企业赢利，对价格的敏感度低，付款及时，有良好的信誉。信誉是合作的基础，对于不讲信誉的客户，条件再好也不能合作。

（3）服务成本较低，不需要提供多少服务或对服务的要求低。但这里的服务成本是相对而言的，并不是绝对数据上的比较。例如，一个大客户的服务成本是200元，银行净收益是10万元，那这200元的服务成本就显得微不足道；而一个小客户的服务成本是10元，但银行的净收益只有20元，虽然10元的服务成本在绝对数值上比200元小了很多，但相对来说服务成本却多了很多倍。

（4）经营风险小，有良好的发展前景。客户的经营现状是否正常、是否具有成长性、是否具有核心竞争力、经营手段是否灵活、管理是否有章法、资金实力是否足够、分销能力是否强大、与下家的合作关系是否良好，以及国家的支持状况、法律条文的限制情况等都对客户的经营有很大的影响。企业只有对客户的发展状况与前景进行全面、客观、富于远景性的分析，才能对客户有一个准确的判断。

（5）忠诚度高，愿意与企业建立长期的伙伴关系。客户能够正确处理与企业的关系、合作意愿高、忠诚度高、让企业做擅长的事，通过提出新的要求友善地引导企业提供具有超越性的产品或服务，从而提高企业的服务水平。

总之，好客户就是能够给企业带来尽可能多的利润，而占用的企业资源尽可能少的客户。

相对来说，以下几种客户就是坏客户：

（1）只向企业购买很少的产品或者服务，但要求却很多，花费了企业高额的服务费用，使企业为其消耗的成本远远超过他们给企业带来的收入。

（2）不讲信誉，给企业带来呆账、坏账、死账以及诉讼等，给企业带来负效益，时时刻刻地在消耗企业的资产。

（3）让企业做不擅长或做不了的事，分散企业的注意力，使企业改变经营及发展方向，与自身的战略和计划相脱离。

> **【职场小贴士】好客户和坏客户的转化**
>
> 好客户与坏客户是相对而言的，好客户与坏客户之间是有可能相互转化的，好客户可能会变成坏客户，坏客户也可能会变成好客户。

企业不要认为客户一时好就会永远好，要用动态的眼光来评价客户的好与坏。企业如果不注意及时、全面地掌握、了解与追踪客户的动态，例如，客户的资金周转情况、资产负债情况、利润获得情况，等到好客户变为坏客户时，将为时晚矣。

针对"好客户"的五个特点，我们可以着重选择以下三类客户：第一类是与企业定位一致的客户。当企业提供的产品或服务的定位与某些客户的需求、价值观相一致时，这些客户愿意为企业买单，将达成长期合作关系。

【小故事】厉家菜的成功之道

厉家菜是北京鼎鼎有名的宫廷菜,它最大的特点就是,所有的菜品完全不添加味精、鸡精之类的化学原料,全部使用纯天然的方法进行调味,连所有的做菜装备都尽力还原宫廷模样,一样现代化的厨具都没有。由于厉家菜每天只做晚餐,而且最多只做4桌,所以想吃的话,必须至少提前一周订位,人均价位从300元到3000元不等。厉家菜还有一个很任性的要求,就是不允许客人点菜,主人做了什么,你就吃什么。虽然要求很任性,但是为了品尝一遍当年皇上吃过的菜品,宾客们慕名而来,络绎不绝。厉家菜这样的做法就是为了寻找与它定位一致、注重食物品质、注重健康环保的客户,且这样的客户忠诚度高,购买力强,付款及时。

第二类是门当户对的客户。企业通过提高自身产品或服务的门槛,筛选出门当户对的客户。

【案例】 花旗银行对存款5000美元以上的客户免收服务费,而对低于5000美元的客户收取每月6美元的服务费。花旗银行这样做的目的就是为了把有限的优质资源提供给目标客户,让目标客户得到更优质的服务,此举吸引了许多门当户对的客户,减少了许多不必要的资源浪费。

第三类是有潜力的客户。潜力客户是指那些与企业没有直接联系,但是对企业的产品和服务有欲望,有购买支付能力但还没有购买行为的人群。为了避免激烈市场竞争,企业需要着力寻找潜力客户,并把他们培养成忠诚客户。

【小故事】Zipcar 的高明之处

总部位于美国的 Zipcar 公司成立于1999年,是一家提供汽车随取随用服务的汽车租赁服务公司。他们发现美国很多租车公司都不向小于21岁的客户提供服务,因为这些年轻客户处于驾车的危险年龄段,他们很害怕为这些年轻鲁莽的客户承担高额的汽车维修费用。但是 Zipcar 公司却认为这些年轻人是优质的潜力客户,所以它与一些大学合作,把大学生良好的行车记录拿给保险公司评估以获得更低的保险费,这样便形成了良性循环,既让大学生以便宜的价格租到车,又能促使客户养成良好的驾车习惯。更重要的是,企业从客户年轻时就开始培养他们对 Zipcar 公司的忠诚度,因而很多客户一辈子只选择 Zipcar。寻找潜力客户,培养忠诚客户,这就是 Zipcar 公司的高明之处。

【微课】确认过眼神——客户选择

任务三　客户互动

学习重难点

（1）掌握客户互动中场景营销的设计与效果评估；
（2）掌握客户互动中感官营销的设计与应用；
（3）掌握客户互动中全渠道营销的设计与应用。

内容精讲

一、客户互动的含义

客户互动是为了在市场上为客户提供能够为其带来优异价值的产品和服务，企业需要充分利用信息的潜在内涵和各种互动技巧，努力在客户的购买过程中发展与客户的合作关系。

随着客户角色的转变和竞争的加剧，企业必须与客户进行有效的互动。对于客户管理而言，客户与企业的互动并不只是简单的信息交换，它可以让企业与客户建立一定的联系，并由此实现有效的客户互动。一般而言，客户只愿意与具备优秀客户互动能力的企业进行接触，所以成功的客户互动可以使企业获得更多的客户份额和更多的营业收入。因此，无论是为了在合适的场所或情景与客户互动，还是为了给员工与客户之间的互动提供必要的信息，企业都有必要对客户互动加以管理。

虽然存在着众多影响客户互动的因素，但无论通过何种互动渠道，无论是面对面的交流、电话、电子邮件或网站，还是借助其他渠道，参与互动的人、技术和流程都是客户互动中的三大关键因素。只有对这三项因素进行综合管理，才能为客户创造出令其满意的、使其感觉自身受到重视的客户互动。

下面我们重点讲解客户互动中场景营销、感官营销和全渠道营销的定义与应用。

二、客户互动之场景营销

（一）场景营销的含义

场景营销是指以特定情景为背景，通过环境、氛围的烘托，为消费者提供相应的产品和服务，以激发消费者产生情感共鸣来激发消费者的购买欲望，产生消费行为的营销活动。

场景营销要求企业从客户视角思考问题，可以形成两种场景营销方式：一方面，客户在那个时间和空间之下，想做些什么事情？这时候你的产品或服务如何解决他的需求和痛点？这是第一种场景营销方式——挖掘客户已有需求；另一方面，在那个时间和空间之下，客户压根没想到需要用某类产品或服务,但是你把这个新的场景创造出来了,打动他了,转而用了你的产品,这是第二种场景营销方式——创造客户新的需求。

【职场小贴士】大数据表明,几乎所有含有场景的广告片,营销内容都可以获得更高的点击转化率,获取更多的消费者关注。比如肯德基的"全家桶"这个概念推出后,销量就非常好,因为"全家"就是一个场景,这个概念营造的是一家人在一起,一起吃肯德基的其乐融融的画面。这是场景营销的魅力。

(二)场景营销的步骤

第一步,圈定目标群体。我们可以使用之前学过的"客户画像"来圈定你的目标群体,将场景营销活动的宣传精准投放给有需求、感兴趣的人群。

第二步,抓住客户需求。圈定目标群体后就要明确,自己的产品所满足的消费者的需求是什么。在此基础上,去分析这种需求背后客户的心理动机,当你明白客户心里在想什么的时候,你才能开始策划你的营销场景。

第三步,设置营销场景。场景设置的重点是场景的互动性,通过让消费者真正进入到该场景当中,从而连接客户与产品,要给予消费者及时的心理反馈,才能更有效地对消费者的心理进行刺激。

第四步,把控场景节奏。要适时地把控场景节奏,根据消费者的心理反馈,做出调整,激发消费者的需求动机和消费欲望。

第五步,引导消费行为。这是场景营销的"临门一脚",在成功将消费者带入到某种心理状态后,需要我们及时引导消费者产生消费行为,来实现我们的营销目标。

(三)场景营销效果的评估

1. 超级体验性

客户要亲自参与才能具有超级体验性。让客户体验什么?不管是产品、品牌特性,还是情绪、情谊、情趣,一定更具有超级体验性。值得注意的是,在场景活动中,客户的围观与亲自参与所获得的体验性和情感输出结果差距是很大的。

2. 连接质量

场景营销的目的是连接客户,连接的是不是精准客户、客户愿不愿意参加,这是场景设置要考虑的首要问题。场景设置不是自我陶醉,而是让客户身临其境,好的场景设置一定会让目标客户争相参与,参加后愿意向亲友推荐并利用社交媒体推荐。这才能实现最佳的连接质量。

3. 情感输出

好的场景营销一定要有代入感,能够触动客户的情绪、情谊、情趣,引发客户的共鸣,从而形成对产品或品牌的特殊情感,奠定现场交易的基础。

【案例】遇见20年后的妈妈

母亲节,如何打动儿女的心,让她们给母亲购买珠宝首饰,来表达自己的孝心?

我们常说,树欲静而风不止,子欲孝而亲不在。孝心不能等!这个道理很多人都懂,但大家没有强烈的体验认知,毕竟母亲的苍老是一个缓慢的过程,子女们不易察觉。为此,某珠宝门店策划了母亲节场景体验活动——"遇见20年后的妈妈"。

亮点一:"超强体验性"带来良好的"连接质量"

门店所征集的母亲都在45～55岁,孩子在18～35岁。活动一经推出,报名踊跃。母亲想知道,孩子面对自己苍老20岁是什么反应;孩子想知道,20年后母亲的变化到底有多大。何况,参与体验的客户还有母亲节的特制礼品可以领取。

门店让参与体验的母子分开,为妈妈们精心化妆,让妈妈们瞬间苍老20岁。给子女们戴上眼罩,然后在舞台上让母亲和儿女们见面,发表母亲节感言。在打开眼罩的瞬间,很多子女瞬间愣住了,这是20年后妈妈!有的人立即泪流满面,有的人先是笑,说着说着就开始流泪。凡是参加体验的母子无不泪流满面。

亮点二:情感输出与品牌传播

参与体验的子女受到强烈震撼,真切体验到孝心不能等,不但给妈妈买珠宝首饰,还给母亲买衣服,请母亲吃大餐,这是孩子的体验。一些妈妈则体验到"美丽装扮不能等,20年后太老了!戴什么都不好看,自己不能亏待自己!"另外一些妈妈则感觉"自己20年后太老了,可能帮不上儿女什么忙了,要加强身体锻炼",这是妈妈们的体验。围观的观众也被感动了,但没有亲自体验所获得的深刻感悟。

这个活动的超强的体验性就是最好的推销手段。有的妈妈还特意把自己现在的照片和化过妆的照片发朋友圈展示:"现在的我和20年以后的我,要美趁现在。加油!"

本活动不但精准连接了门店的VIP客户,很好地服务了客户,传播了企业品牌,而且实现了很好的销售业绩。

【微课】不走寻常路——客户互动之场景营销

三、客户互动之感官营销

所谓感官营销是指企业在市场营销中,利用人体感官的视觉、听觉、触觉、味觉与嗅觉,开展以"色"悦人、以"声"动人、以"味"诱人、以"情"感人的体验式情景销售,让消费者参与其中并有效调动消费者的购买欲望的一种营销模式,其诉求目标是创造知觉体验。

现代生理学、心理学的研究证明,在人们接受到的外界信息中,83%以上通过眼睛获得,11%借助听觉获得,3.5%依赖触觉获得,其余的则来自味觉和嗅觉。

在企业与客户的互动中,企业应科学、合理地利用客户的五官所形成的感觉来左右他的情绪。只有以恰当的场景引发客户恰当的感觉,客户才能心动,产生兴趣,最终购买。

（一）视觉营销

视觉营销是指通过视觉冲击和审美感观提高客户兴趣，实现产品或服务的推广。

> 【职场小贴士】在客户注意力和时间高度碎片化的今天，客户的视觉停留时间一般不会超过3秒钟，所以这3秒就成了抓住客户的关键时间。好的视觉营销一定要紧跟热点、简明扼要、强调审美、把控细节。

（二）听觉营销

听觉营销指利用美妙或独特的声音，吸引消费者关注，并在消费者的心目中形成独特的声音印象。麦当劳里欢快的音乐是其个性的充分体现；肯德基里的悠扬音乐显示了它不同于麦当劳的品牌文化；服装店里轻快的音乐促进消费者的购买行为，同时显示了其休闲、轻松的特征；咖啡店里低沉的音乐与其内部灯光等的配合为消费者提供了可以聊天及享受生活的环境。

（三）触觉营销

触觉营销指通过在触觉上为消费者留下难以忘怀的印象，宣传产品的特性并刺激消费者的购买欲望。

> 【案例】希尔顿饭店的小鸭子
>
> 希尔顿连锁饭店在浴室内放置了一只造型极可爱、手感舒服的小鸭子，客人多爱不释手，并带回家给家人作纪念，小鸭子给人的手感上的舒适和希尔顿给顾客带来的舒适的住宿体验正好呼应。这个不在市面上销售的赠品为希尔顿赢得了口碑，并成为顾客特别喜爱希尔顿饭店的原因之一，这就是视觉营销和触觉营销的良好应用。

（四）嗅觉营销

嗅觉营销是指通过特定气味吸引消费者关注、记忆、认同并最终促进消费者形成对企业品牌的忠诚度。在人类全部感官中，嗅觉是最敏感的，也是同记忆和情感联系最密切的感官。每天我们都生活在味道当中，体会着味道对情感、记忆、情绪以及行为所产生的重大影响。

> 【案例】嗅觉营销
>
> 很多高档酒店在大厅、客房等位置都会放置气味柔和的香薰产品，就是为了营造出一种温馨、放松、舒适的感觉。
>
> 星巴克绝对不会在店里售卖热气腾腾的食物，因为热的食物的气味会影响店里纯粹的咖啡香味。店里所充斥的这些咖啡香味，就是在告诉客户星巴克的咖啡品质很好。
>
> 更为普遍的例子是面包店里的香味，面包店现场烘焙，香甜的味道弥漫空气中，通过嗅觉为消费者营造出一种饥肠辘辘的感觉，这就是商家用来刺激消费者购买的秘诀。

（五）味觉营销

味觉营销是指以特定气味吸引消费者关注、记忆、认同以及最终形成消费的一种营销方式。人类只能区分五种口味：酸、甜、苦、辣、咸。味觉营销难度最大，因为味道一定要客户亲自品尝才行，而品尝的前提是，你的宣传、文案打动了他。所以，味觉营销需要视觉、听觉、嗅觉的全方位配合。比如超市里各种食物的试吃可能就会让你产生想要购买食物的欲望。

> **【知识拓展】感官营销**
>
> 现实生活中，感官营销往往是多个感官体验的整合设计，比如视觉＋听觉、嗅觉＋味觉、视觉＋触觉＋嗅觉，等等。例如走进一家网红奶茶店，你会看到店铺简约风格的装修，嗅到奶茶香甜的味道，听到轻松舒缓的音乐，摸到质感高级时尚的奶茶杯，喝到口感美妙的奶茶，这就是感官营销的综合运用。

【微课】让你心动——客户互动之感官营销

四、客户互动之全渠道营销

（一）全渠道营销的含义

全渠道营销是指企业为了满足消费者在任何时候、任何地点，通过任何方式购买的需求，采取实体渠道、电子商务渠道和移动电子商务渠道整合的方式销售商品或服务，提供给顾客无差别的购买体验。

1. 实体渠道

实体渠道的类型包括：实体自营店、实体加盟店、电子货架、异业联盟等。

2. 电子商务渠道

电子商务渠道的类型包括：自建官方B2C商城，进驻电子商务平台如淘宝店、天猫店、拍拍店、QQ商城店、京东店、苏宁店、亚马逊店等。

3. 移动电子商务渠道

移动电子商务渠道的类型包括：自建官方手机商城、自建APP商城、微商城、进驻移动商务平台如微淘店等。

> **【知识拓展】全渠道产生的消费背景**
>
> （1）根本原因：互联网的发展，普通消费者话语权提升。消费者在网络中无处不在，网络对消费者的影响也无处不在，使得营销影响也变得无处不在。
>
> （2）直接原因：渠道分化。当前已经没有任何一家媒体可以覆盖全部消费者。一方面，选择任何一种传播渠道就代表了传播受众限定在一定的范围内。另一方面，每种渠道对受众的影响力都是以往的N分之一，单一渠道对消费者决定的影响力大大降低。

(二) 全渠道营销的主要特征

1. 全程

一个消费者从接触一个品牌到最后购买的过程中,全程会有五个关键环节:搜寻、比较、下单、体验、分享,企业必须在这些关键节点上保持与消费者的全程、零距离接触。

2. 全面

企业可以跟踪和积累消费者的购物全过程的数据,在这个过程中与消费者及时互动、掌握消费者在购买过程中的决策变化,为消费者提供个性化建议,提升其购物体验。

3. 全线

渠道的发展经历了单一渠道时代即单渠道、分散渠道时代即多渠道的发展阶段,目前到达了渠道全线覆盖即线上线下全渠道阶段。这个全渠道覆盖就包括了实体渠道、电子商务渠道、移动商务渠道的线上与线下的融合。

【知识拓展】全渠道营销并不是在所有渠道上都开展营销

全渠道营销特别强调目标受众。随着大量消费品类进入成熟阶段,消费者的分化和个性化越来越加剧。在这些品类里,想要抓住所有消费者几乎是不可能的事情。同时单一渠道对消费者的影响力不足,营销者必须对目标群体有清楚的定义,精准把握他们的生活轨迹和内容浏览喜好,在他们可接触到的全渠道中投入营销资源。当然,全渠道营销也不等于对所有渠道无差别地投入。比如:爱奇艺信息流广告和今日头条信息流广告,形式、作用就完全不同。同样是信息流广告,微博和微信又完全不同。

(三) 全渠道营销的步骤

1. 第一步:精准定位

消费者是按照品类逻辑来实施购买行为的,先选品类,后选品牌。精准营销的第一步,就是要精准地定位目标消费群到底是谁。在清楚定位消费群的基础上,再搞清楚产品或品牌开创了或者代表了什么品类。

2. 第二步:建立大数据库

数据库是实施任何精准营销的核心,有了客户的数据库,才有可能实施精准营销。真正有用的数据,不仅是一组客户名单或记录,而应该是客户曾经购物的详细情况,或者是潜在客户的资历与详细情况。通常,客户参与研发、浏览、询价、购买、参加促销、售后咨询和其他全接触点上的全行为信息,都是数据库的数据来源。

3. 第三步:评估与锁定价值型客户

有了数量庞大的消费者数据库,并不是要对每一个消费者都马上展开营销,应按照客户的购买情况确定其财务价值,将客户分为意见领袖、优质大客户、中小客户、意向或目标客户和潜在客户等五种基本类型,并分别为每种类型的客户量身定制不同的营销方案,并分步骤逐步开展营销。

4. 第四步:了解客户接触点和偏好

在实施精准营销之前,我们还必须弄清楚企业应该在何时、何地,用何种方法才能接触到客户。为此,企业需要了解并评估客户能够接触到企业的各种方式与接触点,并了解客户偏爱哪种传播方式与传播渠道。只有这样做,才能够根据每个接触点与客户偏好制定出未来最佳的营销与传播的组合方式。

5. 第五步：整合多种营销手段

当做好上述四点准备之后，接下来是整合多种营销手段，诸如：电视广告等传统媒体营销，微博、微信、微电影、论坛和APP等新媒体营销，门店促销、店庆活动等面对面交流与互动等。除了营销手段，内容准备也很重要。

> 【知识拓展】全渠道营销中不同互动方式的特点
> (1) 传统媒体：主导线下活动，企业在短期内可接触到更多客户。
> (2) 新媒体：主导线上互动，关注企业和客户之间、客户与客户之间，能有效提升客户的参与度与积极性，增加客户黏性。
> (3) 面对面交流、互动：让互动的内容变得更有深度，更容易把握客户的需求，形成忠诚客户。

6. 第六步：发展与客户多次的、长期的关系

精准营销的本质是关系营销，与一个客户发生一次交易关系并不意味着成功，只有与客户建立起多次交易的、长期的关系，将客户转化为忠诚客户，提高转介和正面口碑传播率，才意味着精准营销是成功的。

【想一想】还有哪些能实现客户互动的营销方法？

【微课】"燃，就现在"——客户互动之全渠道营销

学 习 小 结

1. 客户信息一般是指客户喜好、客户需求、客户联系方式等基本信息；客户信息可以细分为描述类信息、行为类信息和关联类信息三种类型；收集客户信息的常用方法有人员访谈法、观察法和问卷调查法。

2. 客户画像是指根据客户的社会属性、生活习惯和消费行为等信息抽象出的一个标签化的用户模型。构建客户画像的核心工作就是给客户贴"标签"。

3. 客户画像的内容包括两个部分：第一个部分是人口属性，主要包括客户的年龄、性别、所在城市、受教育程度、婚姻情况、生育情况、职业等内容；第二个部分是行为特征，主要包括客户的兴趣爱好以及常用的媒体、阅读类网站、社交网络、购物网站等内容。

4. 客户画像在客户服务中的作用：有利于售前的精准营销、售中的个性化推荐和售后的增值服务。

5. "好客户"具有五大特点：购买力强；付款及时；信誉度高；服务成本较低；有良好的发展前景；忠诚度高。

6. 企业需要着重选择这三类客户：与企业定位一致的客户，与企业"门当户对"的客户，有潜力的客户。

7. 场景营销五步法：第一步——圈定目标群体；第二步——抓住用户需求；第三步——设置营销场景；第四步——把控场景节奏；第五步——引导消费行为。

8. 检验场景营销效果的三大指标：超级体验性、连接质量、情感输出。

9. 感官营销是指企业经营者在市场营销中，利用人体感官的视觉、听觉、触觉、味觉与嗅觉，开展以"色"悦人、以"声"动人、以"味"诱人、以"情"感人的体验式情景销售，让消费者参与其中并有效调动消费者的购买欲望的一种营销模式。

10. 全渠道是指企业为了满足消费者在任何时候、任何地点，通过任何方式购买的需求，采取线上＋线下方式，如实体渠道、电子商务渠道和移动电子商务渠道整合式销售，提供给顾客无差别的购买体验。

学 习 检 测

1. 企业应采取哪些方法搜集客户的信息？
2. 客户画像在企业售前、售中和售后的作用主要表现在哪些方面？
3. 好客户的五个特征是什么？
4. 在全渠道营销中各种互动方式有何区别？

实 践 挑 战

校园京东校园馆为了拓展业务，准备在店内增设一家奶茶店，请你结合所学的知识，帮助奶茶店进行目标客户选择、制定产品定价策略，同时为奶茶店进行全渠道推广，以便快速提升奶茶店的知名度。

项目三　开发潜在客户

学习目标

1. 知识目标
(1) 了解潜在客户的开发途径与方法；
(2) 熟悉潜在客户的评估原则；
(3) 了解电话拜访客户的步骤及技巧；
(4) 知晓直接拜访客户的步骤及技巧。

2. 技能目标
(1) 能选择合适的方法开发潜在客户；
(2) 能对潜在客户进行合理评估；
(3) 能够进行有效的电话拜访和直接拜访；
(4) 能掌握电话拜访和直接拜访的技巧。

3. 素养目标
在客户开发过程中，树立保护客户隐私的法治观念，培养诚信、友善和敬业的价值观。

引导案例

小王进入了一家保险公司，承担市场营销的工作。随着对企业业务的不断熟悉和了解，他列出了300位已经寄送了销售信函的潜在客户，这些潜在客户对保险都有相当正确的认识，基于各种原因，目前并没有立即投保，但他相信他们一两年内有可能投保。他不可能每个月都亲自去追踪这300位潜在客户，因此他每个月都为这300位潜在客户寄一封别出心裁的卡片，卡片上不提保险的事情，只祝贺每月的代表性节日，例如春节、情人节……每个月的卡片颜色都不一样，每一位潜在客户接到第四、第五封卡片时都被小王的热情感动，就算自己不立刻投保，当朋友间有人提到要投保时他们都会主动地介绍小王。

工作任务导入

小茗同学在从事客户开发工作的时候，总存在恐惧、疑惑、犹豫不决等心理。例如：每次打电话拜访客户之前，无论是否必要，一定要去卫生间磨蹭好长时间；如果要找的客户不在，很快就放下电话，长出一口气，如释重负；在拜访客户的路上，设想很多种不好的假设，还没到客户那里，就紧张到极点。怎样才能有效开发潜在客户呢？带着这个疑问，小茗同学开始了对本课程的继续学习。

任务一　潜在客户的开发途径与方法

学习重难点

(1) 掌握潜在客户的开发途径与方法；
(2) 掌握潜在客户的评估方法。

内容精讲

对企业而言，成功不只是意味着把产品或服务出售给个别的购买者，还意味着了解谁是你的客户，详细了解客户的背景并能比其他竞争对手更好地满足客户的要求。

一、谁是你的潜在客户

（一）客户需求分析

对于潜在客户而言，企业最需要的就是建立其对企业服务或产品的信心，他们对企业的服务或产品的信任度或认可度决定了他们上升为新客户的可能性，但也可能就此丧失信心，从而让企业失去这个客户。以下一些因素对使潜在客户提升为客户有一定的影响。

1. 外界评价

对该企业业务评价的高低将会影响客户对企业业务的信心和兴趣。

2. 客户的层次

客户所属的层次越高，对企业业务了解得越多，就越能明白自己的行为，受到外界的影响就越少，更易在询问之后确定购买。

3. 客户所属的行业

客户的行业与企业业务有联系，有助于客户做出选择。

（二）分析成为潜在客户的条件

潜在客户是营销人员的最大资产，他们是营销人员赖以生存并得以发展的根本。你打算把你的产品或者服务销售给谁，谁有可能购买你的产品，谁就是你的潜在客户。潜在客户必须具备两个要素：用得着和买得起。

首先要用得着，或者说是需要这样的消费。不是所有人都需要你的产品，需要的人一定是一个具有一定特性的群体。例如，大型交换机的用户对象是集团、社团、企业等组织，有谁会去买一台交换机放在家里呢？其次是买得起，对于一个想要又掏不出钱的潜在客户，你付出再多的努力也不能最后成交。例如，在保险业中，人人都希望买保险，但保险销售人员却在从事着最辛苦的寻找潜在客户的工作，购买保险的群体必定具有一个共同的特征——买得起。如把保险销售给一个维持最低生活标准的家庭，按理说他们太需要保险了，但无论你的技巧有多高明,结果一般都不会成功。

(三) 精准定位产品客户群

在营销中,产品客户群定位非常关键,只有明确了自己产品所适合的消费群体,才能有针对性地推销自己的产品。作为营销人员,首先应该问问自己:是否知道自己的客户群体是哪类人,也就是说,是否合理定位了自己的产品客户群。在儿童节目频道或者儿童节目播出前后,插播的都是与儿童食品、儿童玩具、儿童用品等相关的广告。其实,这就是商家对客户群的定位。产品客户群定位不准确是营销中最不该犯的错误,找不对客户群,产品自然不能销售出去,或者说销售效果会很差。那么如何定位客户群,为自己创造有利的营销环境呢?

首先,要了解客户自身的消费属性,即客户性别、年龄、宗教信仰、家庭收入、社会地位、消费价值观等因素。销售人员可以根据产品的特点,结合客户的自身属性,来合理定位自己的客户群。

其次,要了解影响客户消费的外在属性。客户的外在属性是影响其消费的重要组成因素,如客户所在地域、客户所拥有的产品现状和客户的组织归属。对于客户的外在属性,概况性的数据比较容易调查,对于其消费层次可以做一个大概的了解,但是要想掌握较为详细的情况,还需要营销人员多做工作,开展大量的资料收集和调查工作。

对于处在大众营销阶段的企业,客户定位通常较为简单。但是,随着营销精准化的日趋盛行,客户群定位的方法也变得多样化,要通过长时间的市场营销实践研究和总结才能得到较为准确的具体定位。

二、潜在客户开发的常用方法

企业界流传一句销售格言:"亲戚朋友是生意的扶手棍。"查阅电话号码黄页和利用私人关系,是客户开发人员开发新客户的基本方法。成功的客户开发人员是爱动脑筋、富有创意的人,他们善于用独到的方法开发新客户。

(一) 寻找潜在客户的原则

没有任何通用的原则可供指导所有企业或所有销售人员寻找潜在客户。以下的一些共性的原则,在具体销售过程中应结合实际情况灵活使用。

1. 量身定制的原则

也就是选择或定制一个满足你自己企业具体需要的寻找潜在客户的原则。不同的企业,对寻找潜在客户的要求也不同。因此,销售人员必须结合自己企业的具体需要灵活应对。任何拘泥于形式或条款的原则都可能有悖于企业的发展方向。

2. 重点关注的原则

即"80/20"法则,该法则指导我们事先确定寻找客户的轻重缓急,首要的是把重点放在具有高潜力的客户身上,把潜力低的潜在客户放在后边。

3. 循序渐进的原则

即对具有潜力的潜在客户进行访问,最初的访问可能只是交换一下名片,随着访问次数的增加,可以增加访问的深度。

（二）寻找潜在客户的通用方法

寻找潜在客户的方法有很多，下面介绍一些常用的方法。

1. 资料查寻法

通过分析各种资料寻找潜在客户，主要查询以下几种资料：

（1）统计资料。国家有关部门的统计调查报告、行业组织在报刊或期刊上刊登的统计调查资料、行业团体公布的调查统计资料等。

（2）名录类资料。客户名录（现有的客户、旧时的客户、失去的客户）、同学名录、会员名录、协会名录、职员名录、名人录、电话黄页、厂家年鉴等。

（3）报纸、杂志类资料。普通报纸（广告、产业或金融方面的消息、零售消息、迁址消息、晋升或委派消息、订婚或结婚消息、建厂消息、诞生或死亡的消息、事故、犯罪记录、相关个人消息等），专业性报纸和杂志（行业动向、同行活动情形等）。

【职场小贴士】通过资料查询法，能较快地了解市场需求和目标客户的情况，成本也较低。但最大的缺陷是获取的资料信息有滞后性，时效性较差，因此需要客户开发人员及时补充当下最新信息，进而制定正确的开发策略。

2. 熟人圈寻找法

熟人圈寻找法，顾名思义就是在自己的亲戚、朋友、同事等熟人中寻找潜在客户。乔·吉拉德是美国著名的汽车推销大王，成功销售了13000多辆汽车，平均每天销售五辆汽车，创造了吉尼斯世界纪录。他曾自豪地说："社交圈250人法则的发现，使我成为世界上最伟大的推销员。"可见，客户开发人员在自己身边的亲人、朋友等熟人中去寻找客户，无疑是我们初入职场时开发客户的突破口。因为是自己的亲人朋友，更容易接近，成功的可能性更大。

【职场小贴士】对于职场新人来说，面对熟人开展营销可能会害怕遭拒绝、丢面子而患得患失，不敢开口。因此我们需要坚守一点，那就是结合自己对熟人的了解，做到"你恰好需要，我正好专业"，不要对熟人形成购买压力，成为别人眼中的"杀熟"者。

3. 连锁介绍法

让现有客户帮助客户开发人员介绍新客户，被誉为客户开发人员的黄金法则。优秀客户开发人员有1/3以上的新客户是现有客户推荐的，尤其是团购决策者，其在行业内都有担任类似职务的朋友，他们能为客户开发人员推荐一大批新客户。

要想让现有客户推荐新客户，关键是客户开发人员要让现有客户满意，树立自己的个人品牌形象，这样客户才会乐意为你推荐新客户。因此，当我们拜访老客户时，可以诚恳邀请老客户推荐自己的有类似需求的亲朋好友，并及时填写客户信息表，为下一步新客户的开发做准备。

【案例】某小区为了鼓励业主推荐朋友买房，特推出了老带新优惠活动，给予老业主减免半年物业费、新客户购房优惠5000元的优惠。客户信任你，同时你能给客户一定的利益，这样客户才会乐意为你推荐新客户。

【想一想】如果你是校园京东派驻的客户服务代表,如何让现有客户为你推荐新客户呢?

4. 光辉效应法

该法又称为中心辐射法、名人效应法或影响中心法等。它是指客户开发人员在某一特定的区域内,首先寻找并争取有较大影响力的中心人物为客户,然后通过该中心人物的影响与协助把该区域内的潜在客户发展为客户的方法。

该法的得名来自于心理学上的"光辉效应"法则。心理学原理认为,人们对于在自己心目中享有一定威望的人物是信服并愿意追随的。因此,一些中心人物的购买与消费行为,就可能在他的崇拜者心目中形成示范作用与先导效应,从而引发崇拜者的购买行为与消费行为。光辉效应法适合于一些具有一定品牌形象,具有一定品位的产品或服务的销售,比如高档服饰、化妆品、健身等。

【知识拓展】运用光辉效应法时选择恰当的"中心"是关键。大企业典型做法是聘请明星来代言自己的产品,而且明星气质一定要和自己的品牌形象契合,才能发挥其"名人效应。"如沈腾和贾玲代言美团APP,其亲民、接地气的形象,可以完美地向公众展示美团致力于成为"吃喝玩乐行"全品类生活服务平台的新主张。但如果我们聘请葛优来代言洗发水广告,就可能适得其反了。

【想一想】对于一些小型房地产企业来说,邀请明星代言成本太高,那该如何使用"光辉效应法"来开发潜在客户呢?

5. 会议寻找法

客户开发人员在各种展览会、信息交流会、信息发布会、订货会、技术交流会等会议上,能开发许多新客户。

6. 强强联合

互补性产品可以与其相关的企业合作,共享客户。例如:某食用油企业经常与做团购的饮料、肉制品、日化品等企业合作,互相利用对方的客户来扩大销量。

7. 网络寻找法

登录一些企业发布供求信息的贸易网站,寻找相关有需求的客户。同时也可以把你的产品信息贴到网上,吸引一些客户。另外,政府采购信息也会刊登在网上,上网就能查询到政府的采购需求信息,这样也可以开展业务。

8. 代理人法

代理人法,是指通过代理人寻找潜在客户的办法。在国内,大多由客户开发人员所在企业出面,采取聘请信息员与兼职销售人员的形式实施,其佣金由企业确定并支付,实际上这种方法是以一定的经济利益换取代理人的关系资源。

【案例】现在的驾校为了拓展自己的业务,经常聘请学生作为代理人,负责校园学生报考驾校的业务,这样驾校可以节省时间,把精力放在重点客户开发上;同时,利用学生群体作为代理人更易捕捉有效信息,扩大信息情报网,更有利于开拓新的业务区域。类似的还有电信卡代理、微商代理等。

【职场小贴士】代理人法成功的关键点是选择好代理人,如果代理人选择得当,以支付代理人一定的佣金或报酬为代价,可以带来更大的经济收益;反之可能导致赔了夫人又折兵,导致原本属于自己的客户,被竞争对手抢走。所以,我们在选择代理人时,一定要认真、细致,综合评估后确定最佳人选。

9. 直接邮寄法

在有大量的可能的潜在客户需要某一产品或服务的情况下,用直接邮寄的方法来寻找潜在客户不失为一种有效的方式。直接邮寄法具有成本较低、接触的人较多、覆盖的范围较广等优点,不过该法的缺点是时间周期较长。

10. 电话营销法

电话营销法,是指利用电信技术和受过培训的人员,针对可能的潜在客户群进行有计划的、可衡量的市场营销沟通。运用电话寻找潜在客户的方法可以在短时间内接触到分布在广阔地区内的大量潜在客户。

11. 市场咨询法

市场咨询法,是指销售人员利用社会上各种专门的市场信息咨询机构或政府有关部门所提供的信息来寻找潜在客户的方法。使用该法的前提是存在发达的信息咨询行业,目前中国市场的信息咨询业正处于发展阶段。

12. 观察法

观察法,是指营销人员通过自己对周围环境的分析和判断来寻找潜在客户的方法。比如,房地产代理商可以亲自出门寻找门前挂有"出售"字样告示牌的人家,卖天花板的销售人员可以沿街观察谁家的顶棚坏了,等等。同时,作为营销人员应该随时对无意中听到的信息保持一定的敏感度,特别是在一些公共场所,如吃饭、购物和休闲场所。这种方法具有成本低等优点,但是它对营销人员的观察能力和分析判断能力的要求较高,而且要求判断要尽可能客观。

除了上述的方法外,还可以从没有竞争关系的其他销售人员处获取相关信息,也可以通过参加商业展览、俱乐部、协会等获得资料。总之,寻找潜在客户是一项艰巨的工作任务,需要营销人员综合运用以上各种方法与技巧,才能取得最终的成功。

【微课】开发客户的常见套路——潜在客户开发的途径与方法

任务二　潜在客户的管理与评估

学习重难点

（1）对潜在客户进行有效管理；
（2）运用MAN法则对潜在客户进行评估。

内容精讲

当我们收集了大量潜在客户的信息后，必须对潜在客户的资料信息进行管理。

一、潜在客户的管理

优秀的客户开发人员常常拥有一定数量的"潜在客户"，这会给他们带来自信并使他们安心。要保持这种数量，就必须定期开发、补充新的潜在客户。此外，还必须区分潜在客户的重要性，将客户划分为不同的等级。这是用来保证"潜在客户"数量与质量的一种有效方法。优秀的客户开发人员懂得如何管理好潜在的客户资源，他们既不会在永远无望的可能客户身上浪费时间，更不会放过任何一个捕捉重要客户的机会。实践表明，客户开发人员对潜在客户的管理主要从紧迫性和重要性两个方面入手。

（一）根据紧迫性分类

紧迫性描述的是潜在客户在多长的时间范围内做出对企业的产品或服务的购买决定。通常情况下，在1个月内能做出购买决定的潜在客户，称为渴望型客户；在2个月内能做出购买决定的潜在客户，称为有望型客户；在3个月内能做出购买决定的客户，则称为观望型客户。优秀的客户开发人员会根据客户的不同类型，制定不同的拜访计划，包括拜访频次和拜访深度等。

（二）根据重要性分类

重要性描述的是潜在客户可能购买企业产品或服务的数量的多少。虽然每个潜在客户对销售人员来说都是非常重要的，但根据"80/20法则"，优秀的客户开发人员更应该关注带来80%利润的20%的关键客户。为此，可以根据公司的业务情况，将客户分为三类：最重要的是关键客户，这类客户需要销售人员投入更多的时间和精力增加访问频次，增加访问深度；其次是重要客户，对这类客户应该安排合适的访问频次和内容；最后一类是一般客户，对这类客户维持正常的访问频次与内容即可。

二、潜在客户名单创建

搜集到潜在客户的名单后,必须登记并管理潜在客户的资料。建立客户资料卡(包括"企业"潜在客户卡、"个人"潜在客户卡两类)后,客户开发人员通过"客户资料卡"决定何时及如何进行拜访,从而提高拜访效率及增强拜访效果。有可能虽然你运用各种方法,得到了许多客户信息,但并不是每个人都会成为你的现实客户。因此,我们就需要对这些客户的资料进行分析和研究,这就是对客户信息的整理。通过对信息的整理和分析,你才能发现最有可能成为现实客户的潜在客户,而且还会创造性地发现一些市场空白点,找到新的寻找潜在客户的途径。

整理客户信息、创建客户名单也是实行以客户为中心的销售方式的体现。

(一) 名单的分类

名单首先要制成卡片,然后将其分类,并区分层次。虽然每个企业所使用的方法各有不同,但一般情况下,依据性别、年龄、职业、收入、阶层、商品、地区来划分,是最普遍而常用的方法。

之所以要对卡片进行分类,原因就在于要进行市场细分,针对不同的客户发出最适合的广告。例如,一般以妇女为对象的妇女用品广告,最好选出年龄在20~30岁的女性客户名单,对她们发出适合该年龄段女性使用的商品的广告,可以收到比较好的效果。以上班族为对象发出的鼓励储蓄的直邮广告,可以以企业为单位向其员工发送,这样比较有亲切感,从而给人留下好印象。

可见,要进行成功的市场细分,就先要将名单加以分类与管理。只有进行了有效的分类,才能根据不同类别客户的消费特性、购买习惯和方式,与之进行最适宜的沟通。例如,配眼镜企业的客户名单上有一栏记录,标明该客户在某年某月某日配了什么样的眼镜,于是,可根据这项资料适时发出一些信息,如"对于新配的眼镜感觉如何?""你所配的眼镜已满一周年了,请让我们为你做一周年的售后服务。"这时候,如果建议客户更换新眼镜,则较易被客户接受。此外,如果是汽车销售企业,就可以按照汽车卖出的日期来分类,如此一来,在车辆检验到期的时候,就可以发出直邮广告或用电话与车主联系了。

(二) 名单的修订

已经制好的名单卡片,会因为客户的某些变化而失效,因此有必要不断对名单加以追加、订正、删除。从工作的难度来看,追加客户轻松而容易,而订正及删除客户的工作则较为困难,因此容易被忽略。

要将客户从名单上删除,到底应该依照什么样的标准,实在很难把握。以某女性鞋店为例,鞋店营销人员在联系不上的客户的资料卡上每6个月画一条红杠,画满5条红杠,也就是两年半的时间,就删除该资料卡。该鞋店的客户多半是年轻女性,经常因结婚等因素而变更住址,而每年因住址不详退回的邮件占所发邮件总数的12%,因此需要将这样的资料卡删除。实践表明,经常修订的名单较之漫不经心整理的名单的客户的回应率要高出24%。

有时候,即使企业的客户名单上有5万人,但因企业的营销预算与其他因素的限制只能给其中的2万人发出营销广告。这时,如果在建立卡片时加上了等级分类,按照客户购买可能性的高低，将其分成几个等级，把广告发给那些最有可能购买的人，对他们进行广告宣传，会取得更好的营销效果。

需要说明的是，在删除资料卡时，除了那些因住址不详而被退回邮件的资料卡一概删除之外，因为无暇顾及而删除的卡片不必急着丢弃，可以把它们保管起来以备将来使用。

三、潜在客户的评估

大量的潜在客户并不能转变为目标客户。获得潜在客户名单仅仅是客户服务人员工作过程中"万里长征"的起始阶段，因此，需要对潜在客户进行及时、客观的评估，以便从众多的潜在客户名单中筛选出目标客户。作为优秀的客户服务人员，需要掌握一些评估潜在客户的常用方法，从而帮助他们事半功倍地完成工作。

在挑选、评估潜在客户之前，客户服务人员需要先自问三个问题：一是潜在客户是否有你能够给予满足的需求；二是在你满足其需求之后，这些潜在客户是否具有提供适当回报的能力；三是客户服务人员所在公司是否具有或能够培养比其他公司更能满足这些潜在客户需求的能力。

（一）帕累托法则

帕累托法则，即"80/20"法则，这是意大利经济学家帕累托于 1897 年发现的一个极其重要的社会学法则。该法则具有广泛的社会实用性，比如 20% 的富有人群拥有整个社会 80% 的财富；20% 的客户带来公司 80% 的营收和利润等。帕累托法则要求客户服务人员分清主次，锁定重要的潜在客户。

> **【小故事】探秘"80/20 法则"**
>
> 1897 年，意大利经济学者帕累托偶然注意到 19 世纪英国人的财富和收益模式。在调查取样中，他发现大部分的财富流向了少数人手里。同时，他还从早期的资料中发现，在其他国家这种微妙关系一再出现，而且在数学上呈现出一种稳定的关系。于是，帕累托从大量具体的事实中发现：社会上 20% 的人占有 80% 的社会财富，即财富在人口中的分配是不平衡的。
>
> 同时，人们还发现生活中存在许多不平衡的现象。因此，"二八定律"成了这种不平等关系的简称，不管结果是不是恰好为 80% 和 20%（从统计学上来说，精确的 80% 和 20% 出现的概率很小）。习惯上，"二八定律"讨论的重点是顶端的 20%，而非底部的 80%。人们所采用的"二八定律"，是一种量化的实证法，用以计量投入和产出之间可能存在的关系。
>
> 假如 20% 喝啤酒的人喝掉 80% 的啤酒，那么这部分人应该是啤酒制造商注意的对象。尽可能争取这 20% 的人来买，最好能进一步增加他们的啤酒消费量。啤酒制造商出于销售量考虑，可能会忽视其余 80% 喝啤酒的人，因为他们的消费量只占 20%。
>
> 同样的，当一家公司发现自己 80% 的利润来自于 20% 的顾客时，就应该努力让那 20% 的顾客乐意扩展与它的合作。这样做，不但比把注意力平均分散给所有的顾客更容易，也更值得。再者，如果公司发现 80% 的利润来自于 20% 的产品，那么这家公司应该全力来销售那些高利润的产品。

(二)"MAN"法则

"MAN"法则将引导客户服务人员如何去发现潜在客户的支付能力、决策权力以及需要。作为客户服务人员,可以从下面三个方面去判断某个人或组织是否为潜在客户:一是该潜在客户是否有购买资金:M(Money),即是否有钱,是否具有消费此产品或服务的经济能力,也就是有没有购买力或筹措资金的能力;二是该潜在客户是否有购买决策权:A(Authority),即你所极力说服的对象是否有购买决定权,在成功的销售过程中,能否准确地找到真正的购买决策人是销售的关键;三是该潜在客户是否有购买需要:N(Need),在这里还包括需求。需要是指存在于人们内心的对某种目标的渴求或欲望,它由内在的或外在的、精神的或物质的刺激所引发。客户需求具有层次性、复杂性、无限性、多样性和动态性等特点,能够反复地激发每一次的购买决策,而且具有接受信息和重组需要结构并修正下一次购买决策的功能。

【职场小贴士】作为优秀的客户服务人员,你必须对需求具有正确的认识:需求不仅可以满足,而且可以创造。事实上,普通的客户服务人员总是去满足需求、适应需求,而优秀的客户服务人员则是去发现需求、创造需求。

【想一想】假如你是一名汽车销售客服代表,现在手上有5位客户的资料:其中第一位客户15岁;第二位客户73岁;第三位客户有驾照,25岁,月收入5000元,刚买了一套房子,每个月需还房贷2500元;第四位客户40岁,月收入8000元,上个月买了一辆新车;最后一位55岁,月收入10000元,没有债务,每三年就换一辆新车,目前自己的车已经用了两年半。在这五位客户中,谁是你的理想潜在客户?

在评估潜在客户的过程中,会碰到以下情况,应根据具体状况采取具体对策,如表3-1所示。

表 3-1 潜在客户分析要素

购买能力	购买决定权	需求
M(有)	A(有)	N(有)
m(无)	a(无)	n(无)

M+A+N:有成交希望的客户,理想的销售对象;
M+A+n:可以接触,配上熟练的销售技术,有成功的希望;
M+a+N:可以接触,并设法找到具有决定权的人;
m+A+N:可以接触,需调查其业务状况、信用条件等给予融资;
m+a+N:可以接触,应长期观察、培养,使之具备另一条件;
m+A+n:可以接触,应长期观察、培养,使之具备另一条件;
M+a+n:可以接触,应长期观察、培养,使之具备另一条件;
m+a+n:非客户,停止接触。

由此可见,潜在客户有时欠缺了某一条件(如购买能力、需求或购买决定权),仍然可以开发,只要应用适当的策略,便能使其成为企业的新客户。

【微课】你必须知道的"MAN"——客户评估法则

任务三 客户开发的步骤与技巧

学习重难点

(1) 掌握电话拜访的步骤和技巧;
(2) 掌握直接拜访的步骤和技巧。

内容精讲

很多企业都存在一个共性问题,即没有一个有效的工具系统地管理企业有价值的潜在客户,没有把潜在客户变为实际客户的能力。每个公司的市场部门所做的工作就是通过宣传,尽可能地去寻找更多的潜在客户,接下来如何对这么多的潜在客户进行甄别、跟进,如何把这么多的潜在客户尽可能地转变为实际客户,成为企业不可或缺的资源等,大多数企业没有切实可行的办法,更多的是依靠销售人员自己的能力和经验。开发新客户的关键是将"潜在客户"升华为"客户",提高开发成功率的方法有多种,下面重点讲解在客户开发过程中的电话拜访和直接拜访。

一、电话拜访的步骤

（一）打电话前的准备

1. 做好态度准备

克服恐惧、害怕被拒绝的心理;坚信我能做、我能行,给自己打气;面对微笑,让自己轻松一些。

> 【小故事】你会这么"打电话"吗?
>
> 如果你是推销员,你会穿好西装、打好领带再给客户打电话推销吗?你可能不太会这样做。然而,世界上就有这样一位推销员,无论什么时候在家准备给客户打电话之前,他都会穿上笔挺的西装,打上喜欢的领带并且穿好皮鞋再给客户打电话。他的家人非常不理解,认为他多此一举。他微笑着解释:一个人的面色表情是板着脸或者很不开心的样子对方通过电话都能清楚地感觉到,一个人的坐姿和站姿会影响人的发声和心态,所以,就算是一个小小的"打电话",我们也要本着尊重客户的态度进行。这位推销员的这种"以客户为中心,时刻尊重客户"的爱岗敬业精神值得客户服务人员学习。

2. 确定目标

如打多少个电话,每个电话的时间长度,与购买决策者谈话的次数等。

> **【小故事】每一个电话都是有价值的**
> 一个卖别墅的销售员,每年给客户打 36000 个电话,其中 28800 个会被接听,11520 个会听他讲,4608 个会有兴趣,1843 个会去别墅看看,737 个会考虑购买,294 个会有意向购买,117 个会与推销员洽谈,47 个想买,最终成交的有 18 个。成交 18 单会让他赚 200 万元。他得出结论:每努力一次会赚到 55.55 元。销售就得有这种精神,因为量变会引起质变。对的事情坚持做,就会有产值。

3. 安排好自己的工作环境

做到不妨碍其他同事工作,同时要尽量避免被他人干扰;准备好电话簿,记录的纸和笔,供随时取用。

4. 掌握产品知识

熟悉产品的型号、规格、质量、性能、价格、服务、结款方式等。

5. 了解你的客户

尽量收集客户信息,如个人客户的基本信息,企业客户的公司规模、主营产品、合作对象、行业资讯(大事件或者最新的)、文化背景等。

6. 准备你要传递的信息

准备简短的自我介绍;确认或再次确认客户;确认你正在介绍的产品或服务的特征和利益要符合客户的需求;准备好应对异议;懂得何时需要结束谈话;保证说话不离题等。

(二) 绕障碍,找到决策人

在拜访企业客户过程中,首要的任务是找到企业决策人,之后的电话拜访才能按步骤进行,因此,如何绕过主机接线员、前台工作人员、秘书或办公室主任等企业防线,顺利找到企业决策人,是成功开展电话拜访的前提。以下介绍 5 种常见方法:

1. 方法一:慎用专业词汇,打造良好的第一形象

> **【错误案例】**
> 甲:您好!我是 A 公司的小王,我们公司最近推出了 USB3.1 接口设备,它的传输速度为 10 Gbit/s,三段式电压为 5 V/12 V/20 V,最大功率为 100 W,新型 Type C 插型不再分正反……
> 乙:什么是 USB?
> 甲:USB 是通用串行总线的缩写,是连接计算机系统与外部设备的一种串口总线标准,也是一种输入输出接口的技术规范,被广泛地应用于个人电脑和移动设备等信息通信产品……
> 乙:我们这里不需要插座,你往五金店打吧!(挂电话)

> **【正确案例】**
> 甲:您好!我是 A 公司的小王,我们公司最近推出了 USB3.1 接口设备,方便连接鼠标和键盘等,体积小,携带方便,最多可连接 127 种外部设备,将大大提高办公效率。您帮我转一下经理电话吧!
> 乙:哦,你稍等一下!

2. 方法二：利用模糊资讯，防止泄漏业务底牌

【错误案例】

甲：您好！我是A公司的小王，我们公司最近牵头组织了一次大型旅游产品品牌推介会，特邀你们经理参加，麻烦您告诉我一下经理的联系方式，谢谢！

乙：哦，都有哪些活动？会务费多少？

甲：活动很多啊，知名庐山旅游产品介绍、参观东林大佛、与领导们合影……我们按照国家标准，会务费统一开具发票，每人1880元……

乙：哦，我们经理没空。（挂断电话）

【正确案例】

甲：您好！我是A公司的小王，我们公司最近牵头组织了一次大型旅游产品品牌推介会，特邀你们经理参加，麻烦您告诉我一下经理的联系方式，谢谢！

乙：哦，都有哪些活动？会务费多少？

甲：目前公司还没有对外发布会议议程，因为我们作为旅游城市，如何让外界更多人知道我们、了解我们的文化是关键，我们当地旅游产品开发商很多，参会的名额有限，考虑到贵公司的影响力，我们才优先联系您的！

乙：哦，好的，我们经理的电话是……

3. 方法三：制造特征事件，得到决策人的姓名或电话

【正确案例】

甲：您好！我是A公司的小王，最近我和你们公司张总在展销会上见过一次面，张总对我们研发的××产品很感兴趣，我现在手头有赠品，想给张总快递一份过去，麻烦您提供一下张总的联系方式，谢谢！

乙：张总的电话是……

4. 方法四：当总机说"不"时，转向其他部门

【错误案例】

甲：您好！我是A公司的小王，我想找一下贵公司的经理商谈更换多功能收银机的事情，麻烦您提供一下经理联系方式，谢谢！

乙：对不起，我们不提供公司领导人联系方式。

甲：麻烦您帮帮忙吧！

乙：真对不起，公司有规定，我们不能提供领导人联系方式。

【正确案例】

甲：您好！我是A公司的小王，我想找财务科，麻烦您转接一下财务科，谢谢！

乙：你刚才不是在找我们总经理，怎么又找财务科？

甲：是这样的，我刚打电话回公司，公司告诉我，我们公司领导在你们财务科谈业务呢！

乙:好吧！（转接财务科成功）

甲:您好！我是A公司小王,听说我们陈经理在您那里,可电话一直打不通,我想找一下我们经理！

丙:没有这个人。（语气比较平淡）

甲:哦,这样啊,可能我们经理去了你们经理办公室了,麻烦您告诉我一下你们经理电话,我有急事找一下我们经理,麻烦您了！

丙:哦,我们经理电话是……

5. 方法五:引导接线人,"封杀"更多的提问

【正确案例】

甲:您好！我是A公司的小王,我们了解到贵公司的一些消息,想跟你们经理核实一下,麻烦您提供一下经理的联系方式,谢谢！

乙:对不起,我们不提供公司领导人联系方式。

甲:这可事关公司的名誉和利益！

乙:好的,我们总经理电话是……

【微课】我的热情势不可挡——客户获取之电话拜访绕障碍技巧

（三）设计开场白

1. 初次拜访客户

【案例】喂,您好！李先生吗？不好意思在这个时候打扰您,我是××有限公司市场部业务代表××,我们有非常丰富的LED产品,包含室内产品和室外产品。今天我打电话过来的原因是我们的产品已经被很多销售商、工程商所认可,能够为他们提供目前最高效的售后服务,而且我们还给他们带来很多利益。为了能进一步了解我们是否能为您服务,我想请问一下您目前是否代理其他公司的产品和服务？

2. 对之前有过联系的客户拜访

【案例】王先生,你好！我是××有限公司的××,您在一个月前给我们打过咨询电话询价,我们也提供给您一些产品报价及参数,很久没和您联系了,也没有多征求您的意见,这是我们的疏忽。此次打电话给您,想询问您对我们的产品和服务有什么宝贵的意见和建议？刚好我们网站新改版,欢迎您登录看看,原网站的一些问题由于像您一样的客户积极反馈,这些问题在新版中已经得到解决了,希望您再给我们提出宝贵的意见和建议！

【职场小贴士】开场白设计的关键点在于引起客户的兴趣。通常可以从以下几个方面设计：陈述你打电话的意图或价值；强调自己的产品与服务的与众不同；陈述刚刚服务过的客户或同行公司；谈及客户熟悉或感兴趣的话题；适时地赞美对方。

【想一想】以下的情景主要是从哪方面来引起客户的兴趣的？

情景一：一位锅炉推销商对准顾客说："使用我们的高效节能锅炉，将节约能耗30%，使你的工厂每年节省资金30万元。"

情景二："恭喜您，李总！我刚在报纸上看到您的消息，祝贺您当选为十大杰出的企业家。"

情景三："李厂长，××集团的张总采纳了我们的建议后，公司的营运状况大有起色。您一定也不想错过我们给您提供的诸多建议……"

（四）推介你的产品

熟悉产品的优缺点、属性、规格、型号、使用对象、材料材质、制造过程，以及与竞品相比的优劣势等，充分展示自身产品的优势，增强客户对产品的信心。

【职场小贴士】客观评价竞品，不要恶意贬低别人，抬高自己的产品。

（五）克服异议

电话拜访中遭到客户拒绝是常见的事情。客户拒绝的主要原因有：没时间，资金紧张，对原来的供应商比较满意。如何克服客户的异议呢？

1. 针对"没时间"的异议

（1）提出让对方完全认可的约见你的理由。

（2）暂时放弃，改天再约。

（3）再约时，让对方主动说出其什么时候有空，或从对方的回答中判断出其什么时候可能有空。

【职场小贴士】再约时，最好主动提出"二选一"封闭式的时间邀约。如"您看明天上午10点后，还是下午3点后过来拜访您呢？"一般情况下，客户会顺着客服人员的思路，从中选择适合自己的时间。

【案例】克服异议——没时间

客服代表：王总，您好！我是××公司的销售客服人员，我想去拜访您，您看可以吗？

客户：这个月我太忙，没时间见你。

客服代表：那好，我以后再与您联系吧。再见！

客服代表估计下个月客户可能有空，于是一个月后又拨通了客户的电话。

客服代表：王总，您好！我是××公司的小李，上个月与您通过电话，当时您说很忙，所以这个月我又打电话过来了，我想明天上午9点到您办公室拜访您。

客户：对不起，我有一个重要的会议要参加，可能没时间见你。

客服代表：王总，您几点开会？我想在您开会前见见您，只占用您几分钟时间，不会耽误您的会议。

客户：好吧。你明天上午8点半到我办公室，给你10分钟会面时间。

客服代表：好！谢谢王总！明天见。

2. 针对"资金紧张"的异议

（1）动员企业启用备用金。你的产品或服务必须是极具吸引力的，这样才能说服对方动用备用资金。

（2）提供其他结算方式，如分期付款等。

（3）改变合作模式，如从购买转为租赁产品或服务。

【案例】克服异议——没有资金

客服代表：王总，您好！我们公司推出了一款新产品，这款新产品在性能上比旧产品更好，据用户反映性价比不错，估计您公司用得上。

客户：张先生，真对不起！您的产品听起来很吸引人，但我们已经用完了年度预算，请您到年底再同我们联络。

客服代表：王总，我很遗憾同您联络得太晚了。不过我还没告诉您，公司考虑到咱们之间长久以来良好的合作伙伴关系，特地为贵公司量身制作了租赁销售模式。如果您感兴趣的话，下星期我把我们的产品说明书和租赁销售的方案拿来请您过目，行吗？

客户：哦，这样啊，下周你再联络我吧。

客服代表：王总，您下周二上午还是下午有空，我把资料给您送过去。

客户：那你下周二上午8点半到我办公室。

客服代表：好！谢谢王总！下周见。

3. 针对"对原供应商比较满意"的异议

着重宣传自身产品及经营模式的优势，出奇制胜。比如产品的性能优越、利润高，提供免费广告宣传，支付全部或部分产品的特别推广费用，销量不好时可以退货等。

【案例】克服异议——对原供应商比较满意

客服代表：王总，您好！我是××公司的销售客服人员，最近我们公司推出了一种新型榨油机，我可以给您介绍一下吗？

客户：我们一直使用××牌子的榨油机，效果不错，我看你就不必介绍了吧！

客服代表：不过，王总！它与您以往使用的榨油机不同，这是一种高效能榨油机，它采用了国际先进技术，特点是：省电、省时、出油率高。这可以为您节省不少运营成本，我这里有相关的参数资料，我给您传过去一份看看。

客户：噢！是吗？那你先传过来一份，我看看再说吧。

客户收到传真资料，粗略地浏览了一下，发现正如推销员所说的那样，而且上面还有国家的质量认证书，他认为这种产品与自己原有的生产设备相比具有明显的优势。于是客服代表第二天再打电话过来的时候，客户直接约定了面谈的时间和地点。

（六）达成一个约定

电话拜访，一般来讲就是为了和客户达成一个约定，为后续的直接拜访做准备。

一旦客户对销售人员所提供的产品或服务感兴趣，会流露出想试试看、想进一步了解的想法，一旦销售人员捕捉到这样的信息时，一定要趁热打铁敲定面谈的时间和地点。有必要时，在约定的时间的前一天打电话再次确认一下，以免客户"贵人多忘事"，自己白跑一趟。

二、电话拜访的技巧

（一）有较强的心理承受能力

作为客户开发人员首先要克服自己对电话拜访的恐惧或排斥及心理障碍，勇敢地跨出第一步。并不是人人都具备较强的心理承受能力，除具备专业知识及素养外还需具有超人的耐力及敏锐的观察力。

（二）保持愉快心情

在进行电话拜访时，尽管对方看不见你的表情及态度，但会将你的声音作为第一印象来判断。所以，保持愉快心情才能有悦耳的音调，同时也可减少对方的排斥感，如此便能做到有亲和力。

（三）运用适当的问候语

适当的问候语能拉近彼此的距离，使对方认为我们是朋友，而非只是电话客服人员。通常在电话拜访时应注意以下几点：

（1）在周一，通常每一个人都会很忙，且上班族最不喜欢的也是这一天，所以在这一天不要太早做电话拜访，避免花许多时间却得不到理想的成绩。

（2）依不同行业调整电话拜访时间。

（3）在电话拜访时应对此行业有初步的认知，规划好可电话拜访的时间。

（4）若已知对方职务，直接称呼对方职务会使对方有被重视感。

（5）访问结束时，应表达感谢之意，并说声"对不起，耽误您不少时间"。

（四）说好开口的第一句话

在电话拜访中，常会遇到如下的状况：

（1）总机不愿转接：先说声谢谢并挂掉电话，待整个拜访计划大致完成后再重新打，有可能当时他人正在忙或心情不好。

（2）对方表示相关业务已有专人负责：婉转询问对方状况，并研判是否另找时间再度进行电话拜访。

（3）对方表示无专人负责：将对方基本资料询问完整，以便日后再度进行电话拜访。

（4）专人不在：请对方告知负责人之全名及职务，并了解通常何时会在。

（5）拨不通或无人接：应通过查询台（如114）查询对方电话是否有误。

（6）不愿多谈即将电话挂掉：另找时间进行电话拜访，并检讨自己的表达方式或时机是否合适。

（五）及时完成客户资料卡的填写

成功的第一步已踏出，接下来要考虑的是该如何完成一份完整的客户资料卡。
(1) 应保持客户资料卡书写工整。
(2) 将访谈重点摘录出来。
此外，还要注意的事项有：
(1) 填完客户资料卡后应加注电话拜访日期及电话拜访人员姓名；
(2) 询问对方主要销售或制造的产品的内容及行业类别；
若有可能则进一步询问对方企业状况、产品需求及对其他供应厂商的印象。
电话拜访的大约流程如下：收到电话拜访资料后先略整理→做好准备并调适心情→开始电话拜访→每拜访完一个客户即填写一张客户资料卡。

（六）做好心理调适

(1) 一般人认为电话拜访是一件简单的不得了的工作，但事实并非如此，要真正做好电话拜访是一件相当不简单的事，所以不妨告诉自己在从事一项"伟大"的工作。

(2) 电话拜访工作，并不如一般工作那样，只要付出同等努力便可得到同等价值的掌声，而有可能是付出十分努力只得到一分掌声。但不要灰心，只要努力不懈，说不定这一分的掌声所带来的是更高的成就感及满足感，为何不勇于向自己挑战？成功的电话拜访人员在未成功前所遭受的挫折感是相当大的，所花的时间之多也是无法想象的。

(3) 许多公司会通过电话拜访来筛选有希望合作的潜在客户，而电话拜访人员的素质不一常会因此造成一些困扰。如受访对象一听是要做电访，不是把电话挂掉便是推说没空，此时电话拜访人员不可因被挂几通电话而沮丧，因为一位成功的电话拜访员他在成功前不知被挂了多少次电话，即便在成功后仍有可能被挂电话。

(4) 如果碰到受访者语气不好时，更应维持自己的好语气，不要受这种情绪波动的影响，礼貌性地将电话挂掉，并重新确定下一次的电话拜访日。

(5) 遇到滔滔不绝的受访者时，切记不要与对方闲聊，应尽快切入访谈重点，婉转暗示对方此次电话拜访的目的，并适时将通话结束。

(6) 如果遇到一位不肯开口的受访者时，就要开展耐力战，使对方在不知不觉中说出我们所要获得的信息。

(7) 不要一开始就抱着太高的成功期望，但也不需要抱着一定失败的心理，两者应各占50%。没有一件事是绝对的，凡事都有变数。期望太高，失败后不容易重新开始；期望太低，也不易品尝到成功的滋味。

(8) 电话拜访人员应将被挂电话或被对方拒绝当做一种磨炼，进而做到自我提升，如此会有所进步。

(9) 如何才算成功，这是很难下定义的。不妨给自己一段时间完成自己心中所欲达成的目标，量力而为，工作起来才会愉快。

三、直接拜访的步骤

(一) 拜访前的准备

与客户进行面对面的沟通是迈向成功的第一步。只有在充分的准备后拜访客户才能取得成功。那么,如何成功地进行上门拜访呢?

1. 形象准备

"只要肯干活,就能卖出去"的观念已经过时了! 取而代之的是"周详计划,省时省力!"拜访时的参与者只有客户,要想取得进步,首先要以挑剔的眼光看待自己的努力,然后决定做什么。

上门拜访客户尤其是第一次上门拜访客户,双方难免相互存有一点儿戒心,不容易放松心情,因此,我们要特别重视留给别人的第一印象,成功的拜访形象可以助你一臂之力。

(1) 外部形象:服装、仪容、言谈举止乃至表情动作上都应力求自然,保持良好的形象。

> 【职场小贴士】"第一印象的好坏,90%取决于仪表",上门拜访要想成功,就要选择与职业相适应的服装,以体现专业形象。通过良好的个人形象向客户展示品牌和企业形象。最好的形象是统一穿公司服装,让客户觉得公司正规,企业文化良好。男士上身穿公司统一上装,戴公司统一领带,下身穿深色西裤,穿黑色平底皮鞋,不留长发,不染发,不佩戴任何饰品。女士上身穿公司统一上装,戴公司统一领带,下身穿深色西裤或裙子,穿黑色皮鞋,不散发,不染发,不佩戴任何饰品。

(2) 控制情绪:不良的情绪是成功的大敌,我们要学会控制自己的情绪。

(3) 投缘关系:清除客户的心理障碍,建立投缘关系就相当于建立了一座可以和客户沟通的桥梁。

(4) 诚恳态度:"知之为知之,不知为不知"这是古语告诉我们的做人的基本道理。

(5) 自信心:信心来自于心理层面,只有做到"相信公司、相信产品、相信自己",才能树立较强的自信心。

2. 计划准备

(1) 计划目的:由于我们的销售模式具有连续性,所以上门拜访的目的不仅是推销产品,还要推销自己和企业文化。

(2) 计划任务:营销人员的首要任务就是短时间内把自己"陌生之客"的立场转化成"好友立场"。脑海中要清楚与客户进行电话沟通时的情形,对客户性格做出初步分析,选好沟通切入点,计划好推销产品的数量,最好提供打电话、送函、沟通一条龙服务。

(3) 计划路线:按事先规划好的路线来进行拜访,制定访问计划。今天的拜访是昨天的延续,又是明天的起点。销售人员要做好路线规则,统一安排好工作,合理利用时间,提高拜访效率。

(4) 计划开场白:如何进门是我们遇到的最大的难题,好的开始是成功的一半。

3. 资料准备

"知己知彼,百战不殆。"要努力收集客户资料,要尽可能了解客户的情况,并把所得到的信息加以整理,当做资料。你可以向别人请教,也可以参考有关资料。作为营销人员,不仅仅要获得潜在客户的基本情况,例如:对方的性格、教育背景、生活水准、兴趣爱好、社交范围、习惯嗜好以及要好的朋友的姓名等;还要了解对方目前得意或苦恼的事情,如乔迁新居、结婚、喜得贵子、子女考取大学,或者工作紧张、经济紧张、充满压力、失眠、身体欠佳等。

4. 工具准备

"工欲善其事,必先利其器。"一位优秀的营销人员除了具备锲而不舍的精神外,一套完整的销售工具是绝对不可缺少的。调查表明,销售人员在拜访客户时,充分利用销售工具可以降低50%的劳动成本,提高10%的成功率。销售工具包括产品说明书、企业宣传资料、名片、计算器、笔记本、钢笔、价格表、宣传品等。

5. 时间准备

若提前与客户预约了时间,则应准时到达,到得过早会给客户增加一定的压力,到得过晚会给客户传达"我不尊重你"的信息,同时也会让客户产生不信任感,最好是提前5~7分钟到达,做好进门前的准备工作。

6. 内部准备

(1)信心准备:事实证明,营销人员心理素质的好坏是拜访成功与否的重要因素,要突出自己最优越的个性,让自己人见人爱,还要保持积极、乐观的心态。

(2)知识准备:上门拜访是销售活动前的热身活动,这个阶段最重要的是制造机会,而制造机会的方法就是提出对方关心的话题。

(3)拒绝准备:大部分客户是友善的,换个角度去想,通常在接触陌生人的初期,每个人都会本能地抗拒和产生保护自己的言行,这并不是真正讨厌你。

(4)微笑准备:如果你希望别人怎样对待你,你首先就要怎样对待别人。

> 【职场小贴士】即使是把一张纸当做赠品,亦可获得客户的好感;如果连一张纸也没有,笑容就是最好的赠品。

7. 拜访的十分钟法则

(1)开始十分钟:我们与从未见过面的客户之间是没有沟通过的,因此,开始的十分钟很关键,这十分钟主要是为消除陌生感而进行的沟通。

(2)重点十分钟:熟悉了解客户需求后自然过渡到谈话重点,为了避免客户产生戒心,千万不要超过十分钟。这十分钟主要是通过情感沟通了解客户是否是我们的目标客户。

(3)离开十分钟:为了避免客户反感导致拜访失败,我们最好在重点交谈后十分钟内离开,给客户留下悬念,使其对产品及企业产生兴趣。

(二)确定进门

1. 敲门

进门之前应先按门铃或敲门,然后站立门口等候。敲门以三下为宜,声音有节奏但不要过重。

2. 询问

"××叔叔在家吗?""我是××公司的小×!"主动、热情、亲切的话语是顺利打开客户家门的金钥匙。

3. 态度

进门之前一定要显示出自己诚实大方的态度,同时避免傲慢、慌乱、卑屈、冷漠、随便等不良态度。

4. 注意细节

严谨的生活作风能代表公司与个人的整体水准,千万不要让换鞋、放雨伞等小细节影响拜访工作效果。

> 【职场小贴士】进门注意事项
> (1) 约会时间不迟到;
> (2) 擦净鞋底进房间;
> (3) 征得同意才落座;
> (4) 入乡随俗不能忘;
> (5) 不要忽略身边的人;
> (6) 乱堆乱放不应该。

5. 赞美及观察

在拜访过程中会遇到形形色色的客户,每一个客户的认知观和受教育程度是不同的,但有一件事需要强调,即"没有不接受产品和服务的客户,只有不接受推销产品和服务的营销人员的客户"。客户都是有需求的,区别在于选择哪一种品牌的产品或服务而已。

(1) 赞美。人人都喜欢被他人赞美,这叫做"标签效应"。赞美是最有效的销售武器。

> 【案例】话语:"您家真干净""您今天气色真好"。重点词:房间干净,房间布置,客户气色、气质和穿着。
> 赞美的层次:
> 赞美分为直接赞美(××,您看上去真年轻)、间接赞美(××,墙上那照片是您儿子吧,一定是个知识分子,相信阿姨一定是个教育有方的好妈妈)、深层赞美(××,您看上去真和蔼,像我妈妈一样善良、温和)三个层次。

> 【知识拓展】赞美的主题
> (1) 赞美客户的声音、外貌、穿着打扮;
> (2) 赞美客户的专业、学识;
> (3) 赞美客户的工作或单位。

> 【职场小贴士】赞美的主旨是真诚,赞美的大敌是虚假。赞美是一种非常好的沟通方式,但不要作夸张的赞美,夸张的赞美只能给人留下不好的印象。

【练一练】对于身边的同学,请主动赞美一下。看谁最真诚、最具体、最令大家信服?

(2) 观察。你站在一户人家门前的时候会对这户人家产生一种这是自己家的感觉,这种感觉被称为"家庭的味道",这种味道不是用嘴来品尝的,而是用眼睛来观察的。通过观察可以了解客户的身份、地位、爱好等,从而确认其是否是目标客户。

观察六要素:门前的清扫程度,进门处鞋子的摆放情况,家具摆放及装修状况,家庭成员及气氛,对宠物、花、鸟、书画等的爱好状况,屋中杂物摆放状况。

> **【案例】以观察为基础的判断**
>
> （1）如果这位客户家装饰精美，房屋面积很大，家里很干净，还有一个保姆等，可以确定这位客户是一个较为富有的人，营销人员可以充分地与其沟通。
>
> （2）如果这位客户家装饰普通，房屋又小，地面又不干净，几个子女与其住在一起，可以确定这位客户并不是一个富有的人，营销人员可以适当围绕重点沟通。
>
> （3）如果这位客户房屋装饰具有古典风格，可以说明这位客户是一个很有修养的人，素质较高，文化底蕴丰富，营销人员可以与其充分地沟通。

（三）设计开场白

1. 开场白的结构

提出议程、陈述议程对客户的价值、时间约定、询问是否接受四个部分。

> **【案例】** 王经理，今天我是专门来向您了解你们公司对甲产品的需求情况的（这是第一部分：提出议程），通过了解你们明确的需求后，我可以为你们提供更方便的服务（这是第二部分：陈述议程对客户的价值），我们谈的时间大约只需五分钟（这是第三部分：时间约定），您看可以吗？（这是第四部分：询问是否接受）

> **【职场小贴士】** 注意开场白的四个部分，可以根据实际情况，灵活变动顺序，如对方很明了你的来意时，可以省略部分哟！

2. 开场白的方式

开场白的方式，有赞美式开场、提问式开场、感谢式开场、送礼式开场、转介绍式开场、故事式开场等，下面重点介绍前三种：

（1）第一种：赞美式开场。

> **【案例】赞美无敌**
>
> 小王：郑老板，您好！我是南方电子公司的销售人员小王，前天跟您约好了今天过来拜访您，耽误您几分钟，您看可以吗？
>
> 郑老板：哦，您好！这个点我不忙。
>
> 小王：看来我来得正是时候啊！我是本地区的销售人员，经常光顾你的商店。您的商店生意一直这么红火，实在不简单。
>
> 郑老板：您过奖了，生意并不那么好。
>
> 小王：您的店员对客户的态度非常亲切。郑老板对员工的教育和训练一定非常用心。我也常常到别的商店，但像服务态度这么好的商店实在是少数。对面的张老板，对您的管理经验也相当钦佩。
>
> 郑老板：张老板是这样说的吗？张老板经营的商店也是非常好，事实上他一直是我学习的对象。
>
> 小王：郑老板果然不同凡响，张老板也是以您为模仿对象的。不瞒您说，张老板昨天换了一台新功能的收银机，非常高兴，才提及郑老板的事情。因此，我今天才来打扰您！

郑老板：哦！他换了一台收银机啊？

小王：是的。郑老板是否也考虑更换新的收银机呢？目前您的收银机虽然也不错，但是如果能够使用一台功能多、速度快的新型收银机，让您的客户免去排队的麻烦，那么他们将会更加喜欢光顾您的商店。郑老板，请您考虑一下：是否需要买一台新的收银机？

（2）第二种：提问式开场方式。

【案例】我问、问、问

小王：张总，您好！我是南方设备公司的销售人员小王，前天跟您约好了今天过来拜访您，耽误您5分钟，您看可以吗？

张总：哦，小王，你好！可以的！

小王：张总，您的企业处在快速发展期，您希望降低20%的原料消耗吗？

张总：当然想啊！

小王：张总，企业的人工成本占到企业总成本的20%—30%，您知道同行业的李总他们企业的人工成本只有15%左右吗？

张总：只知道他们使用了最新的裁剪设备，但节约这么多成本还真不清楚。

小王：陈氏智能裁剪设备，您了解过这种新型设备吗？

张总：还没有！

小王：这就是我们公司最近研发的高科技产品（同时将设备宣传册展示给客户），公司派我特地来拜访您，这种产品一定会给您带来意想不到的收获。

（3）第三种：送礼式开场方式。

【案例】礼轻义重

小王：李姐，您好！我是余工装饰公司的小王，昨天联系过您的，今天特定过来拜访您，听说您有一个十分可爱的小女儿，这次路过玩具店的时候特地为孩子带来了这个布娃娃，我想她一定会喜欢。

李小姐：谢谢，让您费心了。

小王：李姐，我登门来打扰您，主要是看看您认为我们公司的设计方案还有哪些需要改进的地方。我们沟通完后，将为您提供完整的效果图，您将对未来的新家有个更直观的了解，如果还有不完美的地方，我们会再次完善。

李小姐：好的，你现在给我讲解一下目前的方案吧。

【微课】我的"表白"你可接受——客户获取之直接拜访开场白设计技巧

（四）有效提问

我们的目的是让客户主动和我们进行有效的沟通，因此，有效的提问就尤为重要。

1. 提问的目的

通过沟通来了解我们的客户是不是我们所要寻找的目标客户。

2. 提问要点

只有清楚谈话目的,熟悉自己的谈话内容,交流时才有信心。若要预测是否能给对方留下良好的第一印象,应努力在见面最初的 15～45 秒的开场白中进行提问。

3. 寻找话题的技巧

(1) 仪表、服装:"××,这件衣服料子真好,您是在哪里买的?"客户回答:"在××买的。"营销人员就要立刻有反应,客户在这个地方买衣服,一定是较为富有的人。

(2) 乡土、老家:"听您口音是××人吧!我也是……"营销人员不断以这种提问拉近关系。

(3) 气候、季节:"这几天热得出奇,去年……"。

(4) 家庭、子女:"我听说您家女儿是……"营销人员了解客户的家庭情况。

(5) 饮食习惯:"我发现一家口味不错的餐厅,下次咱们一起尝一尝。"

(6) 住宅、摆设、邻居:"我觉得这里布置得特别有品位,您是搞这个专业的吗?"了解客户的工作性质并确定是不是目标客户。

(7) 兴趣、爱好:"您的歌唱得这么好,真想跟您学一学。"营销人员可以用这种提问技巧推销公司的企业文化,加深客户对企业的信任。"××老年大学中有唱歌这门课,不知你有没有兴趣参加呢?"

4. 提问技巧

(1) 先让对方喜欢自己之后再提问,向对方表示亲密之情,尊敬对方。

(2) 尽可能以对方的立场来提问,谈话时应注意对方的眼睛。

(3) 提出一些特定性问题可以展现你的专业身份,由小及大、由易及难地多问一些引导性问题。

(4) 提出二选一的问题,帮助犹豫的客户决定。

(5) 先提问对方已知的问题,再引导性地提问对方未知的问题。

(6) 切忌"事不关己高高挂起",我们如果想做成功的营销者就要学会问客户关心的问题。

【职场小贴士】提问的原则:让客户多说话,以需求为导向,以成交为目的。

【知识拓展】设计问题漏斗

一位家用健身器材的客服代表小王,在公园门口遇到了一位 50 多岁的大妈。

小王:阿姨您好,您平常喜欢哪些活动?(提出开放式问题)

客户:到公园里去锻炼锻炼身体,或者打打牌什么的。

小王:您平常很喜欢锻炼身体?(进行引申性提问)

客户:是啊!年纪大了,身体不行了,最近两年又患上了高血压,不锻炼不行啊!

小王:高血压?这可是很常见的一种老年病,尤其肥胖者最容易引起高血压!

客户:可不是吗?你看看我这腰围,都快四尺了,我不锻炼行不?

小王:可是您来回一趟公园一定很远吧?(提出封闭性问题)

客户:是啊,差不多得 20 分钟,我锻炼完身体还得回去给小孙子做午饭。

小王:如果您在家锻炼身体,那就可以省去很多麻烦。(封闭性引导)
客户:是啊,可是我在家怎么锻炼啊?家里有没有公园里的这些体育器材。
小王:我可以帮你解决这个难题,我们公司新近研制出一种高科技健骑机,它有6种运动模式,适合不同人群使用,非常方便。(产品推介,定向引导)
小王边说边把产品说明书递上,客户接过说明书仔细看了起来。

(五)倾听、推介

(1)仔细地倾听能够进一步了解客户的基本情况以及消费心理、需求,可以洞察客户产生异议的原因。以聊天的方式寻求与客户的共鸣点,让客户感到一种"错觉",认为你与他是同类型人,从而增进好感,达到产生共鸣的效果,同时可借机多了解客户的家庭背景。

(2)耐心、详细地为每一位客户介绍一些公司情况、产品机理、优惠政策,选择合适的切入点,反应要灵活,抓住精要内容引起客户的购买欲望。

(3)对迟疑的新客户,不可过分强调产品,应以促进其对产品知识的了解为重点。

(4)对一些仍未下决心的客户,千万不可勉强,这说明火候未到,可以先搁置一边,然后再沟通或当做一般客户下次再拜访。

【小故事】先有鸡还是先有蛋

有一个餐厅生意很好,老板准备扩大店面,决定提拔一位经理,于是找来3位员工。

老板问第一位员工:"先有鸡还是先有蛋?"

第一位员工想了想,答道:"先有鸡。"

老板接着问第二位员工:"先有鸡还是先有蛋?"

第二位员工胸有成竹地答道:"先有蛋。"

老板有叫来第三位员工,问:"先有鸡还是先有蛋?"

第三位员工镇定地说:"客人先点鸡,就先有鸡;客人先点蛋,就先有蛋。"

老板笑了,于是提拔第三位员工为大堂经理。

【职场小贴士】在拜访客户的过程中,一定要倾听客户谈话的重点及意图,才能清楚客户的真正需求。

(六)克服异议

1. 克服心理上的异议

我们必须学会如何面对客户心理上的异议,并了解客户心理上的异议的根源所在。

2. 化异议为动力

优秀的销售人员要明白客户的拒绝是正常反应,并不是不接受产品和服务,而是有短暂的犹豫。

3. 不要让客户说出异议

要善于利用客户的感情,控制交谈气氛,客户就会随着你的所想,不再轻易地拒绝。

4. 转换话题

遇到异议时不要一味穷追不舍,避免让客户产生厌烦感,可用转换话题的方式暂时缓解紧张氛围。

5. 适当运用肢体语言

适当运用肢体语言可以吸引客户的注意,可以很好地克服异议。

6. 逐一击破

客户为两人以上时,你可以用各个击破的方法来克服异议。

7. 同一立场

和客户站在同一立场上,千万不要和客户辩驳,否则你无论输赢,都会使交易失败。

8. 树立专家形象

学生对教师很少有质疑,病人对医生很少有质疑,客户是不会拒绝专家的。

【知识拓展】

(1) 处理客户异议的原则:事前做好充分准备,选择合适的时机,不要与客户争辩,给客户留"面子"。

(2) 处理客户异议的技巧:实证法、补偿法、赞美法、忽略法、转化法、假设法、换位法、幽默法等。

(七) 确定达成

1. 抓住成交时机

有时客户的举止、言谈已表露出成交信号,抓住这些信号就抓住了成交的契机。

2. 成交达成方式

(1) 邀请式成交:"您为什么不试试呢?"

(2) 选择式成交:"您决定一个人去还是两个人一起去?"

(3) 赞美式成交:"这款服装就是为您这种成功人士量身定制的,您还犹豫什么呢?"

(4) 预测式成交:"××肯定和您的感觉一样!"

(5) 授权式成交:"好!我现在就给您填上两个人的名字!"

(6) 紧逼式成交:"您这样的情况真应该试试我们的产品!"

(7) 激将式成交:"隔壁的老李一下买了我们10盒保健品,他可真是个爽快人啊!"

(八) 致谢告辞

1. 时间

初次拜访时间不宜过长,一般控制在20~30分钟。

2. 观察

根据当时情况细心观察,如发现客户有频繁看表、经常喝水等动作时应及时致谢告辞。

3. 简明

我们在说清楚事情之后,不要再作过多修饰。

4. 真诚

无论拜访结果是否如意,都要真诚地致谢。

> **【知识拓展】如何告辞**
> （1）遭拒绝时告辞，如："张总，虽然我们这次没能合作，希望下次能有机会，谢谢您在百忙之中抽出时间，非常感谢！再见！"
> （2）有意向时告辞，如："谢谢张总的热情接待，有关订货和付款的问题，咱们下周再约个时间好好谈谈吧！再见！"
> （3）成交时告辞，如："张总，你预定的10套产品下周三之前会送到，谢谢您为我提供登门拜访的机会，也非常感谢您接受我们的产品！再见！"

四、直接拜访的技巧

（一）营造轻松氛围

营造一个好的气氛，以拉近彼此之间的距离，缓和客户对陌生人来访的紧张情绪。例如："王经理，我是您部门的张工介绍来的，听他说，你是一个很随和的领导。"

（二）永葆真诚

虚假的东西不会长久，应该用真诚的赞美让客户永远记住你！

（三）善于倾听

初次见到客户时，不能迫不及待地向客户灌输产品情况，那样无疑将导致客户与你面谈两三分钟即表露出不耐烦的情绪。所以，陌生拜访要先学会倾听，即营销人员只是一名学生和听众，让客户扮演导师和讲演者的角色。

（四）巧妙运用询问术

在结束初次拜访时，营销人员应该再次确认一下本次来访的主要目的是否达到，然后向客户叙述下次拜访的目的，约定下次拜访的时间。例如："王经理，今天很感谢您用这么长的时间向我提供了这么多宝贵的信息，根据您今天所谈到的内容，我回去后将好好地做一个供货方案，然后再来向您汇报，我下周二上午将方案带过来让您审阅，您看可以吗？"

学 习 小 结

1. 潜在客户开发的途径和方法、资料查询法；熟人圈寻找法、连锁介绍法、光辉效应法、代理人法、会议寻找法、电话营销法、网络寻找法、市场咨询法、观察法等。

2. 潜在客户评估的原则：帕累托法则和MAN法则。

3. 电话拜访的步骤：第一步，打电话前的准备；第二步，绕障碍，找到决策人；第三步，设计开场白；第四步，推介产品或服务；第五步，克服异议；第六步，达成一个约定。

4. 电话拜访的技巧：具有较强的心理承受能力；保持愉快的心情；用适当的问候语拉近彼此之间的距离；说好开口的第一句话；及时完成客户资料的填写；做好心理调适等。

5. 直接拜访的步骤：第一步，拜访前的准备；第二步，确定进门，进行赞美与观察；第三步,设计开场白;第四步,有效提问;第五步,倾听与推介;第六步,克服异议;第七步,确定达成;第八步:致谢告辞。

6. 直接拜访的技巧:营造轻松的氛围;永葆真诚;善于倾听;巧妙运用询问术等。

学 习 检 测

1. 如何评估潜在客户?

2. 在电话拜访中,如何绕过企业的前台工作人员、秘书或办公室主任及助理等找到企业的决策人?

3. 在直接拜访中,你会从哪些方面来赞美客户,拉近彼此之间的距离?

实 践 挑 战

你作为校园京东校园馆的客户服务代表,需要开展如下实践:

1. 电话拜访实践

为了扩大并锁定校园客户,鼓励全校师生办理会员卡,特安排你根据前期收集到师生信息,进行电话拜访。

2. 直接拜访实践

以校园京东校园馆的客户交易记录为基础,去年交易排名前十的客户的资料已经收集完毕,新学期为了提升这些"大客户"的满意度,特安排你逐一登门拜访,赠送小礼品,并收集客户的意见和建议。

模块三

客户服务管理

学习思维导图

模块三 客户服务管理
- 项目四 线下客户服务管理
  - 任务一 客户服务的内涵
    - 客户服务的含义
    - 客户服务的内外部环境
    - 客户服务的流程
  - 任务二 客户服务人员的要求与素养
    - 客户服务质量要素
    - 客户对服务的基本需求
    - 心理素质要求
    - 品格素质要求
    - 技能素质要求
    - 综合素质要求
  - 任务三 客户服务技巧
    - 接待客户
    - 理解客户
    - 帮助客户
    - 留住客户
- 项目五 线上客户服务管理
  - 任务一 认识网络客户服务
    - 网络客户服务的含义
    - 网络客户服务的内容
    - 网络客户服务的作用
    - 网络客户服务的工具
  - 任务二 网络客户服务流程与技巧
    - 网络客户服务的流程
    - 售前网络客户服务
    - 售后网络客户服务
  - 任务三 网络客户服务评价指标
    - 询单转化率
    - 客单价
    - 响应速度
    - 商品退货率

项目四　线下客户服务管理

学 习 目 标

1. 知识目标
(1) 理解客户服务的内涵;
(2) 了解客户服务人员的要求和素养;
(3) 熟悉客户服务的过程;
(4) 掌握客户服务过程中的技巧。

2. 技能目标
(1) 能够正确预测客户的需求;
(2) 能够运用倾听、提问和复述的技巧理解客户;
(3) 能够管理客户的期望值以帮助客户;
(4) 能够运用留住客户的技巧留住客户。

3. 素养目标
(1) 增强服务客户的意识,提高客户服务水平;
(2) 树立正确的服务客户的态度。

引 导 案 例

在武汉市鄱阳街上有一座建于1917年的6层楼房——"景明大楼",该楼的设计者是英国的一家建筑设计事务所。20世纪末,这座楼宇在漫漫岁月中度过了80个春秋后的某一天,它的远隔万里的设计者,给这一大楼的业主寄来一份函件。函件告知:景明大楼为本事务所在1917年所设计,设计年限为80年,现已超期服务,敬请业主注意。

真是闻所未闻,80年前盖的楼房,不要说设计者,连当年施工的人,也不会有一位在世了。然而,至今竟然还有人为它的安危操心,操这份心的竟然是它最初的设计者,一个异国的建筑设计事务所!虽然只是一封简短的函件,其背后所展现的却是该公司所具有的完善的客户服务体系,正是其具备这种有效的客户服务体系使得该公司的服务不因人员的更替、岁月的流逝而改变。

工 作 任 务 导 入

小茗同学将要在学校京东校园馆实习,但是他没有在企业实践的经历,也没有接待客户的经验,面对客户有点手足无措。因此,在学习《客户关系管理实务》时,小茗同学把客户服务的四个阶段的内容技巧作为重点要掌握的内容,那么,在服务客户过程中,从接待客户、理解客户、帮助客户到留住客户的技巧又是什么呢? 带着这些问题,小茗同学开始了对本项目的学习。

任务一 客户服务的内涵

学习重难点

(1) 明确客户服务的含义及流程；
(2) 掌握客户服务的基本要求和要素；
(3) 树立正确的服务客户的态度。

内容精讲

随着市场经济的发展、市场竞争的加剧，各个企业都在努力寻找自己的核心竞争力，以取得竞争的优势，使企业不断发展壮大。但是，信息技术的广泛使用，使得信息的获取越来越便捷，这使得很多行业的产品的价格、质量和服务上的差异越来越小，因此如何在竞争中领先对手成了一个新的话题，开展良好的客户服务是解决这一问题的关键突破点。

一、客户服务的含义

客户服务是企业为了能够使自己与客户之间形成一种难忘的互动而所能做的一切工作。客户服务是营销人员展现企业形象的具体表现，热情周到的工作态度和良好的表现是必要的职业素养。要想具备良好的职业技能就需要做好充分的准备工作。营销人员在开展客户服务之前必须掌握客户的基本需求和接待客户的基本技巧。

客户服务主要体现了一种以客户满意为导向的价值观，它整合及管理在预先设定的最优成本-服务组合中的客户界面的所有要素。广义而言，任何能提高客户满意度的内容都属于客户服务的范围。

二、客户服务的内外部环境

企业的客户服务营销策略是在繁杂的市场环境之中实施的。企业成功与否取决于其所处的市场环境和企业能否快速适应环境。企业所面临的客户服务环境主要包括其所处的宏观环境和微观环境。

（一）宏观环境

企业的宏观环境包括政治与法律环境、经济环境、社会文化环境、科技与自然环境。任何国家的政府总是为了解决本国社会政治、经济等方面的问题而制定和推行一系列的路线、方针、政策，当国家政治、经济形势发生变化时，则其路线、方针、政策、法规也会相应发生变化。企业如果不能正确预测和估计这些变化，企业经营往往会一下子处于十分被动的局面，甚至破产而被淘汰。因此外部环境是企业存在的前提，国家的路线、方针、政策对企业有着直接的推动、制约和干扰作用。

(二) 微观环境

企业的微观环境是指与企业紧密相连,直接影响企业营销能力和效率的各种力量和因素的总和,包括资源提供者、中介机构、客户、竞争对手、潜在竞争对手、社会公众。对企业微观环境进行分析的目的在于掌握企业现有资源的状况,抓住直接影响企业策略制定的关键影响因素,能够有利于辨别企业在竞争中的优势与劣势,从而使企业适应市场环境的变化,创造和获得成功的机会,避免或减少可能遇到的风险。

三、客户服务的流程

对于企业来讲,一个完整的销售流程应当至少包括售前服务、售中服务和售后服务三个部分。

(一) 售前服务

售前服务是企业在客户未接触产品之前所开展的一系列刺激客户购买欲望的服务工作。售前服务的内容多种多样,主要是提供信息、市场调查及预测、产品订制、加工整理、提供咨询、接受电话订货和邮购、提供多种方便和财务服务等。在整个营销和销售系统链条中,售前服务是营销和销售之间的纽带,作用至关重要,不容忽视。

(二) 售中服务

售中服务是指在产品销售过程中为客户提供的服务。如热情地为客户介绍、展示产品,详细说明产品的使用方法,耐心地帮助客户挑选商品,解答客户提出的问题等。售中服务与客户的实际购买行动相伴,是促进商品成交的核心环节。

(三) 售后服务

售后服务是指生产企业、经销商把产品(或服务)销售给消费者之后,为消费者提供的一系列服务,包括产品介绍、送货、安装、调试、维修、技术培训等。售后服务对企业具有重要意义。

1. 树立企业形象

良好的售后服务是下一次销售前最好的促销手段,是提升消费者满意度和忠诚度的主要方式,是树立企业口碑和传播企业形象的重要途径。

2. 提高客户满意度

售后服务针对客户提出的要求提供服务,只要能达到客户提出的要求,客户的满意度就会提升。

3. 促进客户对产品的传播

客户满意后通常会持续购买自己满意的产品,以口碑宣传等方式积极进行传播,对提高产品的市场占有率和品牌的美誉度起到强有力的推动作用。若客户对服务不满意,90%的客户不会再购买该企业的产品和服务,或将他们的经历告诉身边的人。网络时代口碑宣传的传播范围则更加广泛。企业应提高产品和服务的质量,进而促进客户对产品的宣传。

四、客户服务质量要素

客户对服务质量的期望,具体有以下五个标准要素。

(一)有形度

有形度是指客服人员或企业呈现的外在形象。客户一开始看待服务时,通常是通过有形度来看待的。银行大楼给人的感觉是气派、豪华,储蓄大厅也宽敞明亮;名牌手机专卖店都设置了专门的客户体验区。

(二)同理度

同理度是指客服人员能够在多大程度上理解客户的需求和想法。客户服务工作中的同理度体现在以下三个方面:

1. 理解客户的心情

当客户需要帮助时,客服人员能很关注他,知道客户为什么着急。

2. 理解客户的要求

客服人员能够迅速地通过提问的方式,知道客户想要的是什么。

3. 客服人员的工作态度

客服人员要充分地关心和尊重客户。

(三)专业度

专业度是指企业的服务人员所具备的专业知识、技能和职业素质。如:对企业产品的专业知识、提供优质服务的能力、与客户有效沟通的技巧等。客户在选择一个企业时,往往要看这个企业是否专业。比如生病的时候,我们希望有家人、朋友来陪伴和照顾,但是当治病的时候,需要选择的是专业的医生,这就是专业度。

(四)反应度

反应度是指客服人员的服务效率和速度。客户在提出要求后,客服人员应用最短的时间帮他解决问题,客户在这方面的期望值是非常高的。

(五)信赖度

信赖度是一种品牌,一种持续地提供优质服务而形成的一种能力。当然,这种品牌不是企业一朝一夕就可以轻易地培养出来的。

【案例】中国石化的信赖度建设

中国石油化工集团有限公司,简称中国石化,是中国最大的成品油和石化产品供应商、第二大油气生产商,是世界第一大炼油公司、第三大化工公司,加油站总数位居世界第二,在2019年《财富》世界500强企业中排名第2位。中国石化坚持把人类对美好生活的向往当做企业发展的方向,致力于提供更先进的技术、更优质的产品和更周到的服务;为社会发展助力加油;坚持走绿色低碳的可持续发展道路,加快构建有利于节约资源和保护环境的产业结构和生产方式;为推进生态文明建设做贡献;坚持合作共赢的发展理念,为大家带来福祉,是人民值得信赖的品牌!这就是中国石化的信赖度。

由此可见,客户是通过有形度、同理度、专业度、反应度和信赖度来选择企业的,也是通过这五个方面来评价客户服务的质量。在这五个度当中,客户最关心的是信赖度,因为信赖度是其他四个方面的优质服务的前提。由信赖度开始选择企业,让装修设计、消费环境抓住客户的眼球,通过树立以客户为中心的理念,关心、理解、尊重客户,让客户产生宾至如归的感觉。通过专业的服务、提高服务效率和速度,进而成为客户信赖的企业。

【想一想】客户服务质量五个要素之间的关系是什么样的?

【微课】客户如何看企业服务——客户服务质量五要素

五、客户对服务的基本需求

客户服务的前期工作是了解客户信息,把握客户的基本需求。总体来说,客户一般有以下三个方面的基本需求。

(一)环境的需求

环境需求是客户对企业呈现在外的整体形象的期望与需求,是客户对周边环境所带来的感受的需要。例如,去餐厅吃饭,客户需要的是干净卫生的环境;客户逛超市,需要灯光明亮、货架整齐、商品繁多的购物环境。

(二)信息的需求

信息需求是客户对与企业核心产品或服务相关的一系列资讯方面的需求。客户需要了解产品的基本信息并需要相关信息提供的帮助。例如,去餐厅吃饭,客户会关心哪些是招牌菜、食材的新鲜度、分量、等待时长、口味、价格、是否有优惠活动等,这些都称为信息需求。

为了满足客户的信息需求,客服人员要事先做好充分的准备,同时客服人员要不断地充实自己的专业知识。因为只有掌握了专业知识,才有可能去提供令顾客满意的服务,才可能满足客户对信息的需求。

（三）情感的需求

满足客户情感需求的难度是相当大的，要做好这方面的准备工作也是相当不容易的。这就需要客服人员有敏锐的洞察力，能够观察到客户的这些需求并加以满足。如炎热的夏天，客户到汽车4S店看车，当销售服务人员热情地为客户送上一杯水时，他会觉得自己受到尊重，愿意多花点时间和销售服务人员沟通。

> **【职场小贴士】** 客服人员在认识到客户的三种需求之后，就应该根据客户的这些需求做好相应的准备工作。如果每个客服人员能根据本行业的特点做好这三个方面的准备工作的话，在真正面对客户的时候就有可能为客户提供令其满意的服务。

任务二　客户服务人员的要求与素养

学习重难点

（1）明确客服人员的要求与素养；
（2）增强客服人员提升素质的意识。

内容精讲

要提高服务质量，提供优质服务，客户服务人员的素质是关键。客服人员应具备的基本素质主要包括四个方面：心理素质、品格素质、技能素质和综合素质。只有当我们了解了客服人员应该具备的素质之后，才有可能在工作中不断地提升自我，从而做好客户服务工作。

一、心理素质要求

（一）承受挫折和打击的能力

客服人员经常会遇到一些挫折打击，比如，每天都要面对各种各样客户的误解甚至辱骂，更有甚者，客户越过客户服务人员直接向上级主管投诉，有些投诉可能夸大其词，因此，客服人员需要有承受挫折和打击的能力。

（二）积极进取、永不言败的良好心态

什么是积极进取、永不言败的良好心态？客户服务人员在自己的工作岗位上，需要不断地去调整自己的心态。遇到困难和各种挫折都不能轻言放弃，需要有一个积极进取、永不言败的良好心态。这些和团队有很大关系。如果整个客户服务的团队是一个积极向上的团队，员工在这种氛围中，很多心里的不愉快都能得到化解。

(三)"处变不惊"的应变力

所谓应变力是指对一些突发事件的有效处理能力。作为客户服务人员,每天都面对不同的客户,很多时候客户会给你带来一些意想不到的挑战。这就需要具备一定的应变力,特别是在处理一些恶性投诉的时候,要处变不惊。

(四)情绪的自我掌控及调节能力

情绪的自我掌控和调节能力是指什么呢?比如:客服人员每天接待100个客户,可能第一个客户就把他臭骂了一顿,因此他的心情变得很不好,情绪很低落。他也不能回家,因为后边99个客户依然在等着他。这时候他不能把第一个客户带给他的不愉快转移给下一个客户,这就需要掌控情绪,调整自己的情绪。因为对于客户,你永远是他的第一个。

(五)满负荷情感付出的支持能力

什么叫做满负荷情感付出呢?就是客服人员要为每一个客户提供最好的服务,不能有所保留。对待第一个客户和对待最后一个客户,同样需要付出非常饱满的热情。因为这是企业对你的要求,只有这样,客服人员才能够为企业提供良好的客户服务。

二、品格素质要求

(一)拥有博爱之心,真诚对待每一个人

博爱之心是指"人人为我,我为人人"的思想境界,能做到这一点的人不是很多。很多企业在招聘客户服务人员的时候,就专门聘用有博爱之心的人。

【小故事】两只红鞋的故事

有位女士在进一家百货公司,在进口处有一堆鞋子,旁边的牌子上写道:"超级特价,只付一折即可穿回。"她拿起鞋子一看,原价500元的漂亮大红鞋只要50元,这简直让人不可相信。她试了试觉得皮软质轻,实在是完美无瑕,她真是乐不可支。她把鞋捧在胸前,然后赶快招呼客服小姐,客服小姐笑眯眯地走过来:"您好!您喜欢这双鞋?正好配您的红外套!"客服小姐伸出手说:"能不能再让我看一下?"她把鞋交给客服小姐,不禁担心地问:"有什么问题吗?价钱对吗?"那位客服小姐赶紧安慰说:"不!不!别担心,我只是要确认一下是不是那两只鞋。嗯,确实是!""什么叫两只鞋,明明是一双啊!"她迷惑不解地问。那位诚实的客服小姐说:"既然您这么中意,而且打算买了,我一定要把实情告诉您。"客服小姐开始解释:"非常抱歉!我必须让您明白,它真的不是一双鞋,而是相同皮质、尺寸一样、款式也相同的两只鞋,虽然颜色几乎一样,但还有一点色差。我们也不知道是否以前卖错了,或是顾客弄错了,剩下的左、右两只正好凑成一双。我们不能欺骗顾客,免得您回去以后,发现真相而后悔,责怪我们欺骗您。如果您现在知道了而放弃,您可以再选别的鞋子!"这真挚的一席话,哪有不让人心软的!何况,穿鞋走路,又不是让人蹲下仔细对比两只鞋子的色泽。这位女士心里越想越得意,除下定决心买那"两只"外,不知不觉又买了几双鞋。可见,真诚地对待客户,最终能得到客户的认可,这就是诚信的力量!

（二）忍耐与宽容是优秀客户服务人员的一种美德

客服人员需要有包容心，要包容和理解客户。真正的客户服务是根据客户本人的特点使客户满意。每个客户的性格不同，人生观、世界观、价值观也会不同，所以我们要宽容地对待客户，即使客户在生活中不可能与你成为朋友，但在工作中他是你的客户，你甚至要比对待朋友还要好地去对待他，因为这就是你的工作。

（三）强烈的集体荣誉感

客户服务强调的是一种团队精神，企业的客户服务人员，需要互相帮助，必须要有团队精神。而客户服务人员所做的一切不是为了表现自己，而是为了能把整个企业客户服务工作做好，这就是团队集体荣誉感。

（四）不轻易承诺，说了就要做到

对于客户服务人员，通常很多企业都有这样的要求：不轻易承诺，说到就要做到。客户服务人员不要轻易地承诺，随便答应客户做什么，这样会给工作造成被动局面。客户服务人员必须履行自己的诺言，一旦答应客户，就要尽心尽力去做到。

（五）谦虚是做好客户服务工作的要素之一

拥有一颗谦虚之心是人类的美德。谦虚这一点很重要。如果客户服务人员不具备谦虚的美德，就会在客户面前炫耀自己的专业知识，这是客户服务中很忌讳的一点。客户服务人员要求有很娴熟的服务技巧和丰富的专业知识，但不能卖弄知识，不能把客户当成傻瓜。

（六）勇于承担责任

客户服务人员需要经常面对各种各样的责任和失误。出现问题的时候，同事之间不应相互推卸责任，而应积极解决问题，勇于承担责任。

【案例】为耐心点赞

客户：我想买一件外套，你帮忙推荐一下呗！

客服：好的，小吴乐意为您效劳。冒昧地问一下，您有什么要求吗？

客户：嗯，只要是秋天穿的就可以，你看着推荐吧！

客服：您觉得这件夹克怎么样，这是今年的新款，深受年轻人的喜欢。

客户：嗯，这款衣服看着倒是不错，只是我想买穿着感觉成熟一点的。

客服：那您觉得这款休闲服行不行呢？这是一款适合中青年穿的外套，无论是工作还是运动都适合穿着。

客户：嗯，就是感觉太休闲了一点，档次不太高啊！

客服：这样啊，那您觉得这款风衣如何呢？这是一款适合型男穿着的外套，穿上之后气质尽显。

客户：这款衣服挺不错的，我觉得可以买一件。另外，你的服务态度真好，我这个人吧，是比较挑剔的，但是，你却一直在耐心地给我推荐，真的为你的这份耐心点赞！

> 客服：您太客气了，这都是小吴应该做的。
>
> 案例分析：虽然客服人员事先询问了客户的要求，但是客户没有说明，所以导致客服人员前几次推荐的商品没有得到客户的认同。而客服人员感觉到客户的挑剔之后，并没有显得不耐烦，而是根据客户的要求，一再推荐。虽然这次沟通有些漫长，但是，客户最终得到了自己想要的商品，而客服人员则因为耐心沟通获得了客户的赞扬。

三、技能素质要求

（一）良好的语言表达能力

良好的语言表达能力是实现与客户良好沟通的必要技能和技巧。

（二）专业的电话接听技巧

专业的客户服务电话接听技巧是客户服务人员的另一项重要技能，客户服务人员必须掌握，应知道怎么接客户服务电话、怎么提问。

（三）良好的倾听能力

良好的倾听能力是实现客户沟通的必要保障。

（四）丰富的行业知识及经验

丰富的行业知识及经验是解决客户问题的必备武器。客服人员不仅要跟客户进行正常沟通，而且要成为产品的专家，能够解答客户提出的问题。如果客户服务人员不能成为专业人才，有些问题可能就解决不了。作为客户，最希望得到的就是服务人员的帮助。因此，客户服务人员要有很丰富的行业知识和经验。

（五）熟练的专业技能

熟练掌握专业技能是客户服务人员必须做到的。每个企业的客户部门和客户服务人员都需要学习多方面的专业技能。

（六）思维敏捷，具备对客户心理活动的洞察力

对客户心理活动具备较强的洞察力是做好客户服务工作的关键所在。客服人员思维要敏捷，能够洞察顾客的心理活动，这是对客服人员最基本的要求。

（七）优雅的形体语言

优雅的形体语言指举手投足、说话方式、笑容等，这些将表现客服人员的气质，并体现出客服人员的专业素质。

（八）良好的人际关系沟通能力

客户服务人员具备良好的人际关系沟通能力，跟客户之间的交流会变得更顺畅。

四、综合素质要求

(一)"客户至上"的服务观念

"客户至上"的服务观念要始终贯穿于客户服务工作中,因此,客服人员需要具备一种客户至上的整体的服务观念。

> **【案例】卓越的服务**
>
> 沃尔玛的成功,有它独到的原因。首先,沃尔玛提出了"帮客户节省每一分钱"的宗旨,而且实现了价格最便宜的承诺。同时,沃尔玛还为顾客提供超一流服务的新享受。一贯坚持"服务胜人一等,员工与众不同"的原则。其次,沃尔玛推出"一站式"购物新概念。顾客可以在最短的时间内购买到自己需要的商品,正是这种快捷的购物方式吸引了现代消费者。
>
> 沃尔玛所提供的卓越的顾客服务是沃尔玛区别于其他公司的特色所在,沃尔玛的创办人山姆·沃尔顿说过:"所有同事都是在为购买我们商品的顾客工作。事实上,顾客能够解放我们公司的每一个人。衡量我们成功与否的重要标准就是看我们让顾客(即我们的老板)满意的程度。"在沃尔玛,只有顾客才是老板,顾客永远是对的。"要为顾客提供比满意更满意的服务",沃尔玛公司真正地做到了这一点。
>
> 案例分析:沃尔玛始终坚信,"顾客第一"是其成功的精髓。其成功的秘诀就是每天每个小时都希望超越顾客的需要,时刻为顾客提供超期望的服务。沃尔玛真正做到了善待顾客,将满足顾客需求、尊重顾客、服务顾客始终放在第一位,任何时候都坚持"顾客永远是对的"的信条。这种客户至上的服务观念,推动了沃尔玛一步步走向成功和伟大。所以,客户服务人员也应该增强服务客户的意识,树立正确的客户服务的态度,时刻为客户服务!

(二)分析解决各种问题的能力

优秀的客服人员不但需要能做好客户服务工作,还要善于思考,提出工作合理化建议,有分析解决问题的能力,能够帮助客户解决一些实际问题。

(三)独立处理工作的能力

优秀的客服人员必须能独当一面,具备独立工作的能力。一般来说,企业都要求客服人员能够独当一面,也就是说,自己要能处理很多客户服务工作中的棘手问题。

(四)人际关系的协调能力

优秀的客户服务人员不但要能做好客户服务工作,还要善于协调同事之间的关系,以达到提高工作效率的目的。人际关系的协调能力是指在客户服务部门中和自己同事协调好关系。有的时候,同事之间关系紧张、不愉快,会直接影响到客户服务工作的效果。

【**想一想**】除了这四种素质要求外,客服人员还需要具备什么样的素质和要求呢?

> 【**知识拓展**】**客服人员的六大忌讳**
>
> (1) 一大忌:不热情。作为一名客服人员,把个人的不良情绪融入到工作中,那是很危险的,所以不热情、冷漠的服务态度是客户服务中最忌讳的,这就是古人所说"和气生财"的道理。
>
> (2) 二大忌:没耐心。作为一名客服人员,与不同的消费者耐心地交流是非常重要的,一位素质高的客服人员首先应具备的素质就是具有很强的耐心。
>
> (3) 三大忌:太绝对。现代市场是买方市场,同类产品、同等产品、同质同价产品非常多,所以任何产品都没有绝对的好,也没有绝对的坏,既然消费者在这么多的产品里选择我们,我们一定要客观地告诉消费者,没有绝对化的东西。
>
> (4) 四大忌:找理由。作为一名企业员工,工作中犯错误是难免的,关键在于出现错误后抱什么态度,是吸取教训还是为自己找理由或根本不当回事。俗话说得好,成功者找方法,失败者找理由,一旦出现了错误,用各种理由来为自己辩解的绝对不是好员工,这样的员工是任何一个企业都不欢迎的。
>
> (5) 五大忌:不担责。敢于承担责任的员工是任何一家企业都喜欢的,谁都有可能犯错误,家有家规、国有国法,作为公司,肯定也有公司的规章制度,员工在公司的任何工作行为都将受到公司制度的约束,如果违反了公司制度,那就得承担责任,所以不敢承担责任的员工不是好员工。
>
> (6) 六大忌:不总结。只有不断总结,才能不断提高。企业有责任要求员工进行工作总结,因为只有总结,才会发现自己的优势和劣势,才会知道自己做了什么、没做什么,哪些做得不好、为什么做得不好,哪些做得好、为什么做得好,可见工作总结更是非常重要的。

任务三 客户服务技巧

学习重难点

(1) 熟悉客户服务的过程;
(2) 掌握接待客户、理解客户、帮助客户和留住客户的技巧。

内容精讲

客户服务的过程将体现企业客服人员基本业务素质。客户服务过程包括接待客户、理解客户、帮助客户、留住客户四个方面,而且客户服务过程又是一个循环的过程。客户服务循环图如图4-1所示。

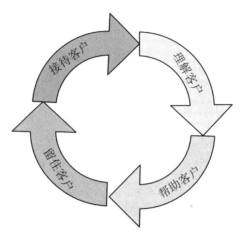

图 4-1 客户服务循环图

一、接待客户

客服人员在做好充分的准备工作后,下一步的工作就是接待客户。客服人员在接待客户时要做好以下几个方面的工作。

(一)职业化的第一印象

对客户来说,他非常关注对面的那个人带给他的第一印象究竟是怎么样的。客服人员最好让客户一眼就能判断出自己的职业,甚至职业水准,这就要从穿着入手。因此,客服人员在接待客户时一定要给客户留下一个非常好的职业化的第一印象。

> 【知识拓展】职业化的第一印象
> (1) 妆发。女性:适度化妆,扎头发;男性:适度护肤,不留长发、不染发、不烫发。
> (2) 鞋子。女性:鞋跟有一定高度,最好不要穿平底鞋;男性:皮鞋。
> (3) 服装。职业装:白衬衫、西服、西裤。
> (4) 个人清洁。毛发清洁、脸部清洁、耳部清洁、鼻部清洁、眼部清洁、口部清洁。

(二)欢迎的态度

客服人员的态度对客户来说是非常重要的,一开始就应该把握好以怎样的态度去接待客户,这将决定整个服务的成败。所以,对于客服人员来说,在接待客户时,一定要发自内心地展现微笑,要以一种欢迎的态度对待你的客户。

【想一想】你能辨别真笑、假笑吗?

(三)关注客户的需求

客服人员要关注客户的需求,包括环境需求、信息需求、情感需求,主动满足客户的需求。

【微课】没有人比我更懂你——接待客户阶段之预测客户需求

（四）以客户为中心

客服人员应该以客户为中心，时刻围绕着客户。如果客服人员在为某个客户提供服务时，有人有急事找客服人员，这个时候客服人员必须先跟客户说"非常抱歉，请您稍等"，然后才能走开，处理完毕后应马上回去继续为其服务。这样做让客户感受到你在以他为中心，这一点是非常重要的。

（五）接近潜在客户

1. 巧妙的开场白

如提问题、讲故事、引意见、赠礼品。

2. 运用 FABE 销售法则

阐明产品的特征（Features）、优点（Advantages）、利益（Benefits）、证明（Evidence）。

3. 客户兴趣点

如使用价值、流行性、安全性、美观性、教育性、保健性、耐久性、经济性。

4. 精彩示范

别过多强调优点，也别过高估计自己的表现能力，要时刻观察顾客的反应。

二、理解客户

理解客户的主要活动包括倾听、提问和复述。

（一）倾听

倾听不仅仅要听对方的言语信息，还需要我们全面地观察、一心一意地体会对方在谈话过程中表达出来的非言语信息，适时地给予对方回应，做好相关的记录，充分地尊重对方，这就是倾听。

【小故事】小金人

曾经有个小国派使者到一个大国，进贡了三个一模一样的金人，金碧辉煌，可把大国皇帝高兴坏了。可是这小国不厚道，同时出了一道题目：这三个金人哪个最有价值？

皇帝想了许多的办法，请来珠宝匠检查，称重量，看做工，都是一模一样的。怎么办？小国使者还等着回去汇报呢。泱泱大国，不会连这个小事都解决不了吧？

最后，有一位老臣说他有办法。皇帝将使者请到大殿，老臣胸有成竹地拿着三根稻草。老臣将稻草插入第一个金人的耳朵里，稻草从另一边耳朵出来了；第二个金人的稻草从嘴巴里直接掉了出来；而第三个金人，稻草进去后掉进了肚子里，什么响动也没有。

> 故事分析:第一个小金人,聆听别人的教诲,从一个耳朵进,从另一个耳朵出,形容听完就忘,或者根本就没有认真听别人讲话;第二个小金人从一个耳朵进,从嘴里出来,这种人爱讲话,乱讲话,没有经过大脑思考;第三个小金人从耳朵听进,然后默默地记在心里。
>
> 这个故事告诉我们,最有价值的人不一定是最能说的人,但一定是一个善于倾听的人,一个把听到的东西记在心里的人。

1. 倾听的内容

倾听不但要听清楚别人在讲什么,而且要给予别人较好的感觉。那么在倾听对方说话时,客服人员需要听些什么呢?对于客服人员来说,需要听以下两点:

(1)听事实。这意味着需要听清楚对方在说什么,作为客服代表必须要有良好的倾听能力。

(2)听情感。与听事实相比,更重要的是听情感。在听清楚事实的基础上,还要分辨出客户的感情色彩,考虑客户的感受是什么,需不需要回应。

> 【小游戏】画五官
>
> 游戏规则:两位同学位一组,一名队员蒙上眼睛原地正转五圈、反转五圈。另一名队员给予蒙眼队员指令,在指定圆圈中画出眼睛、鼻子、耳朵、嘴巴。

2. 倾听的技巧

(1)清楚地听出对方谈话的重点。并不是所有人都能清楚地表达自己的想法,特别是在不满、受情绪影响的时候,经常会出现"语无伦次"的情况。而且,对方的说话方式也会为我们理解客户带来一些干扰,比如说客人的口音,所以,我们在理解客户的时候不要只把注意力放在说话人的咬舌、地方口音、语法错误或"嗯啊"等习惯用语上面,抓住谈话的重点才是关键。

(2)不要随意打断客户。在倾听过程中,不管是有意识还是无意识地打断顾客,对客户来说是非常不礼貌的,是绝对不允许的。

(3)配合恰当的表情和肢体语言。客服人员在与客户谈话的时候,对客户所说的内容关心与否直接反映在客服人员的脸上,无异于客户的一面镜子,这就需要客服人员在表情和肢体语言上给予配合,但是一定要牢记,切不可过度地卖弄,比如过于丰富的面部表情、手舞足蹈、拍大腿、拍桌子等都是不可取的。

(4)必要的记录不可少。在倾听客户谈话时,如果客户说的内容相对简单,那用耳朵听、用心记就好了,但是如果谈话的内容相对复杂,那么记录是必不可少的。

【微课】你会"聽"吗——理解客户阶段之倾听技巧

(二)提问

与客户沟通交流时,客服人员直接问一句,客户直接回答一句,就能解决问题的话,那真是再好不过了,但与客户交流中的提问和回答并不是"我来问、你来答"这么简单。著名哲学家苏格拉底说:"其实我一无所知,我只是善于提问而已。"学会提问需要从提问的方式、提问的原则和提问的设计三方面入手。

【想一想】在沟通过程中,如何恰到好处地提问、如何巧妙而又灵活地回答客户的问题,是大多数人都担心的事情,因为一旦提问不当、回答出错,就有可能导致整个谈话失败。那么,你善于提问吗?

1. 提问的方式

提问的方式包括两种,分别是:开放式问题和封闭式问题。

(1)开放式问题的回答范围没有被限定,客户可以比较自由地把自己的观点讲出来。开放式问题可以帮助客服人员了解一些情况和事实。比如:有什么需要我帮忙的吗?这部电影给你留下的最深刻的印象是什么?这些都是开放式问题。

(2)封闭式问题旨在帮助客户进行判断,客户面对封闭式问题的时候只需回答是或不是。比如:您喜欢这件衣服吗?你想找的是这本书吗?这些就是封闭式问题。

2. 提问的原则

客服人员提问时要以客户需求为导向进行提问,了解客户的需求进而满足客户,就可以达到成交的目的。所以,提问的原则就是要以需求为导向、以成交为目的。

3. 提问的设计

为了了解客户的需求达到成交的目的,客服人员在提问的时候要进行问题的设计,展开漏斗式提问,即提问的问题由开放式问题开始慢慢过渡到封闭式问题。一般情况下,提问由开放式的问题开始,这样会使气氛变得自然、融洽,可以表示对对方的尊重,也可以避免由于客服人员的提问过于局限而忽略客户的一些需求。然后进行封闭式问题的提问,进一步确定客户的需求。开放式问题和封闭式问题交互使用,就会迅速地判断出客户的真正需求,进而达成交易。

所以,客服人员在提问时,应该采用漏斗式提问方式,将开放式问题和封闭式问题交互使用,以需求为导向,了解客户的需求,最后达到成交的目的。

【微课】我来问,你来答——理解客户阶段之提问技巧

(三)复述

复述就是把听到的事实和感受到的情感用自己的话语重新叙述出来。

1. 复述的内容

复述的内容包括两个方面:一方面是复述事实,另一方面是复述情感。这与倾听的内容是相同的,因为复述也就是把你所听到的内容重新叙述出来。

(1)复述事实。对客户讲述的内容进行总结,凝练出要点。

(2)复述情感。需要描述出客户的心情,并表示理解,这要求客服人员能对情感词语精准把握。复述情感就是对于客户的观点不断地给予认同,比如,您说的有道理,我理解您的心情,我知道您很着急,您说得很对,等等。这些都是情感的复述。

2. 复述的意义

（1）分清责任。客服人员通过复述，向客户进行确认，印证所听到的内容，如果客户没有提出异议，那么如果因此出现问题，责任就不在客服人员身上了。

（2）提醒作用。复述事实还有一个好处就是可以提醒客户是不是还有遗忘的内容，是不是还有其他问题需要一起解决。当客服人员重复完毕后，可以询问客户还有没有什么要补充的，如果客户说没有了，那就可以进入解决问题的阶段了。

（3）体现职业化素质。复述还可以体现客服人员的职业素质，不仅能体现出客服人员的专业水准，而且更重要的是让客户感觉到客服人员是在为自己服务，自己是被服务的对象，这种感觉是很重要的，在一定意义上满足了客户的情感需求。

三、帮助客户

（一）期望值的含义

客户期望值是指客户在购买、消费产品或服务之前对产品或服务的价值、品质、服务、价格等方面的主观认识或预期。

（二）期望值不同的原因

客户在接受服务的过程中对企业的环境、企业产品的质量、企业的服务能力等会产生很多种期望值，这些期望值有高有低，并不都是一样的，期望值会根据客户情况的不同而不同。是什么原因导致客户的期望值不同呢？造成客户期望值不同的主要原因有三方面，分别是：过去的经历、口碑的传递、个人的需求。

1. 过去的经历

每一个人的经历不同，导致其要求也各不一样。相对而言，经历越少的人，期望值就相应地越容易被满足，而经历越多的人，其期望值往往就不那么容易被满足。

对于一名客服人员来讲，他必须尽自己所能来满足客户。由于每一个客户的期望值不一样，当客服人员不能满足客户的期望值时他所必须做的就是降低客户的期望值，而降低别人的期望值需要具备相应的技巧。

2. 口碑的传递

身边人使用过觉得好，或是广告效果很好，会增加客户对产品的期望值。现代企业常常采用一些口碑传播营销手段，使那些对某种产品并没有相关使用经历的消费者也会有一种期望。口碑传播是导致客户期望值上升的一个重要原因。

3. 个人的需求

由于每个客户的个性不同，为人处世的方式不同，因而也会导致部分人的期望值不同。

【想一想】我们知道不同的人对同一商品或服务会有不同的期望值，但是同一个人在不同的时期，期望值会不会发生变化呢？

（三）管理客户期望值的技巧

对于一名客户服务人员来讲，必须尽全力满足客户的要求。当满足不了客户的需求时，就应该帮助客户管理他的期望值。服务过程中的技巧就是如何给客户设定一个现实、合理的期望值,也就是降低客户的不切实际期望值。客户服务人员必须对客户的期望值进行分析,并提供新的解决方案,必须要知道哪些是客户能够接受的,哪些是客户不能够接受的,这样的推荐才会有效,才能够说服客户。

管理客户期望值应该做到:首先要了解客户的期望值,其次对客户的期望值进行分析,如果不能满足客户期望值时,应及时告知客户不能满足客户期望值的理由,最后根据实际情况向客户提供有效的解决方案。需要注意的是当客户有多个期望值的时候,不仅要用到管理客户期望值的技巧,还要根据客户的情况,将客户的期望值进行排序,向客户提供最有效的方案,从而达到客户满意。

【微课】您看这样好不好——帮助客户阶段之管理客户期望值

四、留住客户

> 【案例】我一定会回来的
> 　　对于《喜羊羊与灰太狼》这部动画片,大家一定不陌生,一段时间里非常的火爆,尤其是这部动画片的反派角色灰太狼,甚至还引起了一股社会风潮:"嫁人就嫁灰太狼,这样的男人是榜样;嫁人就嫁灰太狼,这样的爱情才像样",作为反派的灰太狼不但没有被观众排斥,反而得到了大家的追捧。
> 　　除此之外,这部动画片每一集结束的标志语,就是灰太狼说的"我一定会回来的"。这句话让人印象深刻,非常能体现灰太狼"执着"的精神。
> 　　案例分析:都说客户是企业的"衣食父母",没有客户,企业是无法创造任何收益的,并不是所有的客户选择了一个产品、一个品牌、一项服务、一个企业之后,都会像灰太狼一样这么"执着",对于企业而言,如何留住客户是非常关键的问题。

客户期望受社会环境、行业环境、企业服务水平、客户自身经历等诸多方面因素的影响,并且随着影响因素的变化而变化,对其的管理也需要进行动态调整。随着时间的推移,一些在当前可能看起来合理但无法满足的需求可能会变成客户的基本期望需求,应及时进行动态调整。留住客户分为四步:第一步是检查客户满意度,第二步是向客户表示感谢,第三步是与客户建立联系,第四步是与客户保持联系。

(一)检查客户满意度

检查满意度的方式有很多,比如满意度调查问卷、淘宝客户的好评、差评以及客户对相关文章的点赞、转载、收藏、关注的数量等。标准用语是:"您看还有什么我可以为您做的吗?"

(二)向客户表示感谢

客户对客服人员提供的产品或服务很满意,进一步将达成交易,这个时候向客户表达感谢是必不可少的,比如:"感谢您对我们企业的信任""感谢您对我们长期的支持""谢谢您对我工作的支持"。

(三) 与客户建立联系

客户消费结束后,离开企业时,企业可以做一些事情,比如:邀请客户扫码关注企业、邀请成为企业会员、发放企业代金券等。这都是与客户建立联系的方式。

(四) 与客户保持联系

与客户保持联系需要做到:建立客户档案并及时更新、定期回访客户、在节假日进行问候,等等。

【微课】我还会回来的——留住客户阶段之留住客户四部曲

学 习 小 结

1. 客户服务是企业为了能够使自己与客户之间形成一种难忘的互动而所能做的一切工作。
2. 客户服务质量要素:有形度、同理度、专业度、反应度、信赖度。
3. 客户对服务的基本需求:环境的需求、信息的需求、情感的需求。
4. 客户服务人员的要求与素养:心理素质要求、品格素质要求、技能素质要求、心理素质要求、综合素质要求。
5. 客户服务过程包括接待客户、理解客户、帮助客户、留住客户四个方面。
6. 接待客户阶段:职业化的第一印象、欢迎的态度、关注客户的需求、以客户为中心、接近潜在客户。
7. 理解客户阶段:倾听、提问、复述。
8. 帮助客户阶段:期望值的含义,期望值不同的原因:过去的经历、口碑的传递、个人的需求,管理客户期望值的技巧。
9. 留住客户阶段:检查客户满意度、向客户表示感谢、与客户建立联系、与客户保持联系。

学 习 检 测

1. 试分析客户服务内外环境,并举例说明。
2. 具备什么样的素质才能成为合格的客户服务人员?
3. 客户对服务的基本需求有哪些?
4. 请结合实例详细说明客户服务过程中的技巧有哪些。
5. 请运用管理客户期望值的技巧,管理下文中客户的期望值并使其顺利购票。详细写出你们交谈的全过程,并写出管理客户期望值的技巧。

你是一名大型航空公司的话务员,接到一位客户的购票电话,通过了解,这个客户希望早晨6点前到达目的地,因为客户约了朋友8点吃早饭;同时客户希望机票能打6折;客户之所以选这家航空公司是因为不想乘坐小型航空公司的飞机,担心不安全。但是本公司6点能到目的地的飞机票只打9折,但是10点能到目的地的那班航班打6折。

实 践 挑 战

以小组为单位,模拟小茗同学在京东校园馆服务的情景,包含客户服务中的接待客户、理解客户、帮助客户和留住客户四个阶段。服务内容、人员角色分配自定。

项目五　线上客户服务管理

学 习 目 标

1. 知识目标
（1）理解网络客户服务的内涵；
（2）掌握网络客户服务的内容与作用；
（3）掌握网络客户服务的工具；
（4）熟悉网络客户服务的流程；
（5）掌握售前和售后网络客户服务的技巧；
（6）掌握网络客户服务的评价指标。

2. 技能目标
（1）能够运用网络客户服务工具；
（2）能够运用网络客户服务的技巧服务客户；
（3）能够提高客户咨询转化率、客单价及响应速度；
（4）能够降低商品退货率。

3. 素养目标
增强服务客户的意识，提高服务工作水平。

引 导 案 例

近年来，互联网和电子商务的发展带动了企业的发展，客户服务工作也拥有了新的渠道。对于依托互联网的企业而言，网络客户服务是除产品之外，企业与消费者直接接触的纽带，其意义不言而喻，而语言、习惯、文化的地区差异，对企业的客户服务提出了非常高的质量要求。网络客户服务的重要性日益突出，也势必成为企业竞争的新热点。在产品趋同化的时代，管理、渠道、营销和服务成为影响企业竞争力的重要因素，越来越多的企业已经意识到客户服务对于品牌的作用。据统计，网络客户服务做得不好，94%的客户会离去！

网络客户服务过程实质上是满足客户除了产品以外的其他派生需求的过程，因此能否做好网络客户服务，直接影响企业生存。网络客户服务将成为现代企业运营中一个不可忽略的重要环节！

工 作 任 务 导 入

小茗同学将在学校京东客服实训中心实习，工作岗位就是网络客服，但是他没有网络客服方面的实践经历和经验，不知道如何才能做一名合格的网络客户服务人员。因此，在学习《客户关系管理实务》时，小茗同学把网络客户服务的流程和技巧以及评价客户服务的指标作为重点掌握的内容。那么,作为网络客服应该具备什么知识和技能呢?带着这个问题,小茗同学开始了对这一个项目的学习。

任务一　认识网络客户服务

学习重难点

(1) 理解网络客户服务的内涵;
(2) 掌握网络客户服务的内容与作用;
(3) 掌握网络客户服务的工具。

内容精讲

一、网络客户服务的含义

网络客户服务(Online Customer Service),指企业为满足客户的需求,通过互联网利用各种网络客户服务工具开展的包括售前服务、售中服务、售后服务等一系列服务工作,它是构成网络营销的重要组成部分。网络客户服务的目的是满足客户的服务需求,客户是否满意是评价企业客户服务工作成败的唯一指标。

【想一想】你接触过哪些网络客服?

二、网络客户服务的内容

(一) 产品及服务介绍

产品及服务介绍指向客户及所有感兴趣的潜在客户,提供企业全面、详尽和即时的产品及服务介绍。客户及潜在客户再也无需像以往那样只能通过电话、传真、邮件等方式获得企业产品及服务的简单信息。

(二) 客户会员注册

提供注册服务,使来访者成为企业的会员。一方面企业可以获得一定的客户信息;另一方面,企业可以有针对性地开展营销。

(三) 优惠及服务

为客户提供产品的销售政策及举办的活动等信息,提供优惠和服务,如数量打折、现金折扣、功能折扣、保修服务等。

（四）在线调查

常年开展以客户满意度为核心的在线调查，于无声中向客户传递企业对用户的关爱。同时，通过调查还可以及时了解客户对产品的需求动态，为企业及时改进产品提供有效信息。

（五）在线投诉

互联网提供了在线投诉的功能，能让客户迅速把产品使用过程中遇到的问题反馈给企业，可以暂时缓解客户的不满情绪，这在一定程度上维护了企业的信誉。如果企业及时给予回复，可以把客户产生的不满情绪转化为客户对企业的信任。

（六）在线技术支持、培训

企业可充分利用互联网的交互功能，开展消费者在线培训，使消费者了解产品的工作原理，学会科学地识别和选择产品，通过开展在线技术支持能及时解决用户在产品使用过程中遇到的问题。

（七）在线交易

在线交易使信息服务、网络营销、各种在线支持一气呵成，大大提高了交易效率和交易的可靠性、安全性。互联网强大的信息功能又使企业和客户双方都能随时查询交易情况，需要时还可以迅速做出调整。

（八）交易安全

安全问题是制约电子商务发展的一个障碍。为解决客户的安全疑虑，企业应当提供各种安全措施。

（九）客户论坛

客户论坛提供了一个客户自由交流的空间，可让客户自由发表各自对产品的看法、使用体会等。

> **【小故事】10万元**
>
> 一位老人打电话给银行客服，很生气地质问："在你们这转账怎么这么难呢！我着急转10万块钱出去。人家在我家等着呢，如果我再转不出去的话，产品我买不着了，怎么办？"接电话的客服感觉不太对劲，就提醒了一下老人家："大爷，任何大额转账请认真核对好，请谨慎行事，小心被骗啊！"老人生气地挂了电话。第二天一人找上门来要当面感谢这位客服，说老人确实遇到骗子了，如果不及时提醒老人的话，10万块钱真的转出去了。正是客服的善意提醒，使老人避免了一场无谓的损失。网络客服的工作内容繁多，但是要以客户为中心，时刻为客户着想！

三、网络客户服务的作用

网络客户服务在企业品牌宣传、产品的销售以及售后的客户维护方面均起着极其重要的作用,不可忽视。

(一)塑造企业形象

对于企业网店而言,网络客服运用互联网手段与客户进行交流,客户可以通过网络客服更加深入地了解产品和服务;在交流中,网络客服的一个笑脸(表情)或者一句亲切的问候,能让客户真实地感受到他不是在和冷冰冰的电脑打交道,而是跟一个善解人意的人在沟通,这样会帮助客户放下戒备,从而在客户心中逐步树立起企业的良好形象。

(二)提高成交率

当客户对产品不了解的时候、当客户想进一步了解产品的时候、当客户想咨询优惠活动的时候、当客户想购买产品但又犹豫不决的时候、当客户拍下产品没有付款的时候、当客户不知道如何付款的时候等,这些时候网络客服应及时出现,通过及时地回复客户的问题、解答客户的疑虑、跟进客户下单信息从而促成客户下单,进而提高成交率。

(三)提高客户回头率

当买家在网络客服人员的良好服务下,完成了一次令客户满意的交易后,买家不仅了解了企业的服务态度,也对企业的商品、物流等有了切身的体会。当买家需要再次购买同样商品的时候,就会倾向于选择他所熟悉和了解的企业,从而提高客户再次购买的概率。

(四)更好地服务客户

如果把网络客服仅仅定位于和客户的网上交流,那么这仅仅是开展网络客户服务工作的第一步。一个有着专业知识和良好沟通技巧的网络客服人员,可以为客户提供更多的购物建议,更完美地解答客户的疑问,更快速地对买家售后问题予以反馈,从而更好地服务客户。只有更好地服务于客户,才能获得更多的机会。

【小故事】网络客户服务的重要性

董明珠是我国优秀的企业家,也是一位霸气的董事长。曾经在一次活动当中,一位女客户说:"我想在网上商城买一台晶弘冰箱,但是发现网上商城居然没有售前服务,然后我折腾了半天找不到任何帮助,最后我只能买了××的,其实挺失望的。"按照常理,董明珠会在这个时候表示歉意,并且承诺改进,但是她没有,她笑着说:"我们电商服务存在这样那样的问题,我是完全接受的,但是唯一不能接受的是你买××,所以我反过来给你提意见,你赶紧把××退掉。"

大家想一想,这位客户为什么没买晶弘冰箱呢,就是因为她发现网上商城没有售前服务,咨询无门,格力就这样流失了一位客户,所以,网络客服是非常重要的。

四、网络客户服务的工具

为了能够更好地服务客户,工具是必不可少的。网络客户服务的工具包括:常见问题解答(FAQ)、电子邮箱、网络社区、即时消息。

(一)常见问题解答(FAQ)

实施网络客户服务较好的切入点是回答客户常见问题,通过设计良好的FAQ,企业可以帮助客户解决一部分日常问题,提高解决问题的效率。FAQ既能够引发那些随意浏览者的兴趣,也能够帮助有目的的浏览者迅速找到他们所需要的信息。

FAQ的内容主要来源于客户提问,企业要搜集客户提问最多的问题。分析出客户提问的真正目的,并将问题进行汇总并整理形成FAQ清单。

从客户角度,FAQ可分为三种:针对潜在客户设计的提供产品和服务特征的FAQ,用以激发客户的购买需求;针对新客户设计的提供新产品的使用、维修信息及相关注意事项的FAQ,主要用以帮助客户解决实际问题;面向老用户设计的提供更深层次的技术细节和技术改进信息的FAQ,主要用于提高用户的忠诚度。FAQ也可以设置成两套:一套针对潜在客户和新客户,另一套针对老客户。

(二)电子邮箱

电子邮件以低廉的价格、全天候有效的特性受到企业的重视,电子邮件是企业开展客户服务过程中一个非常重要的办公工具,企业的客户服务人员可通过电子邮件向客户发送调查问卷及广告,甚至通过电子邮件进行市场开发。邮件主题要紧紧抓住邮件受众的眼球。发件人写电子邮件的时候,要站在对方立场考虑收件人会怎样看这封电子邮件,同时发件人不应对对方的回答抱过多期望,也不应对对方的回答不屑一顾。

(三)网络社区

网络社区包括论坛、讨论组等形式,企业设计网上虚拟社区的目的是让客户在购买产品后既可以发表对产品的评论,也可以提出针对产品的一些使用和维护经验,从而提高产品使用、维护水平。营造网上社区,不但可以让客户自由参与,同时也可以吸引更多潜在客户参与。

(四)即时消息

即时工具可以进行实时交谈和互传信息,还可以进行文字聊天、传送语音文件等。QQ、旺旺等聊天工具是人们喜闻乐见的在线沟通方式。

> **【知识拓展】网络客户服务岗位应具备的素质**
>
> 在与客户沟通中,客服人员要树立端正、积极的态度,有足够的耐心与热情,微笑迎客,礼貌待客,运用规范的语言,针对不同的客户采用不同的沟通技巧。
>
> 网络客服人员应具备基本能力,包括文字表达能力、资料收集能力、代码编写能力、网页制作能力、交流能力、思考总结能力、适应变化能力、终身学习能力、建立品牌能力。
>
> 网络客服应具备相关知识,包括商品知识、网站交易规则、付款及物流知识。

【微课】无处不在的网络客户服务——认识网络客户服务

任务二　网络客户服务流程与技巧

学习重难点

（1）熟悉网络客户服务的流程；
（2）掌握售前和售后网络客户服务的技巧。

内容精讲

一、网络客户服务的流程

一般大中型网店的客服人员分为售前客服、售中客服和售后客服，如图 5-1 所示。

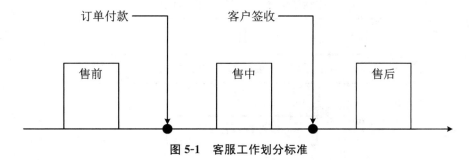

图 5-1　客服工作划分标准

（一）售前客服的工作流程

售前客服主要从事引导性服务，如客户（包括潜在客户）对于产品的技术方面的咨询。售前客服的工作流程如图 5-2 所示。从客户进店咨询到下订单、付款的整个工作环节都属于售前客服的工作范畴。

（二）售中客服的工作流程

售中客服的工作主要集中在从顾客付款到商品物流签收的整个时间段，主要负责物流工作的处理，工作流程主要概括为四个方面，如图 5-3 所示。

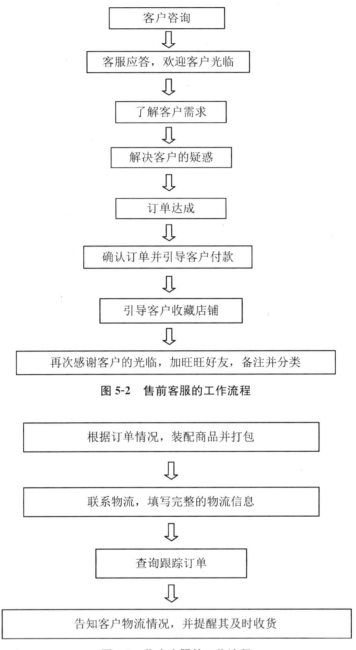

图 5-2 售前客服的工作流程

图 5-3 售中客服的工作流程

(三) 售后客服的工作流程

售后客服的工作主要是指客户签收商品后,在商品使用方面或商品维护方面存在一定的疑惑,客服通过与客户的及时沟通,帮助客户解决收到商品后的种种问题,而售后问题主要集中在处理退换货和中、差评两个方面。

网店对售后客服的要求较高,他们不仅需要了解商品的专业知识,还需要对淘宝以及店铺的规则了然于胸,并且具有判断售后问题的综合能力。售后客服的工作流程如图 5-4、

图 5-5 所示。

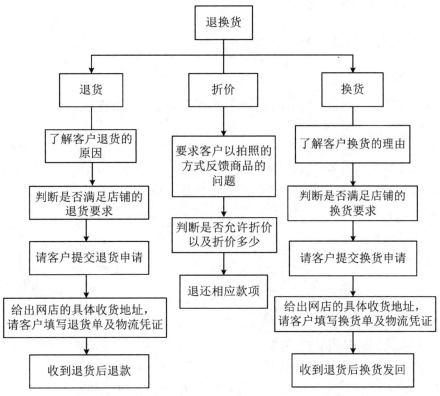

图 5-4　售后客服退换货工作流程

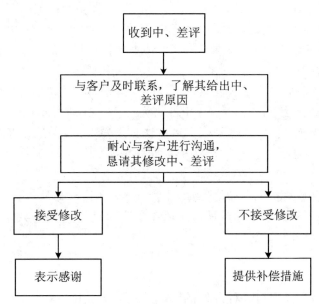

图 5-5　售后客服中、差评处理工作流程

二、售前网络客户服务

售前网络客服需要具备良好的服务态度和专业性。

(一)服务态度体验

售前网络客服要有热情、礼貌、耐心、尊重的服务意识和服务态度。

1. 热情

热情是个体在某种情境因素下,表现出来的友好、愉悦的情绪。售前网络客服在与客户交流中需要具备热情的服务态度,具体表现就是:拒绝一个字回答;拒绝长时间无响应、冷漠迎客;需要注意的是不要过度热情、做作,这样会让客户感到不适。

【情景模拟】

情景一:拒绝一个字回答

客户:请问有货吗?

客服:有。

正确提示:亲,这款宝贝是有货的,这可是我们家爆款商品!

情景二:拒绝长时间无响应,冷漠迎客

客户:15:25:16　请问在吗?

客服:15:40:20　亲,您好!请问有什么可以帮您的吗?

客户:15:40:50　不用了,你们回复得太慢了吧,我都在别人家买好了。

正确提示:客服长时间没有响应的原因有很多:

一是由于自身的原因,如客服开小差、离开电脑、心不在焉等;

二是由于店铺客流较大的客观原因,咨询人数过多,无法一一及时回复,除了督促客服提高自身的工作专注性之外,还需要从以下两个方面找到解决办法:设置好自己的旺旺状态、设置好旺旺自动回复。

情景三:需要注意的是不要过度热情、做作,让客户感到不适

过于亲昵,忙着套近乎,却忘记了自己工作的本质反而造成客户的疑虑。

客服:我的小亲亲,您亲爱的秀秀永远在这里守候着您,我最最尊敬的您,十二万分欢迎您来到小店,在购物之余您也可以和秀秀分享您的开心与烦恼,我们永远是最好的朋友!

过于做作,把自己放在很卑微的位置,让客户感受到交谈的压力。

客服:娘娘您可算来了,最近店里的活动可多了,优惠券什么的奴才这就给您呈上来,娘娘您还有什么吩咐吗?

2. 礼貌

我们与客户应该尽量保持一种友好的朋友式的聊天氛围,这种友好是建立在对客户的礼貌之上的,明白什么话该说、什么话不能说,礼貌的言辞可以树立网店良好的服务形象,有助于增强客户对客户服务方面的良好体验。

【知识拓展】

1. 礼貌用语

(1) 请,您,谢谢,对不起。
(2) 我很高兴……
(3) 感谢您……
(4) 很抱歉……
(5) 请您见谅。
(6) 我十分明白您的感受。
(7) 您对我们很重要。
(8) 我会以最快的速度……

2. 服务禁语

(1) 我不知道……
(2) 不行……
(3) 我现在很忙……
(4) 这不是我的错……
(5) 这是你的原因……
(6) 你之前找的谁现在也找他吧……
(7) 你应该理解我们……
(8) 那我也不知道怎么办了……
(9) 随便你……

3. 耐心

在客户服务工作中,耐心是必不可少的。很多客户对于初次接触的店铺都有着很多的疑问,甚至是质疑。当客户有很多疑问的时候,客服应耐心地回答客户的问题、解决客户的疑惑,这正是客服工作的核心;也存在客户需求认识不清晰、购买意识模糊等情况,这时等待与引导是客服面对这类客户最好的解决办法。针对存在质疑的客户,客服应试着去理解客户的心情,一定要耐心把客户的话听完,并且适时做解释,这样才能取得良好的服务效果。

【情景模拟】

情景一:当客户对产品有很多疑问的时候,你该如何耐心地解答客户的问题。请设计一组对话,进行情景模拟。

情景二:当客户对产品存在质疑的时候,你该如何耐心地消除客户的疑虑。请设计一组对话,进行情景模拟。

4. 尊重

人与人能够保持长时间的接触与沟通,一定是在互相尊重的前提下进行的,这里的尊重具体体现为:尊重客户的提问、不随意打断客户的谈话、尊重客户的选择。

【想一想】除了热情、礼貌、耐心和尊重的服务态度外,售前网络客服还有什么方法来提高客户服务的体验值呢?

（二）专业性体验

售前网络客服除了应具备热情、礼貌、耐心、尊重的服务态度外，还需要具备专业性。客服的专业性，是指客服对于自己所从事的行业较为精通，需要掌握的工作技能都能掌握，达到了网店岗位设置所预期的要求，可以产生让人满意的工作效果。具体来说，售前网络客服应掌握商品的专业知识、商品的周边知识，了解同类产品，为客户提供价格优惠体验。

1. 商品的专业知识

在与客户的沟通中，整个对话大部分是围绕着商品本身进行的，客户很可能会提几个关于产品的专业性问题，客服对产品知识的熟悉是与客户交流的基础。比如产品的质量、尺寸和使用注意事项等。

2. 商品的周边知识

商品的周边知识对于客户进行商品的选择与了解没有直接的关系，但能在一定程度上指导或影响客户选择，能够增加客户对商品的深度认识，从而加深客户对客服专业性的肯定。比如产品真伪辨别、产品附加信息。

3. 了解同类产品

客服不仅要了解自身的产品，而且需要了解同类商品的质量和货源等信息。通过商品的对比，能让客户更加清楚企业产品的优势，赢得更多客户的支持。

4. 价格优惠体验

价格优惠体验包括抹零体验、优惠券体验、赠品体验。通过价格优惠体验，可以让客户低于实际价格购买到自己喜欢的商品，让客户感受到客服处理问题的灵活性。

【想一想】除了以上四种体验外，客服人员还需要具备什么专业性呢？

【微课】亲，很高兴为您服务——售前网络客服

三、售后网络客户服务

售后服务比售前服务的环节更加复杂。当客户签收商品后，如果对商品在使用或维护方面存在一定的疑惑，那么售后网络客服就需要及时与客户进行沟通，帮助客户解决收到商品后的种种问题。网店对售后客服的要求较高，不仅需要了解商品的专业知识，还需要对网店平台以及店铺的规则了然于心，并且要具有判断售后问题的综合能力。所以售后网络客服要做好物流告知、主动询问、积极应对纠纷、好评回复工作。

（一）物流告知

当客户下单完毕，接下来卖家需要对商品进行打包并发货，这就要选择物流公司了。选择物流公司时需要注意应该选择运输速度快、安全系数高、服务态度好和费用合理的物流公司。

商品需要一定的包装来保证商品的完好无损，所以在商品寄出之前，需要对客户所购买

的商品进行打包,打包时需要遵循以下原则:不易拆封、不易损坏、礼貌提示。

当商品包装完毕之后,应尽快为客户发货,减少客户等待商品运送的时间。

在完成商品的发货后,售后网络客服不能忽视对订单的跟踪,需要将订单发货信息、订单配送信息以及订单签收信息,及时告知客户。

【想一想】请列举网络售后客服在打包商品时的礼貌提示。

(二)主动询问

主动询问客户的使用情况,可以让客户感受到企业对自己较为在意,即便商品存在一些小瑕疵,因为客服的主动沟通,客户的不满感也会降低很多,甚至会因为客服的主动询问忽略商品所存在的小问题。售后网络客服要在客户收到商品的一个星期内主动询问客户商品的使用情况,以及时收集客户反馈的信息并对现有在售商品做出调整。

(三)积极应对纠纷

售后网络客服需要积极应对客户的纠纷,首先需要了解纠纷产生的原因,这些原因包括产品质量、产品价格、物流因素、货源因素等,进一步分析纠纷产生的原因,针对不同的原因采用不同的解决办法。其次,还要把握处理纠纷的流程,包括倾听、分析、解决、记录,最后到跟踪。售后服务流程是客服在解决客户售后问题时的一套标准化的服务步骤,一套完善的售后流程可以让忙碌的售后工作按部就班地展开,客服遇到什么问题该做什么就变得清晰可循,售后问题也变得容易上手。对于客户而言,一套完善的售后服务标准可以让客户感受到企业和客服的专业性。

(四)好评回复

当客户收到商品之后,如果对此次购物没有争议,就会点击确认收货,客服要在客户点击确认收货后给予客户一个评价,评价内容应少用统一评价,尽量"私人定制"。

并不是所有的客户都会给予店铺好评,难免会遇到中评和差评的情况。面对中评、差评,客服首先不能胆怯,要分析客户为什么给了自己中评、差评,理性对待中、差评,发现问题并解决问题。客户给出中评、差评的具体原因包括新手买家不了解评价系统、对服务不满、对商品不满、对快递不满、存在报复心理、属于同行恶意竞争、客户是恶意差评师等。

客服可以致电客户请其来修改中评、差评。致电环节的第一步是确认信息,避免打错电话,客服需要对客户的身份、产品的信息、评价的信息进行确认,还要在通话刚开始的时候进行自我介绍,避免被客户认为是骚扰电话。当客户给出其给予中评、差评的原因时,客服要耐心倾听,不要打断客户,并及时向客户道歉,这是电话沟通中最重要的环节。客服应帮助客户分析原因,告知客户出现这种情况主要是什么原因造成的,客服可以对客户给予中评、差评的原因进行分析,并结合具体的中评、差评原因提出有针对性的解决办法,并强调客户的评价对于店铺的重要性,在这个环节中依然少不了表达歉意。无论客户是否答应修改中评、差评,客服都要表示感谢,并对麻烦客户帮忙修改评价感到抱歉与感谢。

【职场小贴士】客服可以利用评价系统进行反向营销,如让口碑变成销量,把解释变成宣传的机会,等等。

【案例】完美的客户服务

客户：你们做一个这样的网站要多少钱？

客服：我们针对您这类要求的网站，价格有低至两三千元的，也有高至一两万元的，具体的需要我们坐下来，对你的网站进行详细的规划后，再来确定具体的价格。您看您今天下午或明天有时间来我们公司谈一谈吗？

客户：这两天没时间。

客服：您要是没时间过来的话，我们也可以到您公司拜访您，您是今天下午3点方便呢，还是明天上午10点方便？

客户：那你明天上午过来吧！

客服：好的，您公司的地址是？

客户：东莞市××××××。

客服：能留下您的手机号吗？方便业务员过去时联系您。

客户：138××××××××。

客服：好的，我马上安排工作人员对您的网站进行基本的规划，明天过去时带给您，请问还有其他什么问题吗？

客户：没有了。

客服：好的，感谢您的咨询，张先生，祝您生活愉快，再见！

【微课】亲，包您满意——售后网络客服

任务三　网络客户服务评价指标

学习重难点

（1）熟悉网络客户服务的评价指标；
（2）掌握提高客户咨询转化率、客单价及响应速度的方法；
（3）掌握降低商品退货率的方法。

内容精讲

网络客服的核心评价指标为询单转化率、客单价、响应速度和商品退货率。

一、询单转化率

询单转化率是指客户在咨询商品后选择购买的比率。

电商平台的网络客服,尤其是售前客服,需要经常回答许多客户在购买前针对商品提出的咨询和疑问,目的是引导客户产生购买行为。如果客服在解答客户购买前的种种疑问后,引导客户下单支付,就能提高公司的营业额,亦能提高自己的业绩。

公司为促进营业额的增长,会将客服的工资收入与公司的营业收入挂钩,用询单转化率考核客服的工作绩效。客服在解答客户疑问后促成的成交率越高,即询单转化率越高,客服的业务能力就越强,得到的收入就越高。所以作为电商行业的网络客服,为了提高自己的询单转化率,在解答客户疑问时要做到两点:要坚定客户购买意愿,并紧跟客户使其完成付款。

(一)坚定客户购买意愿

客户主动向客服咨询,说明客户已经产生了购买意向,只要正确引导,成交的概率很大,可为什么很多客户在咨询客服的过程中反而动摇了购买意愿,最后放弃购买呢?作为客服人员,最苦恼的莫过于客户购买意志不坚定,时不时拒绝客服的推荐,对于询单转化率不高而言,客户的拒绝往往是首要原因。作为一名优秀的客服,应引导客户坚定购买信心,提升转化率。

(二)紧跟客户使其完成付款

图 5-6 为客户购买商品的全流程,在之前的叙述中我们将注意力全都集中在了鼓励客户下单上,但付款才是订单有效转化的关键,所以客服要在客户下单后紧跟客户使其完成付款。

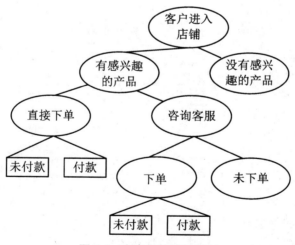

图 5-6 客户付款情况流程

面对客户下单未付款的情况,客服需要紧跟下单客户使其完成付款,适当的催付是必不可少的。但催付的过程中切忌直接要求客户进行付款,这样会让客户感到很不舒服,我们将客服正确的催付技巧概括为四点:

(1) 从到货时间上暗示客户尽快付款。
(2) 从促销活动的时效性角度提醒客户付款。
(3) 从商品本身的优势和热销程度上忠告客户。
(4) 从解决客户付款疑惑的角度上进行提醒。

【案例】同一位客服培训前后的聊天记录

1. 受训前

客户：亲，在吗？

客服：你好亲，有什么需要的吗？

客户：这款没有1米8的啊？

客服：没有了哦，卖光了，1.8只有蓝色那款。棕色的那个链接有货哦。

客户：这样啊。（直接告诉客户卖完了，即使之后再说别的产品的好处，可能客户也比较难以接受，人都有从众心理，觉得卖完的产品肯定比较好）

客服：亲，有喜欢的吗？

客户：我先看看。

客服：好吧。

2. 受训后

客户：亲，在吗？竹席在哪？怎么没看到竹席？

客服：亲，我们之前也是有卖竹席的，但是竹席缺点比较多，首先比较硬，睡了以后身上会有印子，而且防螨防虫的效果不太好，所以没有再卖了。现在一般卖的都是藤席，亲可以看一下我们的藤席，非常不错哦！（扬长避短）

客户：根本就没几件啊！

客服：我们是××品牌直营店，产品非常多，但是没有办法全部都卖，所以我们都是挑选经典爆款来卖的。

客户：有1.5米床用的吗？

客服：您可以看看我们这款双面席，这款卖得非常好，都快断货了，现在刚好只剩下1.5米的。这款有很多回头客。这款厚一些，采用的是天然纤维的，很环保，还防螨防虫呢！（采用FABE销售法，说服客户）

客户：几件套？

客服：1.5米的都是3件套：枕套2只，席子1床。

客户：还有优惠吗？

客服：亲，我们是厂家直营店，都是微利出售的哦，绝对保证正品，有质量保证，不议价的，请亲理解哦！

客户：不要枕套多少钱？

客服：我们都是整套卖的，不单卖席子哦！

客户：（不满意的表情）

客服：亲，整套用起来才既美观，又显大气。我们一天将近有1/3的时间是在床上度过的，所以选择好的床上用品是非常重要的，睡得舒服又踏实。而且买一床质量好的凉席可以用很久，不用经常花钱买，长期算下来更划算呢！（再次巧妙转变客户的购物观念）

客户：再少点，我就买了。

> 客服：亲，不好意思哦，目前价格已经是优惠后的价格了，是非常低的价格了！质量好比什么都重要，您说是吗？
> 客户：几天到货？
> 客服：您现在拍下，今天就能发货哦，3～5天您就能收到宝贝啦！
> 客户：我现在去拍。（客户被成功说服）

二、客单价

客单价是指每一个客户在网店中的平均成交金额，计算公式是：客单价＝支付成交金额/成交用户数。例如，某网店有5位客户购买了商品，总成交金额是1500元，那么，客单价为总成交金额1500除以成交用户数5，客单价就是300元。

【想一想】某店一个季度的营业额是30万元，共有1200个客户购买，一共成交了2000笔订单，请问这家网店的月客单价是多少？

在购买客户、成交数量相同的情况下，店铺的客单价越高，其总营业额就越高，其利润也越高。所以不是成交订单数量越多越好，而是成交金额越高越好。该如何快速提升客单价呢？最简单实用的方法就是设置各种各样的优惠活动吸引客户购买，常见的促销活动有三种：打包一口价，满减、送，优惠套餐。许多店铺里经常做促销让利活动的目的就是为了提升客单价，看透本质后才能有针对性地开展促销活动吸引客户购买。

（一）激发客户的购买需求

很多时候，客户的需求是潜在的、隐性的，他们对于自己想要购买什么的诉求并不明显，需要客服引导，甚至在很多时候，客服要诱导客户进行购买，除了前面所讲的要运用自身对商品的专业知识的了解，突出商品的优势以外，还要向客户介绍企业的促销活动，从价格方面诱导客户进行购买。

1. 特价活动

一些网店常常选择节庆日对商品进行促销，常见的形式有在商品原价上的直接打折、买满包邮、买满减、买一送一等活动。客服需要向客户介绍店铺的特价活动，让客户感到这样的活动是难得一遇的，再加上对产品优势的解说，激发客户对商品的购买欲望，增加客户的购买量，从而提高客单价。

2. 限时限量抢购

为了扩大商品的购买量，店铺会参加淘宝上的一些规模较大的商品特卖活动，如聚划算、天天特价等。客户往往会被这些活动中低廉的商品价格所吸引，而此时客服需要做的是及时、不断地向客户讲述活动力度的前所未有、活动时间的紧迫性、库存数量有限，对客户的购买心理造成一定压力，增强客户购买欲望。

3. 权威推荐

我们知道客户购买商品时都有求同心理，这其中有一个很重要的信息，即对权威的认可。客服在销售商品的过程中应将客户对权威的认可（如卖家推荐）转移到对商品的认可上，销售工作就变得简单多了。

（二）合理地搭配销售

搭配销售是客服提高客单价的又一个武器。常见的商品关联组合方式如图 5-7 所示。

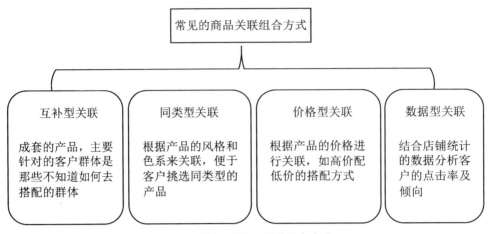

图 5-7　常见的商品关联组合方式

（三）适当推荐高价位的新产品

对于客服的销售而言，影响客单价的另一个因素就是商品的价位，如果一个客服在销售过程中老是介绍特价、低廉价格的商品，费了很大的力气客单价还是上不去，但是如果商品本身的单价就比较高，客单价自然也跟着上升。

1. 分析客户群体

仔细分析客户群体，寻找那些购买能力强的客户，客服可以为这类客户介绍一些高价的产品。

2. 突破销售高价产品的心理障碍

客服在销售过程中，给客户着重推荐的第一款产品价格要尽量往高走，如果客户接受不了这样的价格，可以换别的商品或通过议价来达成一致，这是客服想要保持较高客单价必须要做的。

3. 合理地引导劝说

客服一定要有"一分钱，一分货"的概念，价高的产品必有价值高的理由，选准理由劝说客户拍单付款很重要。那么客服在劝说客户接受高价位的商品时要找一些什么理由呢？

（1）商品的使用时间。以商品的耐用性说服客户购买，价格高耐用性更强。例如：亲，这件大衣看上去确实不便宜，您可以这样想啊：黑色羊毛大衣的耐穿性很强，再加上我们使用的是上等羊毛，款式也经典，穿好几年都不会过时呢！其他便宜的衣服可能今年穿了就变形了，从平摊价格这个角度看，这件大衣很划算呢！

（2）品牌的魅力。从品牌的知名度、社会评价等方面介绍品牌独有的魅力，吸引客户购买。例如：亲，您也知道×××的包在时装界很受宠，很多明星都会收藏和使用，更何况是限量版的包呢！价格自然会贵一点，但它带给您的回头率一定是极高的，所以您可以考虑入手这个品牌的包。

（3）客户面子的需要。客户有时会因为要送礼才购买商品，这个时候重点宣传商品的档次高可以促使客户购买高价商品。例如：亲，既然是送朋友，这个价格的口红可是很划算的，包装的礼盒也非常精致，送给亲朋好友倍有面子，很上档次！

（4）质量安全的保障。商品价格越高，其质量安全就越有保障，让客户在购买与使用的过程中更加放心、安心。例如：亲，既然是给小孩子买的玩具，安全系数可是第一位的，我们的产品是国外进口的，材料、配件都是环保无害并经过严格检验的，我们可以提供质量证明书。产品价格比同类产品略贵了一些，但为了孩子的安全着想，也是很值得的呀！

三、响应速度

客服的首次响应时间是客服收到客户的咨询信息后，第一次回复客户的间隔时间，通常10秒以内最合适。客服的平均响应时间是指客服在与客户的整个聊天过程中，收到客户的咨询信息后回复客户的间隔时间的平均值，通常16秒以内最合适。

我们都知道客服的响应时间很重要，但客服在工作中总会因为各种各样的原因，增加顾客的等待时间，那么影响客服响应时间的因素有哪些呢？

（一）离岗

当客服离开岗位时，除了要调整自己的旺旺状态之外，还需要跟其他客服进行工作交接，将前来咨询的客户转给其他客服帮忙服务，切忌让客户久等。

（二）打字的速度与技巧

合格的打字速度在65字/分钟左右。同时客服用较多的文字去解释说明时，切记要分段发送，以减少顾客等待的时间，便于实时与客户进行互动。

（三）专业知识不熟悉

客服需要对所推荐的商品各个方面的知识都非常熟悉。

（四）不懂快捷回复

对于客户常见的共性问题的回复，可通过旺旺来设置针对常见问题的快捷答复。

客服的响应速度越快，客户等待答复的时间就越短，就越能留住客户，越有机会引导客户下单付款。所以，学会设置快捷回复很有必要，打字也应多加练习以提高速度，此外也要多学习商品专业知识，才能快速解决客户的各种疑问，缩短响应时间，提高响应速度。

四、商品退货率

商品退货率是指商品售出后由于各种原因被退回的数量与同期售出的产品总数量之间的比率。计算公式为：退货率＝总退货数/总订单数。退货率越高，公司利益损失的越多，作为客服，要尽可能减少商品退货率。

（一）影响退货率的原因

影响退货率的因素很多，有的源于商品本身，有的源于客户偏好，如前面提到的对商品的真伪怀疑、对商品质量的不满意、对物流的不满意等诸多原因,其中因为产品本身的因素导致的退货单数是最多的。商品退货的原因分析如图 5-8 所示。

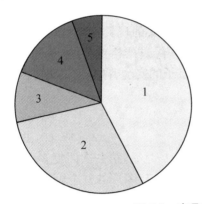

1. 对商品质量、大小不满意
2. 对商品的真伪表示怀疑
3. 对客服的态度不满意
4. 对物流速度及物流人员的态度不满意
5. 其他原因

图 5-8　商品退货原因

(二) 降低商品退货率的弥补措施

如果客户已经出现了退货意识,客服又该怎么做呢?

1. 询问原因

当客户收到商品后主动联系客服说明自己有退货意愿的时候,客服一定要主动、耐心地询问客户的退货原因,分析客户所提出的问题是否能够解决。

2. 进行弥补,尽可能免于退货

(1) 物质补偿。物质补偿的方式很多,主要有赠送店铺小礼品、升级会员享受专属特权等。

(2) 帮忙转让。对于一些价位较高的商品,客服可以充当"中介"的角色,将客户购买后觉得不合心意的商品按照客户的要求,以稍低的价格放在网店页面,列出客户的联系方式,帮助客户寻找下一位买家。

3. 针对客户的不满,提升商品的质量和网店服务水平

若想要降低商品退货率,最根本的还得从自己的产品着手,在搜集客户的意见之后,根据客户需要调整自己的商品。满足了客户的需要,提升了商品的质量,退货率自然也就下降了。

【知识拓展】售后客服的考核

(1) 考核指标:个人能力、客户满意度。

(2) 考核标准:

① 客服责任差评率。经售后客服接待,客户仍旧坚持己见,且经评价管理专员鉴定为客服责任的认定为客服责任差评。

客服责任差评率=当月店铺客服责任差评总数量/当月售后客服总接待数量

② 中、差评处理成功率:每天评价管理专员会更新中、差评处理表格,并分配给相应客服处理,处理成功的做相应记录;处理不成功的需要早、中、晚不同时段定期督促客服及时跟进处理完结。

中、差评处理成功率=当月店铺中、差评处理成功总数/当月店铺需处理中、差评总数

③ 人均售后成本：每月财务部门会核算各店铺的售后成本及实际售后人数，然后会核算出人均售后成本。

人均售后成本＝当月店铺售后总成本/当月售后总人数

售后成本具体包括：返现、补发商品、仅退款、退款原因不正确的退款、保证金赔付等，售后总人数即为以上每一项所对应的售后人数总和。

【微课】做称职的店小二——网络客服评价指标

学 习 小 结

1. 网络客户服务指企业为满足客户的需求，通过互联网利用各种网络客户服务工具进行的包括售前服务、售中服务、售后服务等一系列服务工作，它是构成网络营销的重要组成部分。

2. 网络客户服务的内容：产品及服务介绍、客户会员注册、提供注册服务、优惠及服务、在线调查、在线投诉、在线技术支持和培训、在线交易、交易安全、客户论坛。

3. 网络客户服务的作用：塑造企业形象、提高成交率、提高客户回头率、更好地服务客户。

4. 网络客户服务的工具：常见问题解答、电子邮箱、网络社区、即时信息。

5. 一般大中型网店的客服人员分为售前客服、售中客服和售后客服。

6. 作为售前网络客服要有热情、礼貌、耐心、尊重的服务意识和服务态度，以及客服的专业性。

7. 售后网络客服要做好物流告知、主动询问、积极应对纠纷、好评回复等工作。

8. 网络客服的考核以询单转化率、客单价、响应速度和商品退货率四个指标作为核心评价指标。

学 习 检 测

1. 在客户购物环节，客服需要重点关注哪几个方面的客户体验？
2. 客服工作质量的评价指标有哪些？
3. 如何提高客单价？
4. 客户在购买商品的过程中与网店产生纠纷的原因有哪些？
5. 如何提高店铺商品的好评率？

实 践 挑 战

以小组为单位，模拟小茗同学在京东客服实训中心对客户开展售后服务的情景，进而提升客户的售后体验。

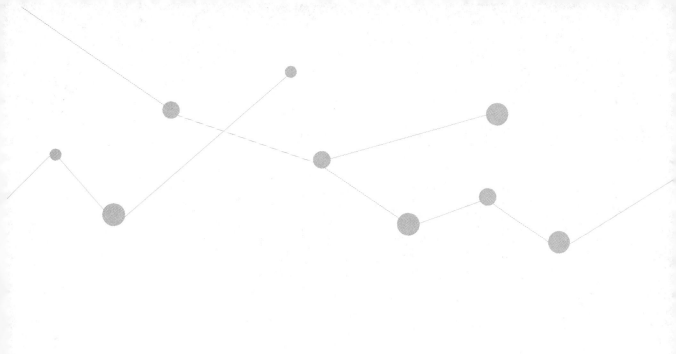

模块四

客户投诉处理

学习思维导图

模块四 客户投诉处理
└─ 项目六 正确处理客户投诉
   ├─ 任务一 正确认识客户投诉
   │ ├─ 客户投诉的含义
   │ ├─ 客户投诉的类型
   │ ├─ 客户投诉的产生过程
   │ ├─ 客户投诉对于企业的价值
   │ └─ 端正对于客户投诉的态度
   ├─ 任务二 客户投诉心理分析及应对
   │ ├─ 寻求发泄的心理及应对
   │ ├─ 寻求尊重的心理及应对
   │ ├─ 寻求认同的心理及应对
   │ ├─ 提建议的心理及应对
   │ └─ 寻求公平的心理及应对
   └─ 任务三 正确处理客户投诉
      ├─ 正确处理客户投诉的原则
      ├─ 正确处理客户投诉的流程
      ├─ 正确处理客户投诉的方法
      ├─ 正确处理客户投诉的技巧
      └─ 正确处理特殊客户投诉的技巧

项目六　正确处理客户投诉

学习目标

1. 知识目标
（1）了解客户投诉的含义、类型和价值；
（2）掌握投诉客户的心理；
（3）把握处理客户投诉的原则；
（4）清楚客户投诉的处理流程；
（5）掌握处理客户投诉的方法；
（6）掌握客户投诉的处理技巧；
（7）掌握特殊客户投诉的处理技巧。

2. 技能目标
（1）能够对投诉客户的不同心理进行分析；
（2）正确处理客户投诉；
（3）正确处理特殊客户投诉。

3. 素养目标
传承中国传统文化精髓——"以和为贵"精神。

引导案例

2019年4月11日，"奔驰女车主哭诉维权"的视频在网络上流传后，迅速引发舆论关注。

在视频中，一女子表示她在西安利之星奔驰4S店首付20多万元，购买了一辆奔驰车。岂料，新车还没开出4S店院子，就发现车辆发动机存在漏油问题。此后，她多次与4S店沟通解决，却被告知无法退款也不能换车，只能按照"汽车三包政策"更换发动机，该女子被逼无奈，到店里维权。

2019年4月13日，维权的奔驰女车主称，"坐机盖"一事发酵后，利之星奔驰4S店员工打电话给自己，希望其不要接受媒体采访，应与4S店"口径一致"，并称会"保护她"。女车主称，这句话深深伤害了她的自尊，之后不会再跟利之星奔驰有任何非官方接触。同时，她还称受到了威胁，有些人每天发短信来骂她。

2019年5月27日，西安高新区市场监管部门通报处理结果，西安利之星汽车有限公司存在销售不符合保障人身、财产安全要求的商品，夸大、隐瞒与消费者有重大利害关系的信息误导消费者的两项违法行为，被依法处以合计100万元罚款。

工作任务导入

小茗同学在学校京东校园馆实习时，第一次遇到了现场客户投诉。客户气愤的情绪和劈天盖地的诉求让小茗同学一下子慌了，完全不知道该怎么应对。因此，在学习《客户关系管理实务》时，小茗同学把正确处理客户投诉这部分内容作为重点要掌握的内容，他想知道那位客户选择投诉的原因是什么，自己应该如何正确应对。带着这些疑问，小茗同学开始了对项目六的学习。

任务一　正确认识客户投诉

学习重难点

（1）明确客户投诉对企业的积极意义；
（2）树立应对客户投诉的正确态度。

内容精讲

美国捷运公司副总经理玛丽安娜·拉斯马森曾提出过著名的公式：

处理好客户的投诉＝提高客户的满意程度＝增加客户认牌购买的倾向＝更高的利润

客户投诉是每一个企业皆会遇到的问题，它是客户对企业管理和服务不满的表达方式，也是企业有价值的信息来源，它为企业创造了许多机会。因此，如何利用处理客户投诉的时机而赢得客户的信任，把客户的不满转化为客户的满意，锁定他们对企业和产品的忠诚，获得竞争优势，已成为企业营销实践的重要内容之一。

一、客户投诉的含义

投诉，即投状诉告。在法律层面，投诉是指权益被侵害者本人对涉案组织侵犯其合法权益的违法犯罪事实，有权向有关国家机关主张自身权利，投诉人即为权益被侵害者本人。

消费者投诉，是指消费者为生活消费需要购买、使用商品或者接受服务，与经营者之间发生消费者权益争议后，请求消费者权益保护组织调解，要求保护其合法权益的行为。

客户投诉，是指当客户购买商品后或提出某种服务需求后，对商品本身的质量或体验服务过程中的感受未达到自己心中设定的期望，而提出的口头或书面上的异议、抗议、索赔和要求解决问题等行为。客户投诉是客户对商家的产品质量、服务态度等各方面的问题，向商家主管部门反映情况、检举问题，并要求得到相应补偿的一种手段。

二、客户投诉的类型

（一）按投诉严重程度划分

客户投诉可分为一般投诉和严重投诉。一般投诉指当场可以解决、不涉及赔偿或赔偿金额不大的客户投诉，此类投诉由相关人员根据实际情况予以处理即可。严重投诉指当场不能解决的投诉,此类投诉需要相关部门协作,应严格按有关程序处理。

（二）按投诉原因划分

客户投诉可分为产品质量投诉、服务投诉、价格投诉、诚信投诉和意外事故投诉。

（三）按投诉行为划分

客户投诉可分为消极抱怨型投诉、负面宣传型投诉、愤怒发泄型投诉和极端激进型投诉。

（四）按投诉目的划分

客户投诉可分为建议性投诉、批评性投诉、控告性投诉和索取性投诉。

三、客户投诉的产生过程

客户找上门来投诉只是最终的结果,实际上在投诉之前就已经产生了潜在化抱怨,即产品或者服务存在某种缺陷。潜在化抱怨随着时间推移会逐渐变成显在化抱怨,而显在化抱怨累积将转化为投诉。客户投诉产生过程如图6-1所示。

图 6-1 客户投诉产生过程

【职场小贴士】在工作中遇到的投诉往往是客户做出的最后的对权利进行捍卫的行为,企业需要多关注客户的抱怨。很多大企业成立了舆情监管部,密切关注客户的使用感受,就是为了在客户的抱怨初期及时干预并有效解决,以此降低客户投诉率。

四、客户投诉对于企业的价值

（一）改进产品或服务中的失误

企业或销售组织可以从客户的投诉、建议与意见中,发现自身经营管理上存在的问题。客户投诉有利于纠正企业营销过程中的问题和失误,发现产品开发和生产存在的问题,并且企业还可以利用客户投诉,有意识地给相关部门施加压力,不断地改善工作。因此,客户投诉管理不只是单纯处理投诉或满足客户的需求,客户投诉还是一种非常重要的"反馈信息"。因为客户投诉还可能反映企业产品或服务所不能满足的客户需要,主动研究这些需要,可以帮助企业开拓新的商机。尤其当企业面临革新的时候,为了使新产品能够顺利上市并引起良好的反应,企业必须倾听客户的意见。

一项调研结果显示:一个满意的客户会将他的愉快经历告诉1~5人;获得1个新客户的成本是保持1个老客户成本的5~10倍;1位不满的客户会将他的抱怨至少转述给11个

人听;每收到1次客户投诉,就意味着还有20名有同感的客户。

(二)获得再次赢得客户的机会

向企业投诉的客户一方面要寻求公平的解决方案,另一方面也说明他们并没有对企业绝望,而是希望企业再尝试一次。企业积极且系统地处理来自客户的咨询、建议与投诉,通过补偿客户在利益上的损失,可以赢得客户的谅解和信任,维护企业的良好形象,保证企业与客户关系的稳定和发展。许多投诉案例说明,只要处理得当,客户大都会比发生失误之前具有更高的忠诚度。因此,企业不仅要注意客户的某一次交易,更应该计算每个客户的终身价值,重视建立和保持客户忠诚度的每一个细节,与客户建立维持终生的关系。从这个意义上说,企业不应惧怕客户投诉,而应热情地欢迎客户投诉。

美国曾对消费者做过一项调查:即便不满意,但还会在企业那儿购买商品的消费者有多少?具体结果如表6-1所示。

表6-1 美国全国消费者调查结果

序号	客户类型	继续购买商品的比例	不再购买商品的比例
1	不满意也不投诉的客户	9%	91%
2	投诉没有得到解决的客户	19%	81%
3	投诉过但得到解决的客户	54%	46%
4	投诉迅速得到解决的客户	82%	18%

从表6-1可以看出,那些向企业提出中肯意见的客户,都是对企业依然寄予期望的人,他们期望企业的服务能够改善,他们会无偿地向企业提供很多信息。因此,投诉的客户对于企业而言是非常重要的。

对服务不满意的客户的投诉比例是:4%的不满意客户会投诉,而96%的不满意客户通常不会投诉,但是会把这种不满意告诉给他周围的其他人。在这96%的人背后会有10倍的人对你的企业不满,但是只有4%的人会向企业诉说。因此,有效处理客户的投诉,能有效地为企业赢得客户的高度忠诚。

(三)建立和巩固良好的企业形象

不满意的客户不但会终止购买企业的产品或服务,转向企业的竞争对手,而且还会向他人诉说自己的不满,给企业带来非常不利的口碑传播。但是,如果企业能够鼓励客户在产生不满时向企业投诉,为客户提供直接的宣泄机会,使客户不满和宣泄处于企业控制之下,就能减少客户寻找替代性满足和向他人诉说的机会。许多投诉案例表明,客户投诉如果能够得到迅速、圆满的解决,客户的满意度会大幅度提高,客户大都会比投诉发生之前具有更高的忠诚度。不仅如此,这些满意而归的投诉者,有的会成为企业义务宣传者,即通过这些客户良好的口碑带动其他客户也购买企业产品。优秀的企业都会加强同客户的联系,都非常善于倾听客户的意见,不断纠正企业在销售过程中出现的失误或错误,补救和挽回给客户带来的损失,维护企业声誉,提高产品形象,从而不断地巩固老客户、吸引新客户。

(四)帮助企业发现隐藏的商机

投诉是联系客户和企业的一条纽带,存在投诉表明企业还能够比现在做得更好,因此客户的投诉往往比客户的赞美对企业的帮助更大,它能为企业提供许多有益的信息。研究表明,大量工业品的新产品构思来源于用户需要,客户投诉一方面有利于纠正企业营销过程中的问题与失误,另一方面还可能反映企业产品和服务所不能满足的客户需要,仔细研究这些需要,可以帮助企业开拓新市场。丹麦的一家咨询公司的主席 Claus Moller 说:"我们相信客户的抱怨是珍贵的礼物。我们认为客户不厌其烦地提出抱怨、投诉,是把我们在服务或产品上的疏忽之处告诉我们。如果我们把这些意见和建议汇总成一套行动纲领,就能更好地满足客户的需求。"客户投诉实际上是常常被企业忽视的一个非常有价值且免费的市场信息来源。

> **【小故事】花王集团处理客户投诉**
>
> 花王集团曾在某天晚上接到一个肤质过敏型客户的投诉,说其使用花王洗发水之后头皮发痒并出现红色小颗粒。花王集团之前从未遇到过这样的问题。花王集团没有将这一投诉放到第二天一早再解决,而是在当晚就立刻成立了危机公关小组,询问了该客户的具体位置,连夜乘坐飞机登门拜访、道歉,同时承诺该客户终身免费使用花王的产品,并由此发现了产生该现象的原因———该客户是一个有着特殊的过敏肤质的人。同时,花王集团经过调查发现存在这一状况的人不止该客户一人,而是有一个特殊的群体,由此,花王集团发现了一个新的未被满足的市场,并开发出了一款新的产品,就是专门针对特殊肤质的人的防过敏的产品,该产品一上市就大获好评。从眼前利益来看,花王集团没有在该客户身上得到任何利益,并且因为要永久免费向其提供洗发水而亏了不少钱,但从长远来看,这一做法"封住"了该客户的嘴,使其不会讲不利于花王集团形象的话。之所以要在当晚就解决这一投诉,就是不给予该客户传播对于花王集团的抱怨的机会。此外,通过提供终身的免费使用权,使该客户成为花王集团的忠实拥戴者,为企业进行口碑宣传,给企业带来一些新的客户。
>
> 很多人会认为花王集团这样对待一个投诉的客户很不值得,但花王集团有自己的看法:对于挑剔的客户,不应该抱怨其要求和投诉,而是应该感激他们的挑剔,因为他们为促进企业质量和服务水准提高提供了推力,他们也常常会让企业发现新的市场需求。不少企业害怕客户投诉,事实上,客户的投诉对于促进企业的发展有极大的好处,通过投诉企业可以接触到客户,可以加强对客户的了解,同时可以通过一系列妥当行为使客户从不满变得满意,使一个不喜欢企业的客户变成一个忠实的客户。

【想一想】客户投诉对企业是利大于弊还是弊大于利?

五、端正对于客户投诉的态度

企业被客户投诉很正常,企业应该将投诉者视为感恩的对象,将投诉视为是客户送给企业最宝贵的礼物。尤其是处理"难缠"的客户,企业可以从中学到很多经验,从而反省自己,解决自己原有的问题。企业不要惧怕客户的投诉,要把客户的抱怨、投诉当成客户与企业交流的渠道。美国商人马歇尔·费尔德认为:"那些购买我产品的人是我的支持者;那些夸奖我的人使我高兴;那些向我投诉的人是我的老师,他们纠正我的错误,让我天天进步;只有那些一走了之的人是伤我最深的人,他们不愿给我一丝机会。"因此,不管客户的投诉有理或无理,企业都应当表示感谢,要给客户一个良好的企业形象。

【微课】投诉是把"双刃剑"——正确认识客户投诉

任务二　客户投诉心理分析及应对

学习重难点

（1）正确识别客户常见的投诉心理；
（2）合理应对不同心理类型的客户投诉。

内容精讲

我们要想成功处理客户投诉，在倾听客户心声的同时，必须揣摩客户的心理：客户希望通过投诉获得什么？客户为什么希望得到这样的服务？当我们了解客户的心理后，才能够从心理上靠近客户，为客户提供合适的处理方案。

一、寻求发泄的心理及应对

（一）心理特点

如今生活压力大，有些客户本来心中就积压着诸多不满，当企业提供的服务没有满足客户的基本需求，或者提供的服务没有令客户满意时，这些不满就会集中到一起，很容易让客户将自己的不满传递给企业，把自己的怨气发泄出来，使投诉者不快的心情得到释放和缓解，恢复心理上的平衡。在这种心理的驱使下，客户的情绪一般较为激动，语气和态度较为强硬，音量也会随着情绪的激动而有所增加，说话的节奏一般较快，用词比较激进，甚至会出现破口大骂、使用不文明语言的行为。如果不了解客户心理，有些服务人员可能会因此责怪客户，甚至发生冲突。

（二）应对

客服人员的耐心倾听就是帮助投诉者发泄的最好方式，切忌打断客户，导致他的情绪宣泄中断、淤积怨气。此外，投诉者发泄的目的在于取得心理平衡，恢复心理状态，客服或工作人员在帮助他们进行宣泄情绪的同时，还要给予正面积极的反馈，让客户知道你非常理解他的心情，关心他的问题，如："王先生，对不起，让您感到不愉快了，我非常理解您此时的感受。"无论客户的发泄是否合理，至少在客户的世界里，他的情绪与要求是真实的，只有与客户的世界同步,才有可能真正了解他的问题,找到最合适的方式与他交流,从而为成功地处理投诉奠定基础。

二、寻求尊重的心理及应对

(一)心理特点

美国心理学家马斯洛把人的需求分为五个层次。这五种需求是与生俱来的,是引发人们行为的动力来源。这五个层次分别为:生理需求、安全需求、归属与爱的需求、尊重需求和自我实现需求。寻求尊重是人的正常心理需求。在服务行业里,客户寻求尊重的心理十分明显,在投诉过程中此种心理更加突出。客户认为自己的意见是正确的,希望得到有关部门应有的重视。此类投诉客户要求别人尊重他的意见,不仅把眼光放在解决问题上,还希望能得到公司的尊重,他们会反复强调所反映的问题为什么没有得到应有的重视,如"我很早以前就给你们打过电话,为什么没有人来处理?"同时也会表达出对相应部门的失望。客户希望服务人员向他表示歉意,并立即采取行动。

> **【知识拓展】马斯洛的需求层次理论**
>
> 马斯洛需求层次理论将人类的需求从低到高按层次分为五种,分别是:生理需求、安全需求、归属与爱的需求、尊重需求和自我实现需求。
>
> (1)生理需求。这是人类维持自身生存的最基本要求,包括饥、渴、衣、住、行的面的要求。如果这些需求得不到满足,人类的生存就成了问题。在这个意义上说,生理需求是推动人们行动的最强大的动力。马斯洛认为,只有这些最基本的需求满足到维持生存所必需的程度后,其他的需求才能成为新的激励因素,而到了此时,这些已相对满足的需求也就不再成为激励因素了。
>
> (2)安全需求。这是人类要求保障自身安全、摆脱事业和丧失财产威胁、避免职业病的侵袭、接触严酷的监督等方面的需求。马斯洛认为,整个有机体是一个追求安全的机制,人的感受器官效应器、智能和其他能量主要是寻求安全的工具,甚至可以把科学和人生观都看成是满足安全需求的一部分。当然,当这种需求一旦相对满足后,也就不再成为激励因素了。
>
> (3)归属与爱的需求。这一层次的需求包括两个方面的内容:一是友爱的需求,即人人都需要伙伴之间、同事之间的关系融洽或保持友谊和忠诚;人人都希望得到爱情,希望爱别人,也渴望接受别人的爱。二是归属的需求,即人都有一种归属于一个群体的感情,希望成为群体中的一员,并相互关心和照顾。感情上的需求比生理上的需求细致,它和一个人的生理特性、经历、教育、宗教信仰都有关系。
>
> (4)尊重需求。人人都希望自己有稳定的社会地位,要求个人的能力和成就得到社会的承认。尊重的需求又可分为内部尊重和外部尊重。内部尊重是指一个人希望在各种不同情境中有实力、能胜任、充满信心、能独立自主。总之,内部尊重就是人的自尊。外部尊重是指一个人希望有地位、有威信,得到别人的尊重、信赖和高度评价。马斯洛认为,尊重需求得到满足,能使人对自己充满信心,对社会满腔热情,体验到自己活着的用处和价值。
>
> (5)自我实现需求。这是最高层次的需求,它是指实现个人理想、抱负,发挥个人的

能力到最大程度,完成与自己的能力相称的一切事情的需求。也就是说,人必须干称职的工作,这样才会使他们感到最大的快乐。马斯洛提出,为满足自我实现需求所采取的途径是因人而异的,自我实现的需求是努力实现自己的潜力,使自己越来越成为自己所期望的人物。

(二)应对

在处理这类投诉的过程中,投诉者最关心的问题就是:服务人员能否认真接待我?能否重视所投诉的问题?能否及时表达歉意并及时采取有效的措施?客服人员要注意在语言上使用正式称谓,用词严谨、准确、无异议,不抢话,主动承担责任等,这些细节都能让客户感受到尊重。尊重是沟通的第一步,向客户传递出尊重的态度后,与客户的沟通就会进行得更加顺畅。

【案例】以下是一位客户和电信运营商的客服人员之间的对话:
客服:喂!您好!
客户:你好,我是你们的一个用户。
客服:我知道,请讲!
客户:是这样的,我的手机这两天一接电话就断线……
客服:那你是不是在地下室或者其他信号不太好的地方呢?
客户:不是,我在大街上都断线,已经很多次了……
客服:那是不是你的手机有问题啊?我们不可能出现这样的问题!
客户:我的手机才买了3个月,不可能出问题啊!
客服:那可不一定,有的杂牌手机刚买几天就不行了。
客户:我的手机是××牌子的,不可能有质量问题……
客服:那你在哪儿买的,就去哪儿看看吧,肯定是手机的问题!
客户:不可能!如果是手机问题,那我用××通信公司的卡怎么就不断线呀?
客服:是吗?那我就不清楚了。
客户:那我的问题怎么办呀,我的手机天天断线,你给我缴费呀!
客服:你这叫什么话,我凭什么给你缴费?你有问题,在哪儿买的就去哪儿修呗!
客户:你这叫什么服务态度啊,我要投诉你!
客服:(挂断)……
案例分析:不尊重他人,必给自己带来严重的后果。

三、寻求补偿的心理及应对

(一)心理特点

补偿心理是一种心理适应机制,在有些情况下,客户会认为是由于企业的原因使得自己的权益受到了损害,或者造成客户实际的经济损失,此时客户会要求企业给予相应的补偿。

补偿既包括精神上的抚慰,也包括物质上的赔偿。有这类心理诉求的客户会在投诉过程中明确自己的损失,例如"手机出问题造成我的生意受影响,怎么办?""这电压不稳都把我家的电器弄坏了,你们得赔偿我的损失"等等。服务人员要明白客户急切的心情,多花些时间倾听、道歉等,这种耐心对客户而言本身也是一种补偿。

(二)应对

寻求补偿的客户,在受到不公正待遇或者自己的合法权益和诉求得不到完全满足的时候,会向企业提出赔偿要求。对于这些客户来说,合理的赔偿是弥补他们受伤心灵的有效手段,是对其的最大安慰,是赢得这些客户满意的最佳途径。

四、寻求认同的心理及应对

(一)心理特点

希望被认同的需求是人类的基本需求之一。当客户遇到问题或没有得到应有的服务时,势必会产生受挫感、不满足感或产生无因的抱怨。因而,客户在投诉过程中,一般都努力证实他的投诉是对的,是有道理的,是不得不做的事情,极其希望获得企业和服务人员的认同。所以服务人员在了解和倾听客户投诉时,对客户的感受、情绪要表示充分的理解和同情,应做出认真倾听的姿态,以默许或明言的方式认同客户的感受,如"我理解你为什么如此"等,这有助于与客户建立融洽的关系。但是在与客户接触的过程中,要注意不能随便认同客户的处理方案。回应是对客户情绪的认同、对客户期望解决问题的认同,给出一个协商解决的信号。客户期望认同的心理得到回应,有助于拉近彼此的距离,为后面协商处理营造良好的沟通氛围。

(二)应对

客户服务人员在了解客户投诉问题时,要及时观察客户表情,揣摩客户心理感受,表现出对客户的充分理解和同情,以点头默许或握手、拥抱等明确的方式表现出对客户的高度认同,这些都有助于建立融洽的关系,获得客户的支持。

五、提建议的心理及应对

(一)心理特点

有些客户前来投诉,往往也存在着给企业提出建议的心理,客户既是在投诉和批评,也在建议和教导。他们希望通过这种方式获得一种成就感,体现自身的价值。若自己的建议或意见被企业采纳,则会感到无比自豪。提建议心理属于马斯洛需求层次理论中的"自我实现的需求"。此类客户的自我实现欲望比较强烈,一般有着较高的素养,善于观察和发现问题,喜欢自己动手解决问题,希望自己的价值能够有所体现,不愿意被人做负面评价,时时维护自己的形象。这些客户在经历过某次不愉快的服务后,或者在看到某些服务可能存在失误后,会向企业委婉地提出自己的建议或见解,如"这个做法是不是合理呢?这样做会不会效果更好？……"这部分客户大多是理智型与双赢型客户,如年纪较大的退休工人、受教育程度较高的知识分子,等等,他们在投诉过程中的情绪一般不会过于激动,用词多为说教式语言。

（二）应对

利用客户的提建议心理,服务人员在进行投诉处理时,要注意夸奖客户,引导客户做一个有身份的、理智的人。另外,可以采用性别差异式接待方法,如男性客户由女性来接待,尤其是在异性面前,多数的客户更倾向于表现自己积极的一面,努力展示自己对服务质量改进的贡献和建议。

六、寻求公平的心理及应对

（一）心理特点

美国心理学家约翰·斯塔希·亚当斯曾提出一种公平心理,他认为人们总会不自觉地将自己付出的劳动代价及其所得到的报酬与他人进行比较,并对公平与否做出判断。公平感直接影响人们的动机和行为。当人们对自己的待遇作社会比较或历史比较,当比较的结果一致时,便会感到受到了公平待遇,因而心理平衡,心情舒畅；如果不一致时,便会感到自己受到了不公平的待遇,产生怨恨情绪,这种感觉越强烈,人们就会产生挫折感、义愤感、仇恨心理,甚至产生破坏心理。

（二）应对

基于这种心理,当客户发现当前出现的问题并没有出现在其他客户身上,或者类似的问题其他客户都能得到及时的处理,而自己的问题却没有得到重视或没有妥善解决时,也会产生不公平感而进行投诉。这类客户在投诉过程中会反复强调自己遭遇的独特性,如"为什么其他人没有碰到,我怎么就碰到了呢？""其他人都是这样处理的,怎么到我这就不行了呢？"并且情绪会出现波动。一旦出现这样的投诉,客服人员要耐心了解在不同客户之间出现差异的原因,解释相应的流程规范,必要时可以告知投诉者其他人也有类似的体验,甚至是更糟糕的经历,以此让投诉者获得一种公平感,这更有利于后续问题的解决。

【想一想】除了这 6 种投诉心理外,还有哪些可能出现的投诉心理？

【微课】事出有因——客户投诉的原因和心理分析

任务三　正确处理客户投诉

学习重难点

(1) 熟悉正确处理客户投诉的流程；
(2) 掌握正确处理客户投诉的方法；
(3) 掌握正确处理客户投诉的技巧；
(4) 巧妙应对特殊客户的投诉。

内容精讲

一、正确处理客户投诉的原则

（一）独立性和权威性

企业需要设立独立、权威的专门的客户服务机构，加强对投诉问题的处理力度。一般生产型企业在这方面的机构设置和人员配置都比较完善，在权限上采取层层审批核实的程序，一个报告由业务、销售、生产、技术、营销和质量 6 个部门签字批示意见，最后经总经理审批生效。当然对于这样一个繁杂的程序，有一个环节拖延或再次进行核实调查，都会影响问题的处理进程，而且存在一个致命的弊端，就是各个部门都签署意见，很大程度只是走走形式，并没有真正做到一一核实。由于责任关系牵扯到许多部门，会形成都敢对用户表态但都不能最终决定的不负责现象。

（二）及时性和准确性

客服部门在接到客户以电话、口头或书面方式投诉时，应登记事由并以最快的速度让经办人到现场取证核实，需要核实的内容一般涉及投诉问题的性质、程度、范围和客户意见等。

第一时间赶到现场很重要，不仅可以安抚客户的反感情绪，更重要的是可以了解实际情况，根据具体形势控制赔偿损失的范围和防止事态的继续扩大，并及时将情况如实汇报上级领导，请求处理意见，在问题严重或牵扯到责任部门时，让上级部门派相关人员到现场处理问题。所以，问题性质核实的准确性就尤为重要，要求客服人员（有些企业由销售部门人员兼任）有迅速处理问题的能力和丰富的专业实践经验。担心处理不到位而遭到领导指责或不愿面对现实，总是不负责任地拖拖拉拉，更有甚者隐瞒事实，不及时核实呈报，耽误了问题解决的最佳时机，这些做法很不可取，会给企业下一步的问题处理带来难度和造成不必要的损失。

（三）客观性和真实性

应尊重客观事实，对客户投诉进行多方面的调查和区分。确因企业方原因给客户造成直接或间接损失，要根据具体情况果断按约定进行赔偿。在调查核实方面，为防止经办人员与客户串通瞒报损失程度，坑害企业利益而谋取私利，就要对客服人员在品行方面进行考察，同时要重视原始资料的真伪和鉴别的全面性，也可不定时地抽查和调研，分析造成问题的客观因素与主观因素。

（四）协调性和合理性

对于赔偿，应在双方友好协商的基础上达成共识。企业在问题处理的动机方面，首先考虑的是后续业务的前景，即处理问题后对业务的促进作用。如果处理了问题而业务并没有大的起色或增长，就会在赔偿金额的协调和赔偿速度上有意滞后或根本不予理睬，这种现象在一些企业里还非常严重。在实际中，常会遇到除企业原因之外，还存在其他因素导致客户产生巨额损失。当在责任确定方面难以区分，客户又有意把损失转嫁到企业时，如果企业经过权衡利弊还有信心继续合作，就需要有理有节地协调处理。在表述理由时，要不卑不亢，不要怕因为拒绝对方的过分要求而影响业务。要让客户明白，损失的超限赔偿是基于双方的合作关系，吃亏也要吃在明处，不能让客户感到企业处理问题不严肃，这可以有效防止客户再次提出过分的要求。

二、正确处理客户投诉的流程

（一）安抚和道歉

不管客户的心情如何不好，不管客户在投诉时的态度如何，也不管是谁的过错，企业客服人员要做的第一件事应该是平息客户的情绪，向客户表示歉意，并表态将处理好客户的投诉。

（二）记录投诉内容

详细地记录客户投诉的全部内容，包括投诉者、投诉时间、投诉对象、投诉要求。

（三）判定投诉性质

先确定客户投诉的类别，再判定客户投诉理由是否充分，投诉要求是合理。如投诉不能成立，应迅速答复客户，婉转说明理由，寻求客户谅解。

（四）明确投诉处理责任

按照客户投诉内容分类，确定具体接受单位和受理负责者。属合同纠纷交企业高层主管裁定；属于运输问题，交货运部门处理；属于质量问题，交质量管理部门处理。

（五）查明投诉原因

调查并确认造成客户投诉的具体原因和具体责任部门及个人。

（六）提出解决办法

参照客户投诉要求，提出解决投诉的具体方案。

（七）告知客户

投诉解决办法经批复后，迅速告知客户。

（八）责任处罚

对造成客户投诉的直接责任者和部门主管按照有关制度进行处罚，同时对造成客户投诉得不到及时圆满处理的直接责任者和部门主管进行处罚。

（九）提出改善对策

通过总结评价，汲取教训，提出相应的对策，改善企业的经营管理和业务管理，减少客户投诉。

（十）后期跟进

解决了客户投诉后，打电话或写信给客户，了解他们是否满意。一定要与客户保持联系，尽量定期拜访他们。

【知识拓展】客户为什么会投诉？

1. 企业自身原因

（1）产品质量无法满足客户。良好的产品质量是塑造客户满意度的重要因素，对于服务这种无形产品也是这样。对于服务质量的评估不但贯穿了客户从进入到走出服务系统的全部过程，还会延伸到客户对服务所链接的物质实体的使用过程中。如一个客户在超市选购商品，一方面，能不能在超市中以合适的价格顺利地买到质量合格的商品是决定客户是否满意的主要判断标准；另一方面，即使商品的质量没有问题，但如果在使用的过程中，客户发现使用该商品所取得的效果并不像他自己想象的那样，他也会对整个超市的服务产生不满，进而产生抱怨。

（2）服务无法达到客户的要求。服务是一种经历，在服务系统中客户满意与不满意，往往取决于某一个接触的瞬间。如服务人员对客户的询问不理会或回答语气不耐烦、敷衍、出言不逊；结算错误；让客户等待时间过长；公共环境卫生状态不佳；安全管理不当，店内音响声音过大；对服务制度如营业时间、商品退调制度、售后服务有怨言等，都是造成客户不满、产生抱怨的原因。

（3）对客户期望值管理失误。即服务企业对客户期望值管理失误导致客户对于产品或服务的期望值过高。在一般情况下，当客户的期望值越大时，购买产品的欲望相对就越大。但是当客户的期望值过高时，就会使得客户的满意度越小；客户的期望值越低时，客户的满意度相对就越大。因此，企业应该适度地管理客户的期望值。当期望值管理失误时，就容易导致客户产生抱怨。

2. 客户的原因

（1）弥补损失。客户往往出于两种动机提出投诉：一是为了获得财务赔偿。以退款或者免费再次获得该产品及服务作为补偿;另一种是挽回自尊。当客户遭遇不满意产品、服务时,承受的不仅是金钱损失,还经常伴随遭遇不公平对待,对其自尊心、自信心造成伤害。

(2)性格的差异。不同类型客户对待"不满意"的态度不尽相同:理智型的客户遇到不满意的事,不吵不闹,但会据理相争,寸步不让;急躁型的客户遇到不满意的事必投诉且大吵大闹,不怕把事情搞大;忧郁型的客户遇到不顺心的事,可能无声离去,绝不投诉,但永远不会再来。

3. 环境因素

环境因素是指客户与企业所不能控制的、在短期内难以改变的因素,包括经济、政治法律、社会文化、科学技术等方面。

(1)文化背景。在不同的文化背景下,人们的思维方式、做事风格有别,因此客户投诉行为也存在差异。在集体主义文化中,人们的行为遵从社会规范,追求集体成员间的和谐,按照"我们"的方式思考;不喜欢在公众场合表露自己的情感,尤其是负面的;对事物的态度取决于是否使个人获得归属感,是否符合社会规范,能否保持社会和谐并给自己和他人保全面子。因此,他们更倾向于私下抱怨。而在个人主义文化中,人们追求独立和自足,用"我"的方式思考,喜欢通过表现自己的与众不同,表达自己的内心感受,来实现自我尊重。因此,他们更倾向于投诉。由此可见,文化背景对投诉行为的影响是通过影响客户的观念,比如对投诉的态度来发生作用的。

(2)其他环境因素。除了文化背景和行业特征之外,一个国家或地区的生活水平和市场体系的有效性、政府管制、消费者援助等都会影响客户的投诉行为。

三、正确处理客户投诉的方法

使用 CLEAR 法处理客户投诉。

(一)控制自身情绪(Control)

当客户发怒时,客服人员要处理的第一个问题是控制自己的情绪。当客户进行投诉时,常常心情不好,丧失理智,客户的语言或行为会让客服人员感到遭到攻击、不耐烦,从而被惹火或难过,易产生冲动、丧失理性,导致"以暴制暴",这样就使得局势更加复杂,企业服务和信誉将严重受损。客服人员可使用深呼吸的方法平复情绪,并以退为进,为自己争取处理时间和调整情绪的空间,如"我需要调查一下,10 分钟内给您回电""我需要两三分钟时间同我的主管商量以解决这个问题,您是愿意稍等一会儿呢,还是希望我一会儿给您打回去?"

(二)倾听客户诉说(Listen)

客服人员的情绪平复下来后,需要客户也平静下来才能解决好问题。先别急于解决问题,而应先抚平客户的情绪,然后再来解决客户的问题。客服人员需静下心来积极、仔细地聆听客户愤怒的言辞,做一个好的听众。倾听客户诉说时,客服人员听的不仅是事实,还有隐藏在事实之后的情绪,需要充分调动左右脑、直觉和感觉来听,比较所听到、感到和想到的内容的一致性程度,专心体会、琢磨,听懂弦外之音,不要打断客户的陈述。

> **【小故事】戴尔·卡耐基所赞赏的倾听**
>
> 戴尔·卡耐基是美国著名的企业家、教育家和演讲口才艺术家。他在他的著作中介绍了这样一则故事：
>
> 一天，纽约电话公司碰到了一个对接线生大发脾气的用户，他说要他付的那些费用是敲竹杠。这个用户满腔怒火，扬言要把电话连根拔掉，并且要四处申诉、状告纽约电话公司。面对这个无事生非的客户，电话公司派了最干练的调解员去见他。
>
> 当调解员见到这位用户的时候，面对用户的抱怨，他静静地听着，让暴怒的用户尽情地发泄，不时地说"是的"，对他的不满表示同情。
>
> "他滔滔不绝地说着，而我洗耳恭听，整整听了三个小时。"这位调解员后来向卡耐基介绍："我先后去见过他四次，每次都对他发表的论点表示同情。第四次见面时，他说他要成立一个'电话用户保障协会'，我立刻赞成，并说我一定会成为这个协会的会员。他从未见过一个电话公司的人同他用这样的态度和方式说话，渐渐地变得友善起来。前三次见面，我甚至连同他见面的原因都没有提过，但在第四次见面的时候，我把这件事完全解决了，他所要付的费用都照付了，同时还撤销了向有关方面的投诉，并且还称赞我是'世上最好的谈话员'"。

（三）建立共鸣（Establish）

共鸣指站在他人的角度，理解他人。对客户的感受深表理解，这是化解怨气的有力武器。当客户投诉时，他最希望自己的意见得到对方的尊重，自己能被他人理解，所以在投诉处理中，一句体贴、温暖的话语，常常能起到化干戈为玉帛的作用。实现客户共鸣的技能主要包括：复述内容，对感受做出回应，模拟客户的境遇，换位思考。表达共鸣的最大挑战是要使共鸣的话语听起来很真诚。客服人员要建立自己的沟通风格，表现出对客户观点的理解，使得自己的回应听起来既不老套也不油嘴滑舌。

（四）对客户表示歉意（Apologize）

当不是自己的错误时，人们一般不愿意道歉。为使客户的情绪更加平静，即便客户是错的，也一定要对客户情绪上受的伤害表示歉意。客户不完全是对的，但客户永远是第一位的。

对客户表示歉意的方法：

1. 为客户的感受道歉

要为客户的感受道歉，而不是责备谁。即便在如何解决问题的回复上还不是很明确，需要进一步认定责任承担者时，也要首先向客户表示歉意，但要留意，不要让客户误以为公司已完全承认是自身的错误，我们只是为客户的感受而道歉。例如可以用这样的语言："让您不方便，对不起。""给您添了麻烦，非常抱歉。"这样道歉一方面有助于平息客户的愤怒，另一方面又没有承担可导致客户误解的具体责任。

2. 肯定式道歉

当客户有过失时，我们不能责备。要记住，当客户做错时他们也是"正确"的，他们或许不对，但他们是客户。我们可能没法保证客户在使用产品的进程中百分之百满意，但必须保证当客户因不满找上门来时，我们在态度上总是能够百分之百地令其满意。

（五）提出解决方案(Resolve)

对于客户投诉，要迅速做出应对，要针对这个问题提出应急方案；同时，提出杜绝类似事件或对类似事件进行处理的预案，须做到：

1. 迅速处理，向客户承诺

应迅速就目前的具体问题，向客户说明各种可能的解决办法，或询问客户希望怎样办，充分听取客户对问题解决的意见，对具体方案进行协商。然后确认方案，总结将要采取的各种行动——你的行动与客户的行动，以解决问题。要重复客户关心的问题，确认客户已理解，并向客户承诺类似事件不会再发生。

2. 深入检讨，改善细节以进步

在检查客户投诉的进程中，负责投诉处理的客服人员要记录好投诉进程的每个细节，把客户投诉的意见、处理进程与处理方法记录在处理记录表上，深入分析客户的想法，这样客户自己也会慎重起来。对于每次的客户投诉记录，客户服务部门都要存档，以便以后查询，并定期检讨产生投诉意见的缘由，从而加以修改。要充分调查此类事件发生的缘由，仔细思考一下，为了避免此类事件的再度发生是不是需要进行变革，对服务程序或步骤要做哪些必要的转变，以提出预见性的解决方案，即改善服务质量的方法，以减少或杜绝将来发生类似的投诉。提出预见性解决方案也是对客户的一个最好承诺。

3. 落实

对所有客户的投诉意见及其产生的缘由、处理结果、处理后客户的满意程度和企业今后改进的方法，均应及时用各种固定的方式，如例会、动员会、早班会或企业内部刊物等告知所有员工，使全体员工迅速了解造成客户投诉意见的种种因素，并充分了解处理投诉事件时应避免的不良影响，以避免类似事件的再次发生。

4. 反馈投诉的价值

客户进行投诉是希望能继续与企业合作，同时其对企业服务不满的信息反馈无疑也给企业提供了一次熟悉自身服务缺陷和提升服务质量的机会。于情于理，我们都要真诚地对客户表示感谢，并就企业为避免以后类似事件的发生所做出的努力和改进的办法向客户说明，真诚地欢迎客户再次光临。

【想一想】你还有哪些处理客户投诉的好方法呢？

【微课】循序渐进七步法——客户投诉处理基本步骤

【案例】处理客户投诉

某空调服务中心来了一位中年家庭妇女姚女士,怒气冲冲追问总台的服务人员,空调安装的韩师傅哪里去了!服务台洪小姐忙问有什么事情可以帮忙。姚女士说,韩师傅早上安装的空调质量太差,要求退货。

面对怒气冲冲的姚女士,洪小姐没有急于询问是什么原因,而是把姚女士引到接待室,端来一杯茶水先安慰姚妇女士不要着急,有什么问题一定会得到解决,绝不会不负责任,等等。面对微笑着的礼貌的服务人员,姚女士不好再怒气凌人。原来早上刚刚安装的空调,中午刚开机不久就停止运转,无论怎么操作也无法启动,姚女士觉得空调质量不好,要求退货。

面对姚女士要求,洪小姐没有强辩,而是与姚女士商量,先派师傅随其前往其家检查一下空调,如果确实是空调质量问题,保证给予调换新的空调或者退货。对于这个合情合理的安排,姚女士无法表示出不同的意见。于是,空调维护师傅立即前往姚女士家,经过检查发现是空调专用的电源开关保险丝容量过小,导致超过负载而熔断。空调维护师傅重新换上大号的保险丝后,空调便运转正常。

姚女士面对提供良好服务的空调维修师傅,顿感自身行为不妥,不仅向空调维修师傅致谢,还特意打电话到服务中心向洪小姐表示歉意。坚持微笑服务、以礼待客的服务人员洪小姐,用真诚、耐心、热情的服务及时处理了姚女士的投诉,赢得了客户的满意与信任。

四、正确处理客户投诉的技巧

(一)倾听

倾听是解决问题的前提。在倾听投诉客户的时候,不但要听他表达的内容,还要注意他的语调与音量,这有助于你了解客户语言背后的内在情绪。同时,要通过解释与澄清确保你真正了解了客户的问题。例如,你听了客户反映的情况后,根据你的理解向客户解释一遍:"王先生,您来看一下我理解的是否对。您是说您一周前买了我们的传真机,但发现有时会无法接收传真。我们的工程师已上门看过,但测试结果没有任何问题。今天,此现象再次发生,您很不满意,要求我们给您更换产品。"

向客户澄清:"我理解了您的意思吗?"认真倾听客户,向客户解释他所表达的意思并请教客户你的理解是否正确,都向客户显示你对他的尊重以及你真诚地想了解问题。这也给客户一个机会去重申他没有表达清晰的地方。

(二)认同客户的感受

客户在投诉时会表现出烦恼、失望、泄气、发怒等各种情感。客服人员不应当把这些表现当做对你个人的不满。特别是当客户发怒时,你可能心里会想:"凭什么对着我发火?我的态度这么好。"要知道愤怒的情感通常都会潜意识中通过一个载体来发泄。因此,对于愤怒,客户仅是把你当成了倾听对象。客户的愤怒经常就像充气的气球一样,在发泄后也就没有愤怒了。在客户盛怒的情况下记得先当客户的"出气筒",最好的方式是闭口不言,认真倾听,适时与客户进行情感交流并安抚客户,降低姿态,承认错误,平息怒气,以让客户在理智的情况下共同分析解决问题。

客户有情绪是完全有理由的,理应得到极大的重视和最迅速、最合理的解决,所以应让客户知道你非常理解他的心情,关心他的问题:

"真是对不起,我能理解您的心情。"

"我知道您现在很生气,请您相信我们一定会认真处理的。"

"对于这件事我也很抱歉,我们会尽力解决这个问题的,请相信我。"

(三)引导客户的思绪

客服人员有时候会在向客户道歉时感到很不舒服,因为这似乎是在承认自己有错。说声"对不起""很抱歉"并不一定表明你或企业犯了错误,这主要表明你对客户不愉快的经历表示遗憾与同情。不用担心客户会因得到你的认可而越发地强硬,表示认同的话会将客户的思绪引向问题的解决。引导客户思绪的四个技巧如表6-2所示。

表6-2 引导客户思绪的技巧

技 巧	要 求	举 例
"何时"法提问	首先使客户的怨气逐渐减少,对于那些非常激烈的抱怨,可以用一些"何时"的问题来冲淡其中的负面成分	客户:你们根本就是瞎胡搞,不负责任才导致了今天的烂摊子! 客服:请问您什么时候开始感到我们的服务没能替您解决这个问题?
转移话题	当对方按照他的思路在不断地发火、指责时,可以抓住一些其中略微有关的内容转移方向、缓和气氛	客户:你们这么搞把我的日子彻底打乱了,你们的日子当然好过,可我还上有老下有小呢! 客服:我非常理解您,您的孩子多大啦? 客户:嗯……六岁半。
间隙转折	暂时停止对话,特别是客服人员也需要找有决定权的人做一些决定或变通	客服:稍候,让我来和领导请示一下,看我们怎样才能更好地解决这个问题,好吗?
给定限制	有时尽管你做了很多尝试,但对方依然出言不逊,甚至不尊重你的人格,这时可转而采用较为坚定的态度给对方一定限制	客服:张先生,我非常想帮助您。但您如果一直这样情绪激动,我只能和您另约时间了,您看呢?

(四)探讨解决,采取行动

客户发怒也好,抱怨也好,投诉也好,最终都是为了寻求问题的解决,因此,客服人员应尽快提出处理方案,为客户解决好问题。

在为客户提供解决方案时要注意以下几点:

1. 为客户提供选择

通常某个问题的解决方案都不是唯一的,给客户提供选择会让客户感到被尊重,同时,客户选择的解决方案在实施的时候也会得到来自客户的更多的认可和配合。

2. 诚实地向客户承诺

因为有些问题比较复杂或特殊,客户服务人员不确信该如何为客户解决。如果你不确信,就不要向客户作任何承诺,诚实地告诉客户,你会尽力寻找解决的方法,但需要一点时间,然后约定给客户回话的时间。你一定要确保准时给客户回话,即使到时你仍不能解决问题,也要向客户说明问题解决的进展,并再次约定答复时间。你的诚实会更令你容易得到客户的尊重。

3. 给客户一些额外的补偿

除解决问题之外,企业还要给客户一些额外的补偿,以弥补企业的一些失误。需要注意的是,在解决问题之后,企业相关人员一定要改进工作,而不能单单用小恩小惠息事宁人,以免今后发生类似的问题。

【案例】自如租房迅速处理客户投诉,赢得租户称赞

2018年8月31日,一篇《阿里P7员工得白血病身故 生前租了自如甲醛房》的文章在网络热传。

2018年9月1日上午,自如回应称:"所有的批评我们都会收下,所有的责任我们都会承担。"当天自如发表声明:公司立即安排专人与王先生家属联系,跟进相关事宜。自如将积极配合司法部门工作,并尊重法院裁定。2018年9月1日起,自如下架全国九城全部首次出租房源,待认证机构检验合格后再行上架。未来所有新增房源都将100%检测合格后再上架出租,并在自如APP详情页展示检测合格报告;2018年6月1日后入住自如首次出租房源的自如客,如对室内空气质量有疑问,可向自如申请免费空气质量检测。如存在房源空气质量超标问题,提供以下三种方案(任选其一):无条件退租、换租;提供免费空气质量治理,经检测合格后再入住;90天品牌空气净化器无偿使用。

（五）感谢客户

感谢客户是最关键的一步,这一步是维护客户的一个重要手段和技巧。客户服务人员需要说四句话来表达四种不同的意思:

第一句话:再次为给客户带来的不便表示歉意。

第二句话:感谢客户对于企业的信任和惠顾。

第三句话:向客户表谢意,让我们发现问题,知道自己的不足。

第四句话:向客户表决心,让客户知道我们会努力改进工作。

【微课】受理投诉神器之"四巧"——现场客户投诉处理技巧

五、正确处理特殊客户投诉的技巧

一个讲道理的人在不满的时候可能也会变得不讲道理,然而从根本上说,他还是有理智、讲道理的。但难缠的人,具有一种用分裂的破坏性手段使别人注意他的心理需求。这样的人是极其难以沟通的,大多数难缠的客户是因为他们缺乏安全感,实际上他们也有一种被理解、受欢迎、受重视的需求,尽管他们选择了一种不太合适、不太礼貌的方法。

这类难缠的客户主要包含以下几种:

（一）易怒的客户

脾气比较暴躁,难以沟通,因此难缠。

（二）古怪的客户

这类客户经常会提出一些超出客户服务人员想象的问题,根本就摸不清他的思路,不清楚他为什么要这么做。

（三）文化素质差的客户

这类客户文化素质低,不懂得欣赏和使用产品。

（四）霸道的客户

这类客户喜欢强词夺理。

（五）喋喋不休的客户

这类客户唠唠叨叨,总是说个没完。

（六）知识分子型客户

这类客户一般不温不火,说起话来头头是道。

这些特殊客户的应对技巧如表6-3所示。

表6-3 特殊客户的应对技巧

序号	特殊客户类型	应对技巧
1	易怒的客户	针对这样的顾客,要"以柔克刚",要多沟通,让客户知道是他自己的错,或者我们因什么原因造成这样的问题,等等。妥善地解决问题后,这类客户最容易成为忠实的口碑传播者,所以,我们不要吝啬自己温暖的语言和真诚的道歉
2	古怪的客户	由着他的性子来,越是古怪的客户,越方便我们的客服人员与之进行"感情"交流,沟通的次数越多往往越会增加客户被客服人员所折服的可能性

续表

序号	特殊客户类型	应对技巧
3	文化素质差的客户	这样的客户文化素质差,不懂得欣赏或使用产品,客服人员处理这样的客户时一般都不是很顺利,遇到此类客户投诉,甚至还可能被他们骂得似乎一文不值,但不要急,他们缺少的只是对产品的认识和认可,客服人员可以根据其需要着重对其服务
4	霸道的客户	应对此类客户,若道理讲不通,可以通过侧面来证实自己的实力和不卑不亢的职业精神
5	喋喋不休的客户	针对这样的客户,我们要听他的唠叨,要让他感觉到:只要听到他的唠叨我们就能去完美地解决事情。让这类客户首先在精神上得到满足,我们再按照企业的售后服务制度去做事情,如果处理得好,这样的客户会给企业免费做广告的
6	知识分子型客户	这样的客户本身具有一定的知识,所以要求客服人员从知识方面入手。若处理得好,这样的客户还会给企业带来一些意想不到的收获

【微课】练就火眼金睛——不同气质类型客户的投诉处理方式

学 习 小 结

1. 客户投诉,是指当客户购买商品后或提出某种服务需求后,对商品本身的质量或体验服务过程中的感受未达到自己心中设定的期望,而提出的口头或书面上的异议、抗议、索赔和要求解决问题等行为。

2. 客户投诉对于企业的价值:改进产品或服务中的失误;获得再次赢得客户的机会;建立和巩固良好的企业形象;帮助企业发现隐藏的商机。

3. 正确处理客户投诉的原则:独立性和权威性、及时性和准确性、客观性和真实性、协调性和合理性。

4. 正确处理客户投诉的流程:安抚和道歉,记录投诉内容,判定投诉性质,明确投诉处理责任,查明投诉原因,提出解决办法,告知客户,责任处罚,提出改善对策,后期跟进。

5. 正确处理客户投诉的方法:CLEAR 处理法——控制情绪、聆听、建立共鸣、道歉、提出解决方案。

6. 正确处理客户投诉的技巧:倾听;认同客户的感受;引导客户的思绪;探讨解决,采取行动;感谢客户。

学 习 检 测

1. 对企业而言,客户投诉的价值何在?
2. 投诉客户的心理一般都有哪些类型?
3. 客服人员碰到的难缠的客户分为哪几类? 如何应对?
4. 有人认为客服人员是在跟客户这个人打交道,面对的是人;有人认为客户投诉的是一个事件,要把事情搞定,因此面对的是事。对于这个问题,你怎么看?
5. 请你使用 CLEAR 法,处理以下投诉。要详细写出你们交谈的全过程,并在适当内容处标注你所使用的方法。

酸奶中有苍蝇

在某购物广场,客户服务中心接到一起客户投诉,客户说在该商场购买的×××酸牛奶中出现了苍蝇。投诉的内容大致是:客户李女士从该商场购买了×××酸牛奶后,接着去一家餐厅吃饭,吃完饭李女士随手拿出酸牛奶给小孩喝,自己则在边上和朋友聊天,突然听见孩子大叫:"妈妈,有苍蝇!"李女士一看,孩子手里的酸牛奶里(当时酸奶盖已被小孩用手撕开)有一只苍蝇。李女士顿时火冒三丈,带着小孩来商场投诉。正当这时,一位值班经理看见便走过来说:"你既然说有问题,那就带小孩去医院啊,出了问题我们负责!"李女士听到以后更是火上浇油,大声喊:"你负责? 好啊,现在我让你吃 10 只苍蝇,我带你去医院检查,出了事我来负责好不好?"两人吵了起来,李女士口口声声说要打电话到消协投诉,引起了许多客户围观。

该购物广场客户服务中心负责人听到此事以后马上赶来处理,他赶快把值班经理支开现场,又把客户请到办公室,一边道歉一边详细询问事情的经过。

实 践 挑 战

以小组为单位,模拟小茗同学在京东校园馆里遭遇投诉,并使用所学内容进行投诉处理。投诉内容、人员角色分配自定。

模块五

客户满意度和忠诚度管理

学习思维导图

模块五 客户满意度和忠诚度管理

项目七 客户满意度管理

- 任务一 客户满意度的内涵与影响因素
  - 客户满意度的内涵
    - 客户满意的内涵
    - 客户满意的意义
  - 影响客户满意度的因素
- 任务二 客户满意度的测评
  - 衡量客户满意度的参考指标
  - 客户满意度调查和评价
- 任务三 提升客户满意度的策略
  - 加强客户期望值管理
  - 提高客户感知价值

项目八 客户忠诚度管理

- 任务一 客户忠诚度的内涵与影响因素
  - 客户忠诚的含义
  - 影响客户忠诚度的因素
- 任务二 客户忠诚度的测评
  - 客户保留
  - 钱包份额
  - 推荐
  - 竞争对手的可获得性
  - 竞争对手的吸引力
  - 忠诚度分布
  - 忠诚度细分
- 任务三 提升客户忠诚度的策略
  - 努力实现客户完全满意
  - 奖励客户的忠诚
  - 增强客户对企业的信任与感情
  - 建立客户组织
  - 提高客户的转换成本
  - 加强业务联系,提高不可替代性
  - 加强员工管理
  - 以自己的忠诚换取客户的忠诚
  - 社交与影响力

项目七　客户满意度管理

学习目标

1. 知识目标
（1）掌握客户满意的概念与意义；
（2）能分析影响客户满意度的因素；
（3）具备客户满意度分析及提升客户满意度的能力；
（4）具备满意度测评的基本运用能力。

2. 技能目标
（1）能根据产品或服务的特点分析影响客户满意度的主要因素；
（2）能利用合适的测评方法对客户满意度进行测评；
（3）能根据测评的结果对客户满意度进行提升和改善。

3. 素养目标
树立"义以生利、诚信为本"的儒商精神。

引导案例

联想集团成立于1984年，中科院计算所投资20万元，由11名科技人员创办，经过30多年的发展，如今的联想已发展成为一家在信息产业内多元化发展的、国际化的大型企业集团。一直以来，联想已经将自身的使命概括为"四为"。

其中第一项就是为客户创造价值，即联想将提供信息技术、工具和服务，使人们的生活和工作更加简便、高效、丰富多彩。

事实上，早在1989年，联想就提出了客户满意度分析的概念，其目的是对客户重购率和品牌忠诚度等指标进行量化评价，以获取相关信息为企业决策提供支持，使企业做出最佳决策。联想的客户满意度分析是按照SAPA法进行的。下面，我们看一下联想是如何进行客户满意度调查和分析的。

在展开客户满意度调查的过程中，联想主要采用了两种方法：

一是定期开展第三方调查。此类客户满意度调查是由中立的、第三方调研公司进行的，如针对某段时间内接受过联想服务的终端客户进行满意度抽样调查。调查内容涉总体满意度、总体不足、对服务中各项因素（如电话接通及时性、工作态度、服务规范性等）的重要性评价和满意度评价等。

二是呼叫中心的及时性通话后调查。定期开展的第三方调查虽然很系统、全面，却无法保证及时性，所以联想开展了呼叫中心的及时通话后调查。对于客户拨入呼叫中心后所产生的感觉不应等到几天或几星期后再调查，而应该在通话后立即完成，只有这样才能捕捉到客户那一时刻的真实感受。联想呼叫中心据此设立了通话后IVR语音调查，每一个咨询电话结束后,用户都可以通过语音选择评判此次咨询的满意程度,客户的这些选择都将被记录在数据库中。

在调查工作结束后,联想通常会这样分析:在以下四大分类项中,客户满意度每增加10%,对总体满意度的促进程度如何。表7-1是联想调查后用于确定影响客户满意度因素的权重表。

表 7-1 客户满意度因素的权重表

分项	分项增加10%总体满意度的相应增长比例
客户服务响应速度	4.6%
形象、美誉度	4.2%
产品质量与可靠性	3.1%
性价比	0.6%

很明显,这项研究结果建议企业要提升客户满意度首先要解决的是客户服务问题,产品降价不会对客户满意度有太大影响。

对满意度进行分析总结后,联想还确立了检验机制,以检验分析的正确性。聘请专家解读、分析满意度调查报告和呼叫中心的调查结果就是常用的分析评判机制。

联想建立了一套完善的"以完善和提高产品质量、完善售后服务、关注社会和提高企业形象"为目标、"以做好客户满意度战略规划、采取有效客户满意调查方法"为手段的客户满意战略,正是这样一套行之有效的客户满意战略,支持联想处于行业领先地位。

工作任务导入

随着对企业业务的不断熟悉和了解,小茗同学因表现优秀,被派到公司客户满意度管理部门实习。在如此重要的部门工作,小茗同学感觉到压力较大。为做好客户满意度管理工作,小茗同学梳理出了四个重要的任务环节:能够采用适当的客户满意度调查方案、能够分析影响客户满意度的关键因素、能通过适当的测量模型体系准确计算客户满意度、能采取正确的提高客户满意度的措施。按照这四个主要的知识技能点,小茗同学不断地学习相关知识,提高相应的能力。

任务一 客户满意度的内涵与影响因素

学习重难点

(1)根据产品或服务的特点分析影响客户满意度的主要因素;
(2)利用合适的测评方法对客户满意度进行测评;
(3)根据测评的结果对客户满意度进行提升和改善。

内容精讲

一、客户满意的内涵

美国学者 Cardozo 在 1965 年首次将客户满意（Customer Satisfaction）的观点引入营销领域后，学术界掀起了研究客户满意的热潮，客户满意也成为颇受西方企业推崇的经营哲学。

奥里佛认为："客户满意是消费者的实践反应，它是判断一件产品或服务本身或特性的尺度，或者说它反映了消费者的一次消费经历的愉快水平。"

亨利·阿赛尔认为："客户满意取决于商品的实际消费效果和消费者预期的对比，当商品的实际效果达到消费者的预期时，就产生了满意，否则，就会导致客户不满意。"

菲利普·科特勒认为："满意是指个人通过对产品的可感知效果与他的期望值相比较后所形成的愉悦或失望的感觉状态。"

总的来说，客户满意是一种心理活动，是客户的需求被满足后形成的愉悦感或状态，当客户的感知没有达到期望时，客户就会不满、失望；当感知与期望一致时，客户是满意的；当感知超出期望时，客户就感到"物超所值"，就会很满足。例如，旅客奔波一天回到房间，惊喜地发现饭店送的生日蛋糕和鲜花，出乎他的预料，旅客的高兴和满意自然是不言而喻的。顾客满意的形成过程如图 7-1 所示。

$$顾客满意 = f(感知价值, 期望价值) \begin{cases} 感知价值 > 期望价值 —— 很满意 \\ 感知价值 = 期望价值 —— 满意 \\ 感知价值 < 期望价值 —— 不满意 \end{cases}$$

图 7-1　顾客满意的形成过程

> 【知识拓展】客户满意的三个层次
>
> 客户满意包括产品满意、服务满意和社会满意三个层次：
>
> "产品满意"是指企业产品带给客户的满足状态，包括对产品的内在质量、价格、设计、包装、时效等方面的满意。产品的质量满意是构成客户满意的基础因素。
>
> "服务满意"是指在产品售前、售中、售后以及产品生命周期的不同阶段采取的服务措施令客户满意。这主要是指在服务过程的每一个环节上都能设身处地地为客户着想，做到有利于客户、方便客户。
>
> "社会满意"是指客户在对企业产品和服务的消费过程中所体验到的企业对社会利益的维护。它要求企业的经营活动有利于社会文明进步。

二、客户满意的意义

(一) 客户满意是企业战胜竞争对手的重要手段

在当今的买方市场上,客户对产品或服务能满足或超越他们期望的要求日趋强烈。例如,他们不但需要优质的产品或服务,同时希望能以最低的价格获得。客户是企业建立和发展的基础,如何更好地满足客户的需要,是企业成功的关键。如果企业不能满足客户的需要,而竞争对手能够使他们满足,那么客户很可能就会转向竞争对手。只有能够让客户满意的企业才能在激烈的竞争中获得长期的、起决定作用的优势。市场竞争的加剧,使客户有了充实的选择空间。在竞争中,谁能更有效地满足客户需要、让客户满意,谁就能够营造竞争优势,从而战胜竞争对手。

(二) 客户满意是企业取得长期成功的必要条件

客户满意是企业实现效益的基础。客户满意与企业盈利间具有明显的正相关性。客户只有对自己以往的购买经历感到满意,才可能继续重复购买同一家企业的产品或者服务。现实中经常发生这样的事情,客户因为一个心愿未能得到满足,就毅然离开一家长期合作的企业。企业失去一位老客户的损失很大。某企业评估其一位忠诚客户的终生价值是 8000 美元,并以此来教育员工失误一次很可能就会失去全部,要以 8000 美元的价值而不是一次 20 美元的营业额来接待每一位客户,并提醒员工只有时刻让客户满意,才能确保企业得到客户的终生价值。此外,客户满意还可以节省企业维护老客户的费用,同时,满意客户的口头宣传还有助于降低企业开发新客户的成本,并且树立企业的良好形象。

(三) 客户满意是实现客户忠诚的基础

从客户的角度讲,曾经带给客户满意经历的企业意味着可以继续使客户满意,或者是减少再次消费时可能出现的风险和不确定性。因此,如果企业上次能够让客户满意,就很可能再次得到客户的垂青。客户忠诚通常被定义为重复购买同一品牌的产品或者服务,不为其他品牌所动摇,这对企业来说是非常理想的。但是,如果没有令客户满意的产品或服务,则无法形成忠诚的客户。只有让客户满意,他们才可能成为忠诚的客户,也只有持续让客户满意,客户的忠诚度才能进一步得到提高。可见,客户满意是形成客户忠诚的基础。

三、影响客户满意度的因素

顾客满意的思想和观念,早在 20 世纪 50 年代就受到世人的认识和关注。学者们对顾客满意的认识大多围绕着"期望—差异"范式,如 Otiver&Linda、Tse&Witon、Westbrook&Reilly。这一范式的基本内涵是顾客期望形成了一个可以对产品、服务进行比较、判断的参照点,顾客满意作为一种主观的感觉被感知,因此,从这一范式去分析,客户满意度主要受客户期望和客户感知价值的影响。

（一）客户对产品或服务的期望

为什么接受同样的服务，有的人感到满意，而有的人感到不满意？因为他们的期望不同。为什么接受不同的服务，好的服务不能让他满意，而不够好的服务却能使他满意？因为好的服务比他期望的要差，而不够好的服务却比他期望的要好。主流研究认为客户满意主要受客户期望是否得到满足影响。

那什么是客户期望呢？客户期望是指客户在购买、消费产品或服务之前对产品或服务的价值、品质、服务、价格等方面的主观认识或预期。

假设 A、B、C 三个客户同时进入一家餐厅消费，假设 A、B、C 三个客户对餐厅的期望分别是 a、b、c，并且 $a>b>c$，假设餐厅为他们提供的服务都是 b。

那么，消费后，A 对餐厅感觉不满意，因为 A 在消费前对餐厅抱有很大的期望，其期望值为 a，但是他实际感受到的餐厅服务只是 b，而 $a>b$，也就是说，餐厅所提供的产品和服务没有达到 A 客户的期望值，使 A 客户产生失落感，所以 A 客户对餐厅是不满意的。B 客户在消费前的期望值为 b，而他实际感受到的餐厅服务刚好达到了他心中的期望值 b，所以 B 客户对餐厅是满意的。C 客户在消费前的期望值为 c，而在消费过程中，餐厅服务达到了 b，而 $b>c$，也就是说，餐厅所提供的产品和服务不但达到而且超过了 C 客户的期望值，从而使 C 客户产生"物超所值"的感觉，所以 C 客户对餐厅非常满意。

这个例子说明了客户期望对客户满意是有重要影响的，也就是说，如果企业提供的产品或者服务达到或超过客户期望，那么客户就会满意或很满意。而如果达不到客户期望，那么客户就会不满意。

（二）影响客户期望的因素

1. 企业服务承诺

包括明确的服务承诺和含蓄的服务承诺。例如在利用广告、产品外包装说明、员工介绍和讲解等形式进行产品宣传时，传达出产品或服务的功能，根据这些，客户会对企业的产品或者服务在心中产生一个期望值。例如，市场上的诸多减肥药，一方面传达减肥药一个月减肥的疗效，另一方面强调药效的安全性，让爱美女性跃跃欲试。如果广告宣称是一月见效，那么药品的服用者也就期望一月见效且安全无副作用。肆意地夸大宣传自己的产品或服务，会让客户产生过高的期望值，而客观的宣传会使客户的期望比较理性。

2. 自身的服务体验

当顾客亲身体验过企业所提供的服务，对某个企业有了充分了解以后，可以形成对该企业较为稳定的服务期望。例如，长期出差的消费者会选择全国连锁品牌酒店，正是因为其过往的体验认为该类酒店的服务、卫生都能达到自身的要求，形成对企业较为稳定的服务期望且每次都能实现。一旦某次该客户对酒店失去期望，酒店可能会丢失该客户。

3. 口碑

人际渠道对于服务营销传播至关重要。顾客在经过某项消费之后，如果觉得满意或者不满意，他会向企业潜在消费者诉说。这些潜在消费者就会形成对企业服务的期望。例如，人们的消费决定总是很容易受到他人尤其是亲戚朋友的影响，他人的介绍对客户期望的影响远远超出我们的想象。如果客户身边的人极力赞扬，说企业的好话，那么就容易让客户对该企业的产品或服务产生较高的期望；相反，如果客户身边的人对企业进行负面宣传，则会使客户对该企业的产品或服务产生较低的期望。

（三）客户对产品或服务的感知价值

客户感知价值是客户在购买或者消费过程中，企业提供的产品或服务给客户的感觉价值。客户感知价值实际上就是客户的让渡价值，它等于客户购买产品或服务所获得的总价值与客户为购买该产品或服务所付出的总成本之间的差额。

许多消费者可能有过这样的经历：打电话给一家电器厂商的维修部门，让他们来维修发生故障的电器，他们答应第二天上午10点登门服务，但是一等就是三四天，在反复催促下才终于来排除故障。在这种情况下，尽管客户的需求得到满足，但是客户的期望却没有被满足。对于企业而言，尽管哪一天维修设备的成本都是相同的，却可能导致完全不同的客户满意度。如果维修部门在第二天上午10点前登门服务，那对于客户的感知价值来说又将形成非常不一样的结果，客户会非常满意，因此客户实际感知到的产品或服务对客户满意度的影响相当关键。

（四）影响客户对产品或服务的感知价值的因素

影响客户感知价值的因素有客户总价值和客户总成本两大方面，即一方面是客户从消费产品或服务中所获得的总价值，包括产品价值、服务价值、人员价值、形象价值等；另一方面是客户在消费产品或服务中需要耗费的总成本，包括货币成本、时间成本、精神成本、体力成本等。也就是说，客户感知价值受到产品价值、服务价值、人员价值、形象价值、货币成本、时间成本、精神成本、体力成本8个因素的影响。

进一步说，客户感知价值与产品价值、服务价值、人员价值、形象价值成正比，与货币成本、时间成本、精神成本、体力成本成反比。

1. 产品价值

产品价值是由产品的功能、特性、品质、品种、品牌与式样等所产生的价值，它是客户需要的中心内容，也是客户选购产品的首要因素。在一般情况下，产品价值是决定客户感知价值大小的关键因素和主要因素。产品价值高，客户的感知价值就高；产品价值低，客户的感知价值就低。

假如产品的质量不稳定，即使企业与客户建立了某种关系，这种关系也是脆弱的，很难维持下去，因为它损害了客户的利益。所以，企业应保持并不断提高产品的质量，这样才能提升产品价值，进而提升客户的感知价值，使客户关系建立在坚实的基础上。

假如产品缺乏创新，样式陈旧或功能落伍，跟不上客户需求的变化，客户的感知价值就会降低，客户自然就会不满意，还会"移情别恋""另觅新欢"，转向购买新型的或者更好的同类产品或服务。

此外，随着收入水平的提高，客户的需求层次也有了很大的变化，面对日益繁荣的市场，许多客户产生了渴望品牌的需求，品牌对企业提升产品价值的影响也就尤为突出，同时，品牌还充当着企业与客户联系情感的纽带。因此，企业可通过对品牌形象的塑造来提升产品价值，从而为客户带来更大的感知价值。

2. 服务价值

服务价值是指伴随产品实体的出售，企业向客户提供的各种附加服务，包括售前、售中、售后的产品介绍、送货、安装、调试、维修、技术培训、产品保证，以及服务设施、服务环境、服务的可靠性和及时性等因素所产生的价值。服务价值是构成客户总价值的重要因素之一，对客户的感知价值影响也较大。服务价值高，客户的感知价值就高；服务价值低，客户的感知价值就低。

虽然再好的服务也不能使劣质的产品成为优等品，但优质产品会因劣质服务而失去原有的价值，导致客户流失。例如，企业的服务意识淡薄，员工傲慢，服务效率低，对客户草率、冷漠、粗鲁、不礼貌、不友好、不耐心；客户的问题不能得到及时解决，咨询无人理睬，投诉没人处理等，都会导致客户的感知价值低。

优异的服务是提升客户感知价值的基本要素和提高产品价值不可缺少的部分，出色的售前、售中、售后服务对于增加客户总价值和减少客户的时间成本、体力成本、精神成本等方面的付出具有极其重要的作用。企业只有不断提高服务质量，才能使客户的感知价值增大。

3. 人员价值

人员价值是指企业"老板"及其全体员工的经营思想、工作效率与作风、业务能力、应变能力等所产生的价值。一个综合素质较高的工作人员会比综合素质较低的工作人员为客户创造的感知价值更高。此外，工作人员是否愿意帮助客户、理解客户，以及工作人员的敬业精神、响应时间和沟通能力等因素也会影响客户的感知价值。

凯马特(K-Mart)是美国一家著名的大型折扣连锁店。虽然它的卖场很大，店里陈列的商品品种繁多、价格便宜，但客户如想找店员询问有关问题却不是件容易的事。因为为了节约人工成本，这里的店员很少，客户在这里虽然满足了购买便宜商品的欲望，但是无法感受到店员对他们的关心，于是在客户心中就产生了被冷落的感觉。这使得客户对凯马特的感知价值不高，对凯马特的感觉总不是那么满意。

4. 形象价值

形象价值是指企业及其产品在社会公众中形成的总体形象所产生的价值，它在很大程度上是产品价值、服务价值、人员价值三个方面综合作用的反映和结果，包括了产品、服务、技术、品牌等产生的价值，以及企业的价值观念、管理哲学等产生的价值，还包括企业"老板"及其员工的经营行为、道德行为、态度作风等产生的价值。

企业在经营过程中如果存在不合法、不道德、不安全、不健康和违背社会规范的行为，企业形象价值就很低，即使企业的产品或者服务很好，客户对它的印象也会大打折扣，客户的感知价值也会很低。相反，如果企业的形象价值高，将有利于提升客户的感知价值。此外，如果企业形象在客户心目中较好，客户就会谅解企业的个别失误，而如果企业原有的形象不佳，那么任何细微的失误也会造成很坏的影响。因此，企业形象被称为客户感知的"过滤器"。

另外，竞争对手可以说是无处不在，无时不有，但在竞争中不要损人利己、相互拆台、造谣、诽谤、中伤，否则最终会损坏企业形象。相反，如果能与对手建立良好的竞争关系，则会塑造一个全新的企业形象，从而提升客户的感知价值。美国纽约梅瑞公司把客户介绍给竞争对手的一反常态的做法，既获得了广大客户的普遍好感，又向竞争对手表示了友好和亲善，不仅树立了良好的企业形象，也改善了经营环境，因此该公司生意日趋兴隆。

5. 货币成本

货币成本是客户在购买、消费产品或服务时必须支付的金额，是构成客户总成本的主要的和基本的因素，是影响客户感知的重要因素，对稳定和巩固客户关系有着举足轻重的作用。

客户在购买产品或服务时,无论是有意还是无意,总会将价格与其消费所得相比较,总是希望以较小的货币成本获取更多的实际利益,以保证自己在较低的支出水平上获得最大的满足。

即使一个企业的产品或服务再好,形象再好,如果需要客户付出超过其期望价格很多的货币成本才能得到,客户也不会乐意。因此,如果客户能够以低于期望价格的货币成本买到较好的产品或服务,那么客户感知价值就高;反之,则客户的感知价值就低。

6. 时间成本

时间成本是客户在购买、消费产品或服务时必须花费的时间,它包括客户等待服务的时间、等待交易的时间、等待预约的时间等方面。

激烈的市场竞争使人们更清楚地认识到时间的宝贵,对于一些客户来说,时间可能与质量同样重要。在相同情况下,如果客户所花费的时间越少,客户购买的总成本就越低,客户的感知价值就越高。相反,如果客户所花费的时间越多,客户购买的时间成本就越高,客户的感知价值就越低。

因此,企业必须努力提高效率,在保证产品和服务质量的前提下,尽可能减少客户时间的支出,从而降低客户购买的总成本,提高客户的感知价值。

如今,对客户需求响应时间的长短已经成为某些行业,如快餐业、快递业和报业成功的关键因素。如麦当劳为了突出"快"字,站柜台的服务员要身兼三职——照管收银机、开票和供应食品,客户只需排一次队,就能取到他所需要的食物。

7. 精神成本

精神成本是客户在购买产品或服务时必须耗费精神的多少。在相同情况下,精神成本越少,客户总成本就越低,客户的感知价值就越大。相反,精神成本越高,客户的感知价值就越低。一般来说,客户在一个不确定的情况下购买产品或者服务,都可能存在一定的风险,例如:

(1)预期风险,即当客户的期望与现实不相符时,就会有失落感,产生不满。

(2)形象风险或心理风险,例如,客户担心购买的服装太前卫会破坏自己的形象,或担心购买价格低的产品被人取笑,或购买价格高的产品又会被人指责摆阔、逞能等。

(3)财务风险,即购买的产品是否物有所值、保养维修的费用是否太高、将来的价格会不会更便宜等。

(4)人身安全风险,如某些产品的使用可能隐含一定的风险,如驾驶汽车、摩托车可能造成交通事故等。

以上这些可能存在的风险,都会导致客户精神压力的增加,如果企业不能降低客户的精神成本,就会降低客户的感知价值。

例如,同一个月份甚至同一周购买的商品,仅差一天或者几天,价格就不一样,这让客户时常要担心今天买会不会亏了,明天会不会更便宜,从而增加了客户的精神成本和负担,降低了客户的感知价值。

又如,旅馆不守信用,旅客预订的客房无法按时入住,而旅馆没有任何补偿措施,这也会增加旅客的精神成本,从而降低客户的感知价值。

根据日本知名的管理顾问角田识之的研究,一般交易活动中买卖双方的情绪热度呈现出两条迥然不同的曲线:卖方从接触买方开始,其热忱便不断升温,到签约时达到巅峰,等收款后便急剧降温、一路下滑;然而,买方的情绪却是从签约开始逐渐上升,但总是在需要卖方服务的时候,才发现求助无门——这往往是买方产生不满的根源。如果买方始终担心购买后卖方的售后服务态度会一落千丈,那么就会犹豫是否要购买。

客户的精神负担往往是企业的失误造成的,也可能来自企业制度和理念上的漏洞。例如,有些通信企业为了防止有意拖欠话费和减少欠费,而采取了预交话费的办法,一旦客户通话费用超过预交话费,账务系统就自动中断对客户的服务。这种办法的确有效地防止了欠费,但同时也让从来就没想到要有意欠费的客户十分反感和不满,觉得这是对自己的不尊重、不信任,从而增加了客户的精神成本,降低了客户的感知价值。于是,这些客户在一定的外因促使下很容易"叛离"企业,寻找能信任他们的更好的合作伙伴。

8. 体力成本

体力成本是客户在购买、消费产品或服务时必须耗费体力的多少。在相同情况下,体力成本越少,客户的感知价值就越高。相反,体力成本越高,客户的感知价值就越低。在紧张的生活节奏与激烈的市场竞争中,客户对购买产品或服务的方便性要求也在提高,因为客户在购买过程的各个阶段均需付出一定的体力。如果企业能够通过多种渠道减少客户为购买产品或服务而花费的体力,便可降低客户购买的体力成本,进而提升客户的感知价值。

总之,客户总是希望获得更多的价值,同时又希望把有关成本降到最低限度,只有这样客户的感知价值才会高。

【想一想】影响客户满意度的因素还有哪些?

【案例】"海底捞"火锅服务宾至如归,实现多方满意

一家简单的火锅连锁企业,几乎没有核心技术可言,却通过简单的提供优质服务拥有了大规模发展和扩张的动力,这就是"海底捞"的成功之处。"海底捞"将创新精神融入普通的火锅行业,从而创造了奇迹。一时间,各行业掀起了一股向海底捞"学管理""学经营""学服务"的热潮。"海底捞"不再是一个火锅店的代名词,转而上升成为一种现象。重庆市火锅协会会长、小天鹅集团总裁何永智也发出号召:我们要学习"海底捞"的服务创新措施,提升重庆火锅产业的消费附加值和重庆火锅的整体档次。

"海底捞"之所以取得如此巨大的成功,正是得益于其以顾客至上为准绳的服务。例如,客人入座后,服务人员会立即送上围裙、手机套,就餐期间还会有人不时奉上热毛巾,这让"海底捞"的客人蜂拥而至。"海底捞"的北京分店大部分时间里每天能保持5~6桌的翻台率,支撑这种翻台率的就是"海底捞"独特的等位模式,这已经成为"海底捞"特色之一。等待原本是一个痛苦的过程,"海底捞"却用一套免费服务把等待的过程变成了一种愉悦体验。手持号码等待就餐的顾客一边观望屏幕上打出的座位信息,一边接过免费的水果、饮料、零食;如果是一大帮朋友在等待,服务员还会主动送上扑克牌、跳棋之类的桌面游戏供大家打发时间,或者趁等位的时间到餐厅上网区浏览网页,还可以来个免费的美甲、擦皮鞋。即使提供免费服务,"海底捞"也绝不糊弄了事。例如,只要客人打个喷嚏,工作人员便会请厨房做碗姜汤送上;孕妇到"海底捞"就餐会获赠专门制作的泡菜;如果某位客人喜食店内的某类免费食物,服务人员也会主动为其打包一份带走。这就是"海底捞"的"粉丝"们所享受的"花便宜的钱买到星级服务"的全过程。可以说,"海底捞"的这种用户体验创新是一场对传统的标准化、单一化服务的颠覆性革命,给客户带来宾至如归的体验的同时,也促进了自我的成功。

由此可见，海底捞的做法提升了产品价值、服务价值和人员价值，降低了时间成本、精神成本和体力成本，因此让客户十分满意。

【微课】众口难调——客户满意度的含义和影响因素

任务二　客户满意度的测评

学习重难点

（1）了解客户满意度衡量的调查方法；
（2）掌握测评级度的设计方法。

内容精讲

客户满意度测评，是指在一定层面上，就某一类产品（服务）或品牌对其客户群体进行调查，取得客户满意状况的数据，通过综合测算与分析得到客户满意度评价结果。完整的客户满意度测评体系应包含满意度测量和满意度评价两个方面，能够为客户满意度管理提供充足的决策依据。

一、衡量客户满意度的参考指标

（一）对产品的美誉度

美誉度是客户对企业或者品牌的褒扬程度，借助美誉度，可以知道客户对企业或品牌所提供的产品或服务的满意状况。一般来说，持褒扬态度、愿意向他人推荐企业及其产品或者服务的，肯定对企业提供的产品或服务非常满意。

（二）对品牌的指名度

指名度是客户指名消费或者购买某企业或某品牌的产品或服务的程度。如果客户在消费或者购买过程中放弃其他选择而指名购买某产品，或非此产品不买，表明客户对这种品牌的产品或服务是非常满意的。

(三)消费后的回头率

回头率是客户消费了某企业或某品牌的产品或服务之后,愿意再次消费的次数。客户是否继续购买某企业或某品牌的产品或者服务,是衡量客户满意度的主要指标。如果客户不再购买该企业或该品牌的产品或服务而改购其他品牌的产品或服务,无疑表明客户对该企业或该品牌的产品或服务很可能是不满意的。调查表明,如果一个网站不能够吸引人,那么75%的客户不会访问第二次。在一定时期内,客户对产品或服务的重复购买次数越多,说明客户的满意越高,反之则越低。

(四)消费后的投诉率

客户的投诉是不满意的具体表现,投诉率是指客户在购买或者消费了某企业或某品牌的产品或服务之后所产生投诉的比例,客户投诉率越高,表明客户越不满意。但是,这里的投诉率不仅指客户直接表现出来的显性投诉,还包括存在于客户心底未予倾诉的隐性投诉。研究表明,客户每四次购买中会有一次不满意,而只有5%的不满意客户会投诉,另外95%的不投诉客户只会默默地转向其他企业。所以,不能单纯以显性投诉来衡量客户的满意度,企业要全面了解投诉率还必须主动、直接征询客户,这样才能发现可能存在的隐性投诉。客户对某企业或某品牌的产品或服务的事故承受能力,也可以反映客户对某企业或某品牌的满意度。当产品或者服务出现事故时,客户如果能表现出容忍的态度(既不投诉,也不流失),那么表明这个客户对该企业或该品牌肯定不是一般的满意。

(五)单次交易的购买额

购买额是指客户购买某企业或某品牌的产品或者服务的金额多少。一般而言,客户对某企业或某品牌的购买额越大,表明客户对该企业或该品牌的满意度越高;反之,则表明客户的满意度越低。

(六)对价格变化的敏感度

客户对某企业或某品牌的产品或服务的价格敏感度或承受能力,也可以反映客户对某企业或某品牌的满意度。当某企业或某品牌的产品或服务的价格上调时,客户如果表现出很强的承受能力,那么表明客户对该企业或该品牌肯定不是一般的满意;相反,如果出现客户的转移与"叛离",那么说明客户对该企业或该品牌的满意度是不高的。

如果客户的满意度普遍较高,那么说明企业与客户的关系是处于良性发展状态的,企业为客户提供的产品或者服务是受欢迎的,企业就应再接再厉,发扬光大;反之,则应该多下功夫改进产品或服务。

(七)向其他人的推荐率

客户愿不愿意主动推荐和介绍他人购买或者消费企业的产品和服务,也可以反映客户满意度的高低。客户如果愿意主动介绍他人购买企业的产品和服务,则表明他的满意度是比较高的。

【小故事】一位客服人员的服务经历

赵女士，27岁，宜兴人。2017年的12月26与27日，我和赵女士前后进行了两次通话，向她介绍了我所在的教育机构，并在了解了一些她的基本情况后为她做了一个简单的职业规划，最终她决定抽空来公司和我面谈。2017年12月30日，赵女士第一次来到我们公司，最初她的本意是报考"二建"，但根据其自身基本情况以及我对这一行业的了解，我认为她更适合报考"一建"。所以，接下来我向她更为详细地介绍了"一建"与"二建"，并做了详细职业规划。赵女士当时并未决定报班，说要先去找朋友商议后再给我答复。大概一小时后，她再次来到我们公司，让我推荐班型，针对她自身情况我推荐了白金卡班，她接受了我的建议，也交了钱。报名后，她告诉我，她的朋友是另一家教育机构的员工。我很惊讶，问她为什么最终还是选择了我所在的这家教育机构。她笑着对我说："小伙子，我报名学习最终是为了通过考试，对比我朋友那边，你的服务态度更让我放心！"瞬间，我内心涌起了一股暖流。

在报名初期，赵女士会一直询问我各种问题，例如：课本怎么还没到？你们的课程怎么这么少？等等，甚至网上的一些对我们机构的留言，她也会截图给我看。针对赵女士提出的问题，我都会一一作答，给予最优质的服务，并经常性地给予问候。20天后，赵女士给我介绍了两位学员，而且这两个学员都是没来我们公司详细咨询就直接交钱报班的。赵女士对我说："你比较靠谱，值得信赖。冲着你们的服务，年后我还会推荐我朋友过来的，到时候找你。"

对我而言，最高兴的不是学员报了班，而是学员对我的信任和肯定。我相信，以一颗真诚的心去服务我们的每一位客户，一定会所向披靡！

【想一想】 还有哪些指标可以用来衡量客户的满意度？

二、客户满意度调查和评价

（一）客户满意度调查的对象

不同的客户在事前对企业的期待是不同的，有的客户容易满意，有的客户却不容易满意。因此，在测试客户满意度时，仅调查少数人的意见是不够的，必须以多数人为对象，然后再将结果平均化。可以从以下几方面进行调查：

1. 现实客户

客户满意度测试的对象一般是现实客户，即已经体验过本企业商品和服务的现实（既有）客户。实际上，大多数的企业不是因为吸引客户过少而失败，而是由于未能提供客户满意的商品或服务而使客户流失，从而导致业绩减退。因此，测试并提高现实客户满意度非常重要，它投入少，但效果很明显。因为它是以特定客户为对象的，目标固定。

2. 使用者和购买者

客户满意度测试以商品或服务的最终使用者还是以实际购买者为测试对象，这是需要预先明确的。由于商品或服务的性质不同，这两者经常存在差异。以购买者为测试对象，是通常的做法。

3. 中间商客户

各个企业把商品或服务提供给客户的方式是不一样的。有些企业并不与消费者直接见面，而是需要经过一定的中间环节。这时，客户对产品或服务的满意度，与批发商、零售商这样的中间商就有很大关系，测试中也不可忽略对中间商的测试。

4. 内部客户

客户满意度的测试不仅包括传统的外部客户的调查，还包括企业内部客户的调查。在很多企业中，由于没有树立内部客户的观念，各部门之间的隔阂很严重。各部门的员工对外部客户的需求很重视，却忽视了上下线其他部门这样的内部客户，互不合作甚至互相拆台的事情时有发生。实际上，企业作为对外提供商品和服务的整体，内部各部门彼此之间也应该以对待外部客户那样的方式相待。只有整个流程的各部门都能为其他部门提供满意的产品或服务，才有可能最终为客户（消费者）提供满意的商品或服务。

（二）客户满意度的调查方法

根据调查对象和调查目的，常用的客户满意度调查方法有以下几种：

1. 现场发放问卷调查

在客户（或公众）比较集中的场合（如展览会、新闻发布会、客户座谈会等），向客户发放问卷，现场回收。这种方式快速，如果辅之以小奖品，则问卷回收比例高，同时具有宣传的效果。但要注意区别客户与潜在客户。调查问卷的询问项目一般应包括以下内容：

（1）当发现客户购买本企业产品后，可以调查客户是否满意以及原因是什么。

（2）成为企业忠诚客户的原因是什么。

（3）从产品使用频繁度来推敲客户使用的理由。

（4）客户为什么不想购买？

（5）从产品使用的频繁度来了解客户的期待和需求。

（6）不使用的理由和不再继续使用的理由是什么，是否有解决的可能性？

（7）当初对本企业产品所抱的期待是怎样的？对于当初那份期待目前的评价如何？

（8）当初的期待与目前的评价之间，其差异点何在？

（9）以客户目前对本企业产品、服务的印象而言，将来有哪些地方必须充实与改善？

（10）客户使用本企业产品后，将产品本身、服务体系分开来看的话，各有哪些具体的评价、需求和不满。

调查项目应随企业调查的具体情况而灵活调整。

2. 电话调查

电话调查适合于客户群比较固定、重复购买率较高的产品。该调查方法的好处是企业可以直接倾听客户的问题，信息收集速度快，能体现对客户的关怀，效果较好。不利之处在于可能干扰客户工作或生活，造成客户反感。因此调查的项目应尽可能简洁，以免拉长调查时间。如果客户数量较少，可以由企业营销人员直接联系客户；如果客户数量多，可以采取抽样方式，委托专业调查公司，或双方合作进行。

3. 邮寄问卷调查

通常在庆典或重大节日来临之际，可向客户邮寄问卷，配以慰问信、感谢信或小礼品。邮寄问卷获得的调查数据比较准确但费用较高、周期长，一般一年最多进行1～2次。

4. 网上问卷调查

这是在目前网络快速普及的情况下发展最快的调查方式,具有快速、节省费用的特点,特别是在门户网站如新浪网上开展的网上调查很容易引起公众对企业的关注。存在的问题是:网上调查只对网民客户有效,结论有失偏颇;所提问题不可能太多;真实性值得怀疑。

(三) 获得客户满意度信息的渠道

为了提高客户满意度测试的效果,企业有必要收集较多、较好的客户满意度信息,获得客户满意度信息的渠道越多、越畅通,对企业越有利。具体的测试渠道如表7-2所示。

表7-2 客户满意度测试渠道及说明

渠 道	说 明
问卷和调查	定期邮寄和发放问卷,征求客户的意见;委托有关机构对客户进行调查;采用其他一些社会学方法收集客户意见
直接沟通	与客户直接沟通是获取客户满意度信息的最佳方法
客户投诉	客户投诉可反映客户对企业的真实态度,应引起重视
行业研究结果	不少行业都有本行业企业协会对市场的研究结果
新闻媒体报告	由专人收集报刊、广播、电视上有关的客户满意度信息,特别是负面投诉
重要的相关团体	利用中介企业获取客户的意见,通过某种产品及客户的联谊类的团体获取信息,如驾驶协会对汽车的意见
消费者协会报告	可以从消费者协会直接获取年度综合报告和专题报告

(四) 测评级度的设计

一般情况下,客户满意程度可分成7个级度或5个级度。7个级度:很满意、满意、较满意、一般、不太满意、不满意和极不满意。5个级度:很满意、满意、一般、不满意和极不满意。根据心理学的梯级理论,对7梯级给出的参考指标如表7-3所示(注:5梯级的参考指标类同)。

表7-3 7梯级参考指标

7梯级	指 标	分 述
很满意	满足、感谢	客户的期望不仅完全达到,没有任何遗憾,而且大大超出了预期,客户会主动向亲朋宣传、介绍、推荐,鼓励他人购买同样的产品或服务
满意	赞扬、愉快	期望基本与现实相符,客户不仅对自己的选择予以肯定,还会乐于向亲朋推荐
较满意	肯定、赞许	客户内心还算满意,但离更高要求还有一定距离,而与一些更差的情况相比,又令人感到欣慰
一般	无明显情况	没有正负面情绪的状态,不好也不差

续表

7梯级	指　标	分　述
不太满意	抱怨、遗憾	客户虽心存不满,但也不会有过高要求
不满意	气愤、烦恼	希望通过一定方法进行弥补,有时会进行反宣传,提醒自己的亲朋不要去购买同样的产品或服务
极不满意	愤慨、投诉、反宣传	找机会投诉,还会利用一切机会进行反宣传以发泄心中的不快

（五）满意度测评的程序

1. 确定问题和目的

问题和目的的明确是进行客户满意度测评的第一步。由于企业的生产经营过程相对稳定,而目标市场却千变万化,因此,企业经营与市场需求往往不相适应。这种不相适性在经营过程中会逐渐显现出来,而且在大多数情况下会经由客户的不满意凸显出来,因此,必须找出造成这种不适应性和客户不满意的原因,这就是要研究并解决的问题。问题明确了,目的也就可以确定了。如商业服务企业的客户满意度测评的目的在于:了解某企业或某品牌的客户满意程度,了解某行业整体客户满意度情况。

2. 制定满意度测评方案

任何正式的满意度测评活动都是一项系统工程。为了在调查测评过程中统一认识、统一内容、统一方法、统一步调,圆满完成任务,在具体开展调查工作以前,应该根据研究的目的、调查对象的性质,事先对整个实施工作的各个阶段进行通盘考虑和安排,制定合理的工作程序,也就是提出相应的实施方案。整个调查工作的成败,很大程度上取决于所制定的方案是否科学、可行,具体的测评方案一般需要说明以下几个方面的内容。

（1）说明调查目的。指出项目的背景、想研究的问题和可能的几种备用决策,指明该项目的调查结果能给企业带来的决策价值、经济效益、社会效益,以及在理论上的重大价值。例如,客观地、科学地、系统地评价客户对产品或服务的满意度,制定相应的改进措施,完善客户服务体系,提高客户服务水平,提高市场竞争的综合能力,取得最大的经营绩效。

（2）确定调查内容。开展客户满意度调查研究,必须识别客户和客户的需求结构,明确开展客户满意度调查的内容。不同的企业、不同的产品拥有不同的客户。不同群体的客户,其需求结构的侧重点是不相同的。例如,有的侧重于价格,有的侧重于服务,有的侧重于性能和功能等。一般来说,调查的内容应依据所要解决的调查问题和目的来确定,具体的内容应按照CSI（客户满意指数）三级测评指标体系的指标并结合实际情况加以确定。

（3）确定调查对象。确定调查对象即确定谁是企业的客户,企业要从哪儿获得所需的数据。在客户满意度测评中,客户包括从前的客户、当前的客户、潜在的客户、销售渠道成员、批发商和零售商等不同的范畴。客户可以是企业外部的客户,也可以是内部的客户。如果客户较少,应该进行全体调查。但对于大多数企业来说,要进行全部客户的总体调查是非常困难的,也是不必要的,应该进行科学的随机抽样调查。在抽样方法的选择上,为保证样本具有一定的代表性,可以按照客户的种类,如各级经销商和最终使用者、客户的区域范围分类,进行随机抽样。在样本大小的确定上,为获得较完整的信息,必须要保证样本量足够大,但同时兼顾调查的费用和时间的限制。

（4）选择调查方法。可以采取的调查方法包括：面访（包括入户访问、拦截式访问）、电话调查、邮寄调查、电话辅助式的邮寄调查等。其中入户访问的要求比较高，要求知道所有客户的住址，访问成本也是最高的。拦截式访问的成本较低，访问比较容易受到控制。电话调查要求知道客户的电话，对没有电话联系方式的客户则会被排除在调查范围之外，可能造成样本构成的误差。邮寄调查的问卷回收期比较长，回答者的构成可能与实际客户样本构成不一致。电话辅助邮寄调查的目的在于提高邮寄调查的回收率。

（5）说明调查时间进度和经费开支情况。在实际的调查活动中，根据调查范围的大小，时间有长有短，但一般为一个月左右。费用也有多有少，不能一概而论。基本原则是：保证调查的准确性、真实性，不走马观花；尽早完成调查活动，保证时效性，同时也节省费用。时间的安排一般按照整个测评活动的准备、实施和结果处理三个阶段来规划，经费预算也基本上遵循一定的原则。

3. 客户满意度指标的确定与量化

客户期望、客户对质量的感知、客户对价值的感知、客户满意度、客户抱怨和客户忠诚度都是不可以直接测评的，需要对这些隐性变量逐级展开，直到形成一系列可直接测评的指标。这些逐级展开的测评指标构成了客户满意度测评指标体系。客户满意度测评的本质是一个定量分析的过程，即用数字去反映客户对测量对象的属性的态度，因此需对调查项目指标进行量化。客户满意度测评了解的是客户对产品、服务或企业的态度，即满足状态等级，一般采用 5 级态度等级：很满意、满意、一般、不满意、很不满意，相应赋值为 5、4、3、2、1。

对不同的产品与服务而言，相同的指标对客户满意度的影响程度是不同的。例如，售后服务对耐用消费品行业而言是一个非常重要的因素，但是对于快速消费品行业则恰恰相反。因此，相同的指标在不同指标体系中的权重是完全不同的，只有赋予其以适当的权重，才能客观、真实地反映客户满意度。

4. 设计问卷

问卷设计是整个测评工作中关键的环节，测评结果是否准确、有效，很大程度上取决于此。问卷的基本格式一般包括介绍词、问卷说明、问题和被访问者的基本情况。问卷设计的目的是了解客户的需求和期望，调查客户对产品质量、价值的感知。客户满意度测评与一般市场调查有一定的共性，同时也具有其特殊性，这种特殊性是由客户满意度测评体系的要求所决定的。

除了满足一般问卷的要求外，还必须满足客户满意度测评体系的要求，测评问卷中的问题以测评体系中的 3 级指标为基本的逻辑框架，并将其表述为问卷中的具体问题。同时还应该按照问卷设计的方法和原则来进行问题的设计。问卷的设计思路如下：首先，问卷设计要明确客户满意度测评的目的。通常情况下，客户满意度测评的目的主要有：一是了解客户的要求和期望，调查客户对产品质量、价值的感知；二是计算客户满意度指数，识别客户对产品态度的动态变化趋势；三是通过与竞争对手的比较，明确优劣势，寻求改进方向。问卷设计必须依据这些测评目的来确定问卷的内容。其次，将 3 级测评指标转化为问卷上的问题。这是进行客户满意度测评的核心内容。测评指标是便于计算的统计量，而问卷上的问题是要求客户准确回答的内容，要根据问卷设计的原则和要求，被测评的产品或服务的本质特征及客户的消费心理和行为特征，将关键的 5 级测评指标转化为问卷上的问题。这也是客户满意度测评成功的关键所在。再次，对设计的问卷进行预调查。预调查不同于正式调查，它只需要较小的样本量，一般来说，只需要选取 30～50 个样本就足够了。对于这些样本的预调查,应尽量采用面访的形式进行,这样除了可以详细了解客户对产品和服务的态度以外,更重要的是还可以了解客户对问卷本身的看法。根据预调查的分析结果可以对问卷进行修改和完善。

5. 实施调研

一旦问卷、研究方法设计完毕,研究人员必须实施调研,收集所需的信息。客户满意度数据的收集可以通过书面或口头的问卷、电话或面对面的访谈进行,若有网站,也可以进行网上客户满意度调查。调查中通常包含很多问题或陈述,需要被调查者根据预设的表格选择相应答案,有时候可以让被调查者以开放的方式回答,从而能够获取更详细的资料,能够掌握关于客户满意水平的有价值信息。调研使客户从自身利益出发来评估企业的服务质量、客户服务工作和客户满意水平。

无论选择电话访谈、邮件调查、互联网调查或者其他方法,为了保证调研结果的科学性和准确性,必须事先对调研人员进行相关的培训,使其熟悉调研项目,能向被调研者合理、准确地解释各个调研问题。在调研过程中,必须严格按照各项要求实施调研,调研人员的任务就是最大化地减少调查过程的错误。

6. 数据分析处理

(1) 整理数据资料。对于收集回来的数据资料,应首先进行数据资料的确认,这是保证调查工作质量的关键。也就是说为了保证资料的准确、真实和完整,调查问卷或者其他数据收集工具将接受检查,观察其中是否存在冗余、不完整或者其他无用的回答以及模糊和明显不相容的内容,应确定哪些问卷是合格的,可以接受,哪些问卷是不合格的,必须作废。为了统计分析的方便,还需把原始资料转化为符号或数字,使资料能够标准化,也就是为客户的回应分配一系列的数字,即编码。例如,客户转而使用竞争对手产品的原因需要分配的几组用于确认原因的数字:1——更便宜的价格,2——更好的品质,3——优惠券,等等。

(2) 分析数据资料。为了客观地反映客户满意度,企业必须运用科学、有效的统计分析方法分析客户满意度数据,以证实质量管理体系的适宜性和有效性,并评价在何处可以持续改进。数据分析包括定量分析、定性分析,或者二者兼有,具体选用哪种类型的分析应当取决于研究对象、所收集数据的特性及谁使用这种分析结果。采用定性分析方法分析调查资料,得到对调查对象的本质、趋势及规律的性质方面的认识,其方法是科学的逻辑判断,能够得到有关新事物的概念,却不能表明事物发展的广度和深度,也无法得到对事物在数量上的认识。定量分析则恰好弥补了定性分析的缺陷,它可以深入、细致地研究事物内部的构成比例,研究事物规模的大小及水平的高低。客户满意度数据的分析将提供以下有关方面的信息:① 客户满意度;② 与服务要求的符合性;③ 服务过程和服务的特性及趋势,包括采取预防措施的机会;④ 持续改进和提高产品质量或服务水平的过程与结果;⑤ 不断识别客户,分析客户需求变化情况。

因此,企业应建立健全分析系统,将更多的客户资料输入到数据库中,不断采集客户有关信息,并验证和更新客户信息,删除过时信息。同时,还要运用科学的方法,分析客户变化的状况和趋势,研究客户消费行为有何变化,寻找其变化的规律,为提高客户满意度和忠诚度打好基础。

7. 进行客户满意度评价并撰写报告

大多数的企业管理层一般只关注研究结果的主要内容。通过使用图示、表格及其他绘图工具将研究结果清晰地表达出来,这是对研究人员及其他向管理层汇报研究结果的相关人员的一种创造性的挑战。客户满意度评价报告是整个任务活动的成果体现。在对客户满意度进行评价的过程中,明确哪些是急需改进的因素具有重要意义,而这一点也应是报告中的重要内容。应明确四种类型的改进因素:一是急需改进的因素,即对客户是重要的,而满意度评价是较低的;二是应该继续保持的因素,即对客户是重要的,而满意度评价是较高的;三是不占优先地位的因素,即对客户是不重要的,而满意度评价是较低的;四是锦上添花的因素,即对客户是不重要的,而满意度评价是较高的。客户满意度测评报告的一般格式是:题目、报告摘要、基本情况介绍、正文、改进建议、附件。正文内容包括:测评的背景、测评指标设定、问卷设计检验、数据整理分析、测评结果及分析。

8. 跟踪实施并持续改进

在对收集的客户满意度信息进行科学分析后,针对满意度测评报告中提出的改进问题,企业就应该立刻检查自身的工作流程,在"以客户为焦点"的原则下开展自查和自纠,找出不符合客户满意度管理的流程,制定企业新的经营方案,组织企业员工实行,并通过反馈机制的作用和CSI的更新,不断提升企业的客户满意度,进而扩大企业的市场份额和竞争力。

【知识拓展】调查满意度问卷设计要注意的细节
(1) 简洁、清晰地陈述,避免模糊;
(2) 避免使用专业术语;
(3) 一次只问一件事;
(4) 提问要符合逻辑;
(5) 回答选项要对称;
(6) 站在顾客角度。

【微课】差评还是好评——客户满意度的测评

任务三　提升客户满意度的策略

学习重难点

(1) 加强客户期望值管理;
(2) 提高客户的感知价值。

内 容 精 讲

如何提升客户满意度呢？把产品做好，把服务做好，的确没错，但是这样还不够，或者说这只是最基本的操作，并没有给用户惊喜。

比如，现在你去一家火锅店吃火锅，菜品味道不错，服务员的态度也很好，穿着得体、面带微笑、有呼必应，总体体验很好，但这些还不至于使这家店成为你下次吃火锅的必选之地或者将这家店推荐给身边的朋友，因为你感觉这家店的味道和服务并没有什么让你惊喜的地方。

假如你现在又来到了海底捞吃火锅，虽然味道也并没有什么特殊的地方，但是它的服务让你惊讶，"服务员看你一个人孤单，抱来了布娃娃"，"当你想把剩下的西瓜打包的时候服务员给你抱来了一整个"，等等。之后，你可能会向身边很多朋友推荐海底捞。为什么会有如此之大的差别呢？关键在于海底捞的服务超出了你对吃火锅的预期，那些贴心的服务是你之前没有想到的。

要实现客户满意，必须从两个方面着手：一是把握客户期望，二是提高客户的感知价值。真正的客户服务，并非一味地满足客户的要求，而是合理地管理客户的期望值，并提供双方都能接受的服务，管理客户满意度要加强客户期望值管理并提升客户对产品和服务的感知价值。

一、加强客户期望值管理

在各行业竞争空前激烈的今天，客户就是企业生存与发展的基础，客户期望值管理是每一个企业都必须面对的。如果企业为客户设定的期望值与客户所要求的期望值之间差距太大，企业就算运用再多的技巧，客户也不会接受，甚至直接接受竞争对手的服务，所以企业需要加强期望值管理来获得更高程度的客户满意。

（一）客户期望值管理的基本内容

1. 了解并理解客户的需求和期望

客户的要求分为明确的需求和隐含的期望，如果我们只是了解并努力满足客户的需求，最多只能达到客户一般的满意水准，要使客户非常满意或达到更高一个层次——喜悦，应更好地了解并理解客户的期望。

2. 将客户期望传达给相关人员

客户的期望要靠企业内部各职能部门一起努力来实现，任何环节的不足都可能无法满足客户期望，所以企业运作要具有系统性。

3. 通过全员努力实现客户需求

传达到位是基本要求，落实到位才能真正实现客户的要求。只有通过全员的参与才能有效地对客户的需求和期望进行转化和实现，这需要高效的团队文化和强有力的执行力。

4. 了解客户的满意程度

如果企业跟不上客户的要求和期望，那么就会被客户甩开。企业应在理解客户的满意程度之后利用良好的系统和优秀的人才来落实，最终达到客户满意。

（二）客户期望值管理的实施要点

1. 对客户坦诚相告

针对所认知的客户需求和自己所能够提供的产品和服务状况，向客户客观地描述自己的产品和未来的发展前景，使他们能够清晰地了解自己所能得到的价值。要坦诚地告知客户哪些期望能够得到满足，哪些期望不能得到满足。

在一定的感知水平下，如果企业的承诺过度，客户的期望就会被抬高，从而会造成客户感知与客户期望的差距，因此降低客户的满意水平。可见，企业要根据自身的实力进行恰如其分的承诺，只承诺能够做得到的事，而不能过度承诺，更不能欺诈客户。承诺如果得以实现，将在客户中建立良好的信誉。正如 IBM 所说："所做的超过所说的且做得很好，是构成稳固事业的基础。"

2. 请客户评价产品与服务

当客户发现没有购买到自己期望的产品，尤其是这种期望企业已经承诺可以达到时，客户往往会把一切责任都归结于企业身上。此时，客户的满意度会大幅度下降，如果企业不进行紧急行动——危机公关，挽救形象，那么企业正在该地区销售的产品将受到严峻的考验。

3. 与客户进行有效的沟通

与客户进行有效沟通，可以使客户对企业有更多了解，同时也能及时、准确地向客户传递服务信息，接受客户的监督，并且对服务中存在的问题进行高效、及时的解决。

4. 严格执行标准

企业要在实际的操作过程中严格遵守自己制定的服务内容及标准，不要让这些内容只停留在文件上。对客户的承诺一定要做到，否则只会适得其反，使客户满意度大大降低，因此必须要有效执行相关规定。

5. 控制客户的期望值

影响客户期望值的因素包括：口碑、品牌推广、客户消费环境、客户年龄、以往在本公司的体验和其他公司的体验。每一种因素的变化都会导致客户期望值的变化，企业要适当地为客户调整期望值，达到双方认可的水平，这样才有可能达到双赢。

6. 争取客户的认可与支持

在与客户确定产品与服务方案时，要对模糊或有歧义之处进行确认，避免留下隐患。如果对部分内容或细节有所顾忌或无法确认是否稳妥，则需一一指出。

二、提高客户感知价值

提高客户的感知价值可以从两个方面来考虑：一方面，增加客户的总价值，包括产品价值、服务价值、人员价值、形象价值；另一方面，降低客户的总成本，包括货币成本、时间成本、精神成本、体力成本。

（一）提升产品价值

1. 不断创新

任何产品和服务都有生命周期，随着市场的成熟，原有的产品和服务带给客户的利益空间越来越小，因此，企业要顺应客户的需求趋势，不断地根据客户的意见和建议，站在客户的立场上去研究和设计产品,这样就能够不断提高客户的感知价值,从而提高客户的满意度。

通过科技开发提高产品的科技含量,不仅可以更好地满足客户的需要,而且可以构筑竞争对手进入的壁垒,有效地阻止竞争对手的进攻。

肯德基自1987年在北京前门开出中国第一家餐厅,到如今已在500多个城市开设了5000多家连锁餐厅,是中国规模最大、发展最快的快餐连锁企业。30多年来,肯德基坚持"立足中国、融入生活"的策略,推行"营养均衡、健康生活"的食品健康政策,积极打造"美味安全、高质快捷;营养均衡、健康生活;立足中国、创新无限"的"新快餐",在产品多样化上不断创新,尤其注重蔬菜类、高营养价值食品的开发,如今产品已从2000年的15种增加到60余种。目前,除了吮指原味鸡、香辣鸡腿堡、香辣鸡翅等代表产品外,由中国团队研发的老北京鸡肉卷、新奥尔良烤翅、四季鲜蔬、早餐粥、蛋挞等都受到顾客的好评。

针对技术敏感型的客户,企业应积极掌握和运用最新技术,提高技术开发能力,同时做客户的技术顾问,协助客户开发新产品等。

2. 为客户提供订制的产品或者服务

根据每个客户的不同需求来制造产品或者提供服务,其优越性是通过提供特色的产品或超值的服务满足客户需求,提高客户的感知价值,从而提高客户的满意度。

例如,美国的戴尔公司按照客户的订单进行生产,不仅满足了客户对数量的要求,而且满足了客户对质量、花色、式样或款式等方面的要求,真正做到了适销对路。

3. 树立"质量是企业生命线"的意识

产品质量是提高客户感知和客户满意度的基础,高质量的产品本身就是出色的推销员和维系客户的有效手段,无论如何也不能企求人们去购买那些质量低劣的产品。企业如果不能保证产品的质量,或是产品的质量随时间的推移有所下降,那么,即使客户曾经满意,也会逐渐不满意。通用电气公司总裁韦尔奇说:"质量是通用维护客户忠诚最好的保证,是通用对付竞争对手的最有力的武器,是通用保持增长和赢利的唯一途径。"众多世界品牌的发展历史告诉我们,客户对品牌的满意,在一定意义上也可以说是对其质量的满意。只有过硬的质量,才能提升客户的感知价值,才能真正在人们的心目中树立起金字招牌,受到人们的爱戴。所以,企业应保证并不断地提高产品的质量,使客户满意度建立在坚实的基础上。

美国哈雷摩托车公司就始终坚持质量第一的信念,其对产品质量的要求是苛刻的,在工业化批量生产、追求规模效应的今天,哈雷公司仍然坚持使用手工工艺和限量生产,从而使每一辆哈雷车的品质都很过硬,给每一位车迷都留下坚固、耐用的印象和物有所值的满足感。

4. 塑造品牌

品牌可以提升产品的价值,可以帮助客户节省时间成本、精神成本和体力成本,可以提高客户的感知价值,进而可以提高客户的满意水平。任何一个有损品牌形象的失误,哪怕是微小的失误,都有可能严重削弱客户的满意度,因此,企业要坚持树立良好的品牌形象。此外,品牌还是一种客户身份的标志,许多客户已经逐渐由产品消费转为品牌消费,这就要求企业在打造产品质量的同时,还要努力提高品牌的知名度和美誉度。

(二)提升服务价值

随着购买力水平的提高,客户对服务的要求也越来越高,服务的质量对购买决策的影响越来越大,能否给客户提供优质的服务已经成为提高客户的感知价值和客户满意度的重要因素。这就要求企业站在客户的角度,想客户所想,在服务内容、服务质量、服务水平等方面提高档次,从而提升客户的感知价值,进而提高客户的满意度。

例如,麦当劳快餐店专门设置了儿童游乐园,供孩子们边吃边玩,游乐园里播放重金聘请的美国著名小丑演出的电视节目,这些滑稽逗乐的节目,常使孩子们笑得前仰后合。麦当劳快餐店还专门为孩子们举办生日庆祝会,吃什么、花多少钱由家长决定,一切游乐服务则由快餐店负责。

此外,售前、售中、售后的服务也是提升客户感知价值的重要环节。如售前及时向客户提供充分的关于产品性能、质量、价格、使用方法和效果的信息;售中提供准确的介绍和咨询服务;售后重视信息反馈和追踪调查,及时处理和答复客户的意见,对有问题的产品主动退换,对故障迅速采取措施排除或者提供维修服务。

例如上海大众启动"24小时服务全国统一寻呼网络",实现了服务支持功能的属地化,不论用户身处何处,不管车辆遇到什么情况,只要拨打服务电话,便可随时得到专业应急服务,从而提升客户的感知价值和满意度。

【小故事】锦江饭店对重要接待从不马虎,一般事先了解国宾的喜爱,并做好充分准备,哪怕是一些细枝末节也不放过。里根夫人喜爱鲜艳的红色服饰,饭店事前专门为她定做了大红缎子的睡衣;斐济总理身材特别高大,在他来访前,饭店就专门为他设计制作了一双特大号的拖鞋。英国前首相撒切尔夫人曾三次来上海,都住在这里,饭店按照她的需要和爱好,在她下榻的房间放置了全套高级化妆品、烘发吹风器和她喜爱的珠花拖鞋,戴卓尔夫人十分高兴,称这里的接待一次比一次周到。

(三)提升人员价值

提升人员价值包括提升"老板"及全体员工的经营思想、工作效率与作风、业务能力、应变能力以及服务态度等。优秀的员工在客户中享有很高的声望,对于提高企业的知名度和美誉度、提高客户的感知价值及客户的满意度都具有重要意义。

例如,星巴克对员工进行深度的专业培训,使每位员工都成为调制咖啡方面的专家,他们被授权可以和客户一起探讨有关咖啡的种植、挑选和品尝方面的问题,还可以讨论有关咖啡的文化甚至奇闻轶事,以及回答客户的各种询问,所以,客户在星巴克能够获得很好的增值服务。

提高员工满意度也是提升人员价值,进而提升客户感知价值和客户满意度的手段。因为员工满意度的增加会促使员工提供给客户的产品或者服务的质量提高。例如,20世纪70年代,日本企业的崛起,很重要的原因是由于日本企业采用人性化管理,大大提升了员工的满意度,激励员工为客户提供优质的产品或者服务,从而提高了客户感知价值和满意度。

(四)提升形象价值

企业是产品与服务的提供者,其规模、品牌、公众舆论等内在或外部的表现都会影响客户对它的判断。企业形象好,会形成对企业有利的社会舆论,为企业的经营发展创造一个良好的氛围,也提升了客户对企业的感知价值,从而提高对企业的满意度,因此企业应高度重视自身形象的塑造。

企业形象的提升可通过形象广告、公益广告、新闻宣传、赞助活动、庆典活动、展览活动等方式来进行。

1. 形象广告

形象广告是以提高企业的知名度、展示企业的精神风貌、树立企业的美好形象为目标的广告。

2. 公益广告

公益广告是企业拍摄的为社会公众利益服务的非营利性广告或者非商业性广告，它通过艺术性的手法和广告的形式表现出来，营造出一种倡导良好作风、提高社会文明程度的氛围或声势。公益广告具有极强的舆论导向性、社会教育性，是体现发布者对社会、对环境关怀的一种最有效的表达方式，可以提升发布者的形象。例如，在最早发现"非典"的广东，民企香雪药业得知疫情有蔓延的迹象后，第一时间投入了1 000万元的广告经费，买断了当地主要电视台和主流媒体的黄金时段及黄金版面，大做公益广告，其中就有献给白衣天使和坚守岗位的劳动者的电视短片《感谢你》。正是这种对公众利益的关心和对公益事业的支持，使香雪药业给公众留下了一个良好的印象，也提升了企业的形象与价值。

3. 新闻宣传

新闻宣传是指企业将有价值的新闻，通过大众传播媒介告知公众的一种传播形式。由于新闻宣传具有客观性、免费性、可信性等特点，所以其对提高企业的知名度、美誉度十分有利。

4. 赞助活动

赞助活动是指企业以不计报酬的方式，出资或出力支持某项社会活动或者某一社会事业，如支持上至国家、下至社区的重大社会活动，或支持文化、教育、体育、卫生、社区福利事业。赞助活动可使企业的名称、产品、商标、服务等得到新闻媒介的广泛报道，有助于树立企业热心社会公益事业、有高度的社会责任感等形象，从而扩大企业的知名度和美誉度，赢得人们的信任和好感。

例如，沃尔玛积极资助公立学校和私立学校，还成立特殊奖学金，协助拉丁美洲的学生到阿肯色州念大学。沃尔玛在公益活动上大量长期的投入及活动本身所具有的独到创意，大大提高了品牌知名度，成功塑造了沃尔玛在广大客户心目中的卓越形象。作为一个出色的企业公民，沃尔玛自进入中国以来就积极开展社区服务和慈善公益活动，如开展"迎奥运、促和谐、做先锋""奥运年中国心""关爱农民工子女"等公益活动，对非营利组织和公益事业的捐赠也十分慷慨，从而在中国市场上树立了良好的公益形象。

5. 庆典活动

庆典活动，如开业典礼、周年纪念、重大活动的开幕式和闭幕式等，由于其隆重性能够引起社会公众的较多关注，因此，借助庆典活动的喜庆和热烈气氛来渲染企业形象，往往能够收到意想不到的效果。

6. 展览活动

展览活动通过实物、文字、图片、多媒体来展示企业的成就和风采，有助于增强公众和客户对企业的了解。

（五）降低货币成本

仅有产品的高质量仍然不够，合理地确定产品价格也是提高客户感知价值和满意度的重要手段。因此，企业定价应以确保客户满意为出发点，依据市场形势、竞争程度和客户的接受能力来考虑，尽可能做到按客户的"预期价格"定价，并且千方百计地降低客户的货币成本，坚决摒弃追求暴利的短期行为，这样才能提升客户的感知价值，提高客户的满意度。

例如，作为"世界500强"的沃尔玛提出"帮客户节省每一分钱"的宗旨，提出了"天天平价、始终如一"的口号，并努力实现价格比其他商家更便宜的承诺，这无疑是使沃尔玛成为零售终端之王的根本原因。

又如，美国西南航空把自己定位为票价最低的航空公司，公司的策略是在任何市场环境下，都要保持最低的票价。按照传统的经商原则，当飞机每班都客满时，票价就要上涨，但西南航空不但不提价，反而增开班机，有时西南航空的票价比乘坐陆路运输工具还要便宜。

当然，降低客户的货币成本不仅仅体现在价格上，还体现在提供灵活的付款方式和资金融通方式等方面。当客户规模较小或出现暂时财务困难时，企业向其提供延期付款、赊购这样的信贷援助就显得更为重要。

此外，企业还可以通过开发替代产品或者低纯度产品，以及使用价格低的包装材料或者使用大包装等措施，不断降低产品的价格，降低客户的货币成本，从而提高客户的感知价值和满意度。

（六）降低时间成本

即在保证产品与服务质量的前提下，尽可能减少客户的时间支出，从而降低客户购买的总成本，提高客户的感知价值和满意度。例如，世界著名的花王公司在销售其产品的商场中安装摄像头，以此来记录每位客户在决定购买"花王产品"时所用的时间。"花王公司"根据这些信息改进了产品的包装和说明，对产品摆设进行重新布置并调整产品品种的搭配，让客户可以在最短时间内完成消费。经过产品摆设的重新布置和调整品种后，客户决定购买花王洗发精所用的时间比过去少了40秒。

又如，你要是美国租车公司Avis的老客户，你乘飞机到达目的地后，不用做任何事情，就可直接到Avis在机场的停车场，这时钥匙已经插在车里面，你发动汽车就可以把它开走，只要在门口把你的证件给工作人员看一眼就可以了，没有任何多余的手续，根本不用到柜台去排队。这样周到的服务节省了客户的宝贵时间，降低了客户的时间成本，提升了客户的感知价值，也提高了客户的满意度。

再如，沃尔玛商场经营项目繁多，包括食品、玩具、新款服装、化妆用品、家用电器、日用百货、肉类果蔬等，而且力求富有变化和特色，以满足客户的各种喜好，为的是推行"一站式"购物新概念——客户可以在最短的时间内以最快的速度购齐所有需要的商品。这种降低客户时间成本的购物方式，提升了客户的感知价值，提高了客户的满意度。在麦当劳，当客户排队等候人数较多时，麦当劳会派出服务人员给排队客户预点食品，这样，当该客户到达收银台前时，只要将点菜单提供给收银员即可，提高了点餐的速度，同时，实施预点食品还能降低排队客户的"不耐烦"心理，提高了客户忍受力，可谓一举两得。摩托罗拉公司有句话值得深思：我们不关照客户，那么别人是会代劳的！

（七）降低精神成本

降低客户的精神成本最常见的做法是推出承诺与保证。例如，汽车企业承诺公平对待每一位客户，保证客户在同一月份购买汽车，无论先后都是同一个价格，这样今天购买的客户就不用担心明天的价格会更便宜了。安全性、可靠性越重要的购买或者消费，承诺就越重要。例如，美容业推出"美容承诺"，并在律师的确认下，与客户签订美容服务责任书，以确保美容服务的安全性及无后遗症等。许多世界著名企业都对服务质量进行承诺，像新加坡航空公司、迪士尼和麦当劳，这些公司都对其服务质量进行全面承诺，为的就是降低客户的精神成本，提高客户的感知价值和满意度。

此外，企业为了降低客户的精神成本，还可以为客户购买保险，例如，航空公司、旅行社、运输公司等为旅客或乘客买保险，目的就是降低客户的风险，从而降低客户的精神成本。在韩国的一些高层旅馆里，每个房间的床下都备有一条"救命绳"，绳子坚韧结实，端部有金属环，遇到火灾或其他险情，旅客来不及从中撤出，可用这条救命绳套在室内稳固的物体上，迅速从窗口顺墙滑下逃生。有了这条"救命绳"，旅客就可以高枕无忧了！

另外，企业提供细致、周到、温暖的服务也可以降低客户的精神成本。如在为客户维修、安装相关设备时，自己带上拖鞋和毛巾，安装好后帮客户把房间打扫干净，把对客户的打扰减少到最低限度。这些细节都充分体现了企业对客户的关怀、体贴和尊重，从而降低了客户的精神成本，给客户留下美好的印象。如果客户想到的企业都能给予，客户没想到的企业也能提供，这必然使客户感到企业时时刻刻关心着他，从而会对企业感到满意。例如，客户在外出差，手机电池快没电了，但客户又没带充电器，如果拨打通信公司的服务热线，通信公司便马上提供租用电池或充电服务，客户一定会感到通信公司的服务超出了他的期望而非常满意，从内心深处对此公司产生亲近感。

又如，当我们到银行办理业务的时候，填写各种单据是一件非常头痛的事情，但是，招商银行就推出窗口免填单服务——客户不再需要填写任何单据，而只需要告诉窗口的服务代表自己想要办理的业务就够了，剩下的手续会由服务代表帮你完成。由于招商银行推出免填单的服务超出了客户的期望，客户自然对招商银行满意。

此外，企业还要积极、认真、妥善地处理客户投诉，从而降低客户的精神成本。这是因为客户常常凭借企业处理客户投诉的处理诚意和成效来评判一个企业的优劣，如果客户投诉的处理结果令客户满意，他们会对企业留下好印象。据 IBM 公司的经验，若对产品售后所发生的问题能迅速而又圆满地加以得到解决，客户的满意程度将比没发生问题更高。客户投诉的成功处理还可以带来回头客业务。美国 TRAP 公司研究表明，不投诉的客户只有 9% 会再上门，投诉且未得到解决的客户有 19% 会再上门，投诉且得到解决的客户则有 54% 会再上门，如果投诉可以迅速得到解决，则有 82% 的客户会再上门。企业要把处理投诉看作一个弥补产品或者服务欠佳造成的损失以及不满意客户的机会，把处理投诉看作恢复客户对企业的信赖、避免引起更大的恶性事件的大好机会，把处理投诉看作促进自身进步和提升客户关系的契机。

（八）降低体力成本

如果企业能够通过多种销售渠道接近潜在客户，并且提供相关的服务，那么可以减少客户为购买产品或者服务所花费的体力成本，从而提高客户的感知价值和满意度。对于装卸和搬运不太方便、安装过程比较复杂的产品，企业如果能为客户提供良好的售后服务，如送货上门、安装调试、定期维修、供应零配件等，就会减少客户为此所耗费的体力成本，从而提高客户的感知价值和满意度。

例如，商店为购买电冰箱、彩电、洗衣机、家具的客户送货上门，镜屏厂为用户免费运输、安装大型镜屏，解决运输、安装两大困难，这些都降低了客户的成本，从而提高了客户的满意度。总之，企业要实现客户满意，就必须把握客户期望、提高客户的感知价值，而让客户感觉"低开高走"。

【想一想】 除了以上方法以外,是否还有其他提升满意度的策略呢?

【知识拓展】提高客户满意度的有效途径

要真正使客户对所购商品和服务满意,期待客户能够在未来继续购买,企业必须切实可行地制定和实施如下关键策略:

1. 塑造"以客为尊"的经营理念

"以客为尊"的企业经营理念是客户满意最基本的动力,是引导企业决策、实施企业行为的思想源泉。麦当劳、IBM、海尔、联想等中外企业成功的因素就是它们始终重视客户,千方百计让客户满意,其整体价值观念就是"客户至上"。

"以客为尊"的经营理念,从其基本内涵上来看,大致有三个层次:"客户至上""客户永远是对的""一切为了客户"。没有了这种经营理念,员工就缺少了求胜求好的上进心,缺乏优秀企业那种同心协力的集体意志。麦当劳的创办人雷·克罗克曾用简单的几个字来诠释麦当劳的经营理念:"品质、服务、整洁、价值"。有明确的且为全体员工接受的目标,企业才能充满活力,真正地为客户服务。"以客为尊"的经营理念不仅要在高级管理层加以强调,更重要的是要使之深入人心,使企业内部全体人员都明确这一观念的重要性。

2. 树立企业良好的市场形象

企业形象是企业被公众感知后形成的综合印象。产品和服务是构成企业形象的主要因素,还有一些因素不是客户直接需要的但却影响客户的购买行为,如企业的购物环境、服务态度、承诺保证、品牌知名度、号召力等。这就要求企业应该做到:

(1) 理念满意,即企业的经营理念带给客户的心理满足状态。其基本要素包括客户对企业的经营宗旨、质量方针、企业精神、企业文化、服务承诺以及价值观念的满意程度等。

(2) 行为满意,即企业的全部运行状况带给客户的心理满足状态。行为满意包括行为机制满意、行为规则满意、行为模式满意等。

(3) 视听满意,即企业具有可视性和可听性的外在形象带给客户的心理满足状态。视听满意包括企业名称、产品名称、品牌标志、企业口号、广告语、服务承诺、企业的形象、员工的形象、员工的学识、礼貌用语、企业的整体环境等给人的视觉和听觉带来的美感和满足感。

3. 开发令客户满意的产品

产品价值是客户购买的总价值中最主要的部分,是总价值构成中比重最大的因素。客户的购买行为首先是冲着商品来的,冲着商品的实用性和满意程度来的,也就是冲着商品的价值来的。这就要求企业的全部经营活动都要以满足客户的需要为出发点,把客户需求作为企业开发产品的源头。因此,企业必须熟悉客户,了解客户,要调查客户现实和潜在的要求,分析客户购买的动机、行为、能力和水平,研究客户的消费传统和习惯、兴趣和爱好。只有这样,企业才能科学地顺应客户的需求走向,确定产品的开发方向。

4. 提供令客户满意的服务

热情、真诚为客户着想的服务能令客户满意,所以企业要从不断完善服务系统、以方便客户为原则、发挥产品特有的魅力和一切为客户着想等方面去感动客户。售中和售后服务是商家接近客户最直接的途径,它比通过发布市场调查问卷来倾听消费者呼声的方法更加有效。在现代社会环境下,客户也绝对不会满足于产品本身有限的使用价值,还希望企业提供更便利的销售服务,如方便、漂亮的包装,良好的购物环境,热情的服务态度,文明的服务语言和服务行为,信息全面的广告、咨询,快捷的运输服务以及使用中的维修、保养等,服务越完善,企业就越受欢迎,客户的满意度也就越高。

5. 科学地倾听客户意见

现代企业实施客户满意战略必须建立一套客户满意分析处理系统,用科学的方法和手段检测客户对企业产品和服务的满意程度,及时反馈给企业管理层,促进企业不断改进工作、及时地满足客户的需要。

目前,很多国际著名企业都试图利用先进的传播系统来缩短与消费者之间的距离。一些企业建立了客户之声计划,收集反映客户的想法、需求的数据,包括投诉、评论、意见、观点等。日本的花王公司可以在极短的时间内将客户的意见或问题系统地输入计算机,以便为企业决策服务。据美国的一项调查,成功的技术革新和民用产品,有60%—80%来自用户的建议。美国的宝洁日用化学产品公司首创了客户免费服务电话,客户向公司打来有关产品问题的电话时一律免费,不但个个给予答复,而且对问题进行整理与分析研究。这家公司的许多产品改进设想正是来源于客户免费服务电话。

6. 加强客户沟通与客户关怀

企业要完善组织、人员沟通制度,保证渠道畅通、反应快速。企业要定期开展客户关怀活动,特别是当客户刚刚购买产品,或产品到了使用期限,或使用环境发生变化时,厂家的及时感谢、提醒、咨询和征求意见往往能达到让客户非常满意的效果。为了加强与客户的沟通,企业要建立客户数据库。建立客户数据库是进行客户服务、客户关怀、客户调查的基本要求。要努力使客户数据库从无到有,逐步完整、全面;否则,客户满意无从谈起。企业还要关注客户感受。有许多被公认的优秀的企业(如亚马逊公司)都尽可能收集日常与客户间的联络信息,了解客户关系中的哪个环节出现了问题,找出问题的根源并系统地依据事实进行解决。

7. 控制客户的期望值

客户满意与客户期望值的高低有关。提高客户满意度的关键是:企业必须按自己的实际能力满足客户对产品或服务的期望值。营销人员应该控制客户的期望值,尽可能准确描述产品或服务,不要夸大产品的性能、质量与服务,否则只能引起客户的反感,效果适得其反。

【案例】做让客户满意的海尔

1985年,一位用户向海尔反映:工厂生产的电冰箱有质量问题。厂领导让用户到仓库去挑,然而用户在仓库里的400多台电冰箱中挑了好多台都没有满意的。于是张瑞敏厂长让人把余下的冰箱都检查了一遍,发现还有76台不合格的冰箱。许多人建议把这些冰箱处理给员工,因为那时物资紧缺,许多东西都要凭票购买,而且厂里还十分困难,连职工的工资都要靠借。具有远见的张瑞敏却决定砸烂这些冰箱,并且由生产这些产品的人来砸,并在每台冰箱上贴上表明缺陷的标签。张瑞敏明白:如果将这些产品放行,就谈不上强化质量意识。不能用任何姑息的做法,来告诉大家可以生产这种带缺陷的冰箱,否则今天是76台,明天就可以是760台,结果,那阵阵巨响增强了海尔人的质量意识,改变了海尔人的观念。从此以后,在海尔人心中有了"质量是生存之本""卖信誉而不是卖产品"

"用户永远是对的"等经营理念,海尔逐渐树立起"真诚到永远"的企业形象。企业管理的关键便是在事情出现不好的苗头时,就果断采取措施转变员工的思想观念。在次品依然紧缺时,海尔就看到了次品除了被淘汰之外毫无出路。海尔从转变员工的质量观念入手,使"诚信为本""质量至上"成了海尔的品牌文化。

【微课】企业新招层出不穷——提升客户满意度的策略

学 习 小 结

1. 客户满意是一种心理活动,是客户的需求被满足后形成的愉悦感或状态,当客户的感知没有达到期望时,客户就会不满、失望;当感知与期望一致时,客户是满意的;当感知超出期望时,客户就感到"物超所值",就会很满足。

2. 客户感知价值是客户在购买或者消费过程中,企业提供的产品或服务给客户的感觉价值。客户感知价值实际上就是客户的让渡价值,它等于客户购买产品或服务所获得的总价值与客户为购买该产品或服务所付出的总成本之间的差额。

3. 客户满意度测评,是指在一定层面上,就某一类产品(服务)或品牌对其客户群体进行调查,取得客户满意状况的数据,通过综合测算与分析,得到客户满意度评价结果。

4. 要实现客户满意,必须从两个方面着手:一是把握客户期望,二是提高客户的感知价值。

学 习 检 测

1. 为什么客户满意度分析重要?
2. 如何确定衡量客户满意度的指标?
3. 谈谈影响客户满意度的因素。
4. 谈谈提升客户满意度的策略。
5. 请查阅主要的客户满意度测评指数模型,再描述它们的适应性及优缺点。

实 践 挑 战

综合利用所学的知识,以小组为单位,针对京东校园馆中的奶茶店,进行客户满意度调查,完成调查报告,并对数据进行分析,完成分析报告。

项目八　客户忠诚度管理

学习目标

1. 知识目标

(1) 掌握客户忠诚的含义与意义；
(2) 了解客户忠诚的类型；
(3) 了解影响客户忠诚的原因。

2. 技能目标

(1) 学习如何对客户忠诚度进行测评；
(2) 掌握提升客户忠诚度的策略。

3. 素养目标

树立"公正"的社会主义核心价值观和"办事公道"的职业道德观。

引导案例

当下最火的主播之一李佳琦用他独特的推荐口红的方式吸引了大批的粉丝，成为了口红一哥，还和马云一起比拼口红直播带货，更是让全网都记住了他。李佳琦的一句"所有女生，买它"，让全网女生在他的淘宝直播间里上了头。"所有女生"，这句李佳琦经典口头禅更是一下冲上了微博热搜榜，不少人表示，他一喊"所有女生"，自己就想掏出钱包，完全控制不住买买买的冲动。直播确实是当下许多企业都看好的销售方式，作为最火的带货主播，一般情况下，李佳琦一次直播3~6个小时，全程语速较快，音量大，音调高，始终保持充满激情的亢奋状态。不少品牌纷纷与李佳琦合作，业绩就此被"燃爆"。

在粉丝经济时代，如何能将企业现有的客户转化为忠诚的粉丝是值得我们探究的问题。让我们来看看在粉丝经济时代，提升客户忠诚度的几个问题：

问题1：粉丝消费意识开始变得理性。

在品牌还在考虑哪些偶像的带货力很强的同时，粉丝们也正变得"不傻"了。随着明星带货模式的透明化，将会有越来越多粉丝意识到这背后的商业目的，也就有越来越多的人开始理性消费，产生拒当羔羊的心态。

问题2：购买疲劳，意见领袖种草势能衰退，品牌效果低。

意见领袖种草势能衰退，最直接的原因是消费理性化，"韭菜没有那么好割了"。粉丝对意见领袖无处不带货的行为往往都是觉得"累了""醒了"。品牌需要认清粉丝和意见领袖之间的纽带是基于"内容"，而不是"导购"，所以本质上大部分意见领袖只是在消耗自己的信任价值带货，但这种信任价值是有限的，对企业来说主导购买的因素也太过单薄。企业不断提高客户忠诚度才是生存的长久之道，也需要清楚地知道客户有什么样的需求以及在这些需求背后客户是抱着怎样的心理。

工作任务导入

小茗同学在一家公司工作一年多了,近期公司安排小茗调查公司顾客忠诚度,业务部经理给了小茗三个月时间,让小茗在三个月内完成调查并填写顾客忠诚度调查表。

小茗为了达到公司的工作要求,一方面在公司的培训中努力学习;另一方面仔细观察,并虚心向有经验的同事请教,分析整理出自己应该完成的工作任务,并加强对"培育客户忠诚度"的理论学习。"为什么公司顾客流动得这么频繁呢?客户忠诚度的具体作用有哪些?会给企业带来什么样的影响?"小茗带着一肚子的疑问与期望开始了调查。

任务一 客户忠诚度的内涵与影响因素

学习重难点

(1) 掌握客户忠诚的含义与意义;
(2) 了解客户忠诚的影响因素。

内容精讲

一、客户忠诚的含义

(一)客户忠诚的含义

"忠诚"一词源自古代臣民对皇室无条件地服从与归顺,后来被学者们引入市场营销领域。Jacoby 和 Chestnut 回顾了 300 多篇与忠诚相关的文献,发现迄今为止对忠诚的定义多达 50 余个。这些对忠诚的定义包含两种不同的思路:一种是从行为的角度,将客户忠诚定义为客户对产品或者服务所承诺的一种重复购买的行为;另一种基于态度的观点,则把客户忠诚定义为对产品或者服务的一种偏好和依赖。从目前不同学者对客户忠诚的定义看,客户忠诚包含如下 3 个方面的特征:

1. 行为特征

客户忠诚意味着客户对企业所提供产品或者服务的重复购买。这种重复性的购买行为可能来自客户对于企业的偏好和喜爱,也可能是出于习惯,还有可能是因为企业所举办的促销活动。

2. 心理特征

客户忠诚经常体现为客户对企业所提供产品或服务的高度依赖。这种依赖来源于客户之前购买产品或服务的过程中形成的满意,并进而形成的对产品或者服务的信任。

3. 时间特征

客户忠诚具有时间特征,它体现为客户在一段时间内不断关注、购买企业的产品或服务。

（二）客户忠诚的类型

不同的学者从不同的角度将客户忠诚划分为不同的类型：

1. 根据客户重复购买行为划分

美国凯瑟琳·辛德尔博士根据客户重复购买行为的原因,将客户忠诚划分为以下7种类型：垄断忠诚、惰性忠诚、潜在忠诚、方便忠诚、价格忠诚、激励忠诚和超值忠诚。

（1）垄断忠诚是因为市场上只有一个供应商,或者由于政府的原因而只允许有一个供应商。此时,该供应商就形成了产品或者服务的垄断,客户别无选择,只能选择该供应商提供的产品或服务。

（2）惰性忠诚也称为习惯忠诚,是指客户由于惰性方面的原因而不愿意去寻找新的企业。

（3）潜在忠诚是指客户希望能够不断地购买企业的产品或者再次享受服务,但由于企业的一些内部规定或者其他因素限制了这些客户的购买行为。

（4）方便忠诚是指客户出于供应商地理位置等因素考虑,总是在该处购买。但是一旦出现更为方便的供应商或者更为满意的目标之后,这种忠诚就会随之减弱,甚至消失。

（5）价格忠诚是指客户对价格十分敏感,产生重复购买的原因在于该供应商所提供产品的价格符合其期望。价格忠诚的客户倾向于能提供最低价格的供应商,价格是决定其购买行为的关键因素。

（6）激励忠诚是指在企业提供奖励计划时,客户会经常购买。具有激励忠诚的客户重复购买产品或者服务的原因在于企业所提供的奖励,因此一旦企业不再提供奖励,这些客户就会转向其他提供奖励的企业。

（7）超值忠诚是指客户在了解消费企业的产品或者服务的过程中与企业有了某种感情上的联系,或者对企业有了总的趋于正面的评价而表现出来的忠诚。具有超值忠诚的客户不仅在行为上体现为不断重复购买,同时在心理上也对企业的产品或其服务有高度的认同感。

根据客户对企业产品或服务的依恋程度及客户重复购买的频率,在上述7种类型的客户忠诚中,超值忠诚将发生高依恋度、高重复购买行为；垄断忠诚、惰性忠诚、方便忠诚、价格忠诚和激励忠诚将发生低依恋度、高重复购买行为；潜在忠诚将发生高依恋度、低重复购买行为。

2. 根据客户对产品或服务的需求和对于品牌的态度和满意度分类

全球著名的麦肯锡战略咨询公司,根据客户对产品或服务的需求和对于品牌的态度和满意度,将客户忠诚度由高到低划分为6种类型：感情型忠诚、惯性型忠诚、理智型忠诚、生活方式改变型、理智型、不满意型。

（1）感情型忠诚客户：此类客户喜欢公司的产品或服务,认为该公司提供的产品或者服务符合自己的品位、风格。

（2）惯性型忠诚客户：由于固定的消费习惯形成的客户忠诚。

（3）理智型忠诚客户：经常重新对品牌进行选择,反复推敲消费决策。

(4) 生活方式改变型客户：客户自身需求的改变，导致消费习惯和方向改变。

(5) 理智型客户：通过理性的标准选择新的品牌，经常反复比较品牌。

(6) 不满意型客户：因为曾经的不满意的购买经历而对品牌重新考虑。

在以上的客户类型中，前3种是企业的忠诚客户，后3种则是正准备转向其他企业产品或者服务的客户。

【微课】收礼就收脑白金——客户忠诚的含义及类型

【知识拓展】客户忠诚的意义

1. 有利于企业核心竞争力的形成

在现代营销活动中，营销观念是企业战略形成的基础。客户忠诚营销理论倡导以客户为中心，要求企业的营销活动必须围绕这个中心进行，关注客户对企业的评价，追求客户高的满意度和忠诚度，这是对市场营销观念的完善和发展。客户忠诚营销理论要求企业将客户作为企业的一项重要资源，对企业的客户进行系统化的管理，借助于客户关系管理软件的应用，获取客户的相关信息，并将之作为企业战略决策的基础。实践证明，倡导客户忠诚所形成的核心竞争力将会在企业的经营活动中得以体现。

2. 对企业业务流程和组织结构将产生重大的影响

客户忠诚营销的实施工作是企业的一项系统性的工程，它要求企业建立以忠诚度为基础的业务体系，合理分配和利用资源，进行以客户为核心的客户关系管理，在企业的销售自动化、市场营销自动化、客户服务三大领域中实现客户关系管理，它将会对企业现有的业务流程带来影响。同时，客户忠诚的实施也是对企业现有组织结构的挑战，它要求企业内部形成一个自上而下的便于客户关系管理工作开展的畅通的信息传播体系，改变以往那种相互分割的状况，使组织能对客户的信息迅速地做出反映。

3. 有利于提高企业员工的凝聚力

在客户忠诚营销理论中，客户的涵义是广泛的。它不仅指企业的外部客户，也指企业的内部员工。客户忠诚一方面是要追求外部客户对企业的忠诚，同时，也要追求企业员工的忠诚。从某种意义上说，员工的忠诚具有重大作用，企业的产品和服务是通过员工的行为传递给客户的，一位对企业有着较高忠诚度的员工，无疑会努力用自身的良好行为为企业的客户提供满意的服务，从而感染客户，赢得客户对企业的忠诚。因此，在企业中倡导客户忠诚观念，对员工实施关怀，给员工提供展现个人能力和发展的空间，会较好地激发员工的工作激情，形成巨大的凝聚力。

4. 有利于推动社会的"诚信"建设

以客户满意为起点，以客户忠诚为经营活动的目标，就可以促进企业不断地追求更高的目标，为社会创造更多的令公众满意的物质财富。同时，企业以客户为中心的理念的贯彻，可以带动企业建立起诚实守信的经营机制，增强全体员工的服务意识和道德意识，从而杜绝各种制假售假、欺瞒诈骗的违法行为，为促进社会风气的好转发挥积极的作用。

二、影响客户忠诚度的因素

一般来说,影响客户忠诚度的因素有客户满意的程度、客户因忠诚能够获得多少利益、客户的信任和情感、客户是否有归属感、客户的转换成本、企业与客户联系的紧密程度、员工对企业的忠诚度、企业对客户的忠诚度、客户自身因素等。影响客户忠诚度有时是单一因素的作用结果,有时也是多个因素共同作用的结果。

(一)客户满意的程度

客户忠诚度和满意度之间有着千丝万缕的联系。客户满意度越高,客户的忠诚度就会越高;客户满意度越低,客户的忠诚度就会越低。可以说,客户满意是推动客户忠诚的最重要因素。但是,客户满意与客户忠诚之间的关系又没有那么简单,它们之间的关系既复杂又微妙。

1. 满意可能忠诚

满意使重复购买行为的实施变得简单易行,同时也使客户对企业产生依赖感。统计结果表明:一个满意的客户与一个不满意的客户相比,满意的客户有 6 倍的可能更愿意继续购买企业的产品或服务。于是,根据客户满意的状况,可将客户忠诚分为信赖忠诚和势利忠诚两种:

(1)信赖忠诚。当客户对企业及其产品或服务完全满意时,往往表现出对企业及其产品或服务的信赖忠诚。信赖忠诚是指客户在完全满意的基础上,对使其从中受益的一个或几个品牌的产品或者服务情有独钟,并且长期、指向性地重复购买。

信赖忠诚的客户在思想上对企业及其产品或服务有很高的精神寄托,注重与企业在情感上的联系,寻求归属感。他们相信企业能够以诚待客,有能力满足客户的预期,对所忠诚企业的失误也会持宽容的态度。当发现该企业的产品或服务存在某些缺陷时,能谅解并且主动向企业反馈信息,而不影响再次购买。他们还乐意为企业做免费宣传,甚至热心地向他人推荐,是企业的热心追随者和义务推销者。

信赖忠诚的客户在行为上表现为指向性、重复性、主动性、排他性购买。当他们想购买一种他们曾经购买过的产品或者服务时,会主动去寻找原来向他们提供过这一产品或服务的企业。有时因为某种原因没有找到所忠诚的品牌,他们也会搁置需求,直到所忠诚的品牌出现。他们能够自觉地排斥货比三家的心理,能在很大程度上抗拒其他企业提供的优惠和折扣等诱惑,而一如既往地购买所忠诚企业的产品或服务。

信赖忠诚的客户是企业最宝贵的资源,是企业最基本、最重要的客户,也是企业最渴求的。他们的忠诚也表明企业现有的产品和服务对他们是有价值的。

(2)势利忠诚。当客户对企业及其产品或服务不完全满意,只是对其中某个方面满意时,往往表现出对企业及其产品或服务的势利忠诚。例如:有些客户是因为购买方便;有些客户是因为价格诱人;有些客户是因为可以中奖、可以打折、有奖励、有赠品等;有些客户是因为转换成本太高,或者风险更大,或者实惠变少,或者支出增加,等等。

总之,势利忠诚是客户为了能够得到某些好处或者害怕有某些损失,而长久地重复购买某一产品或服务的行为。一旦没有了这些诱惑和障碍,他们也就不再忠诚,很可能就会转向其他更有诱惑的企业。可见,势利忠诚是虚情假意的忠诚,这些客户是用势利的眼光决定忠诚还是不忠诚,他们对企业的依恋度很低,很容易被竞争对手挖走。

因此,企业要尽可能实现客户的信赖忠诚,但是,如果实在无法实现客户的信赖忠诚(信赖忠诚往往不太容易实现),也可以退而求其次,追求实现客户的势利忠诚,这种忠诚对企业同样有价值,值得企业的重视。

2. 满意也可能不忠诚

一般认为满意的客户在很大程度上就是忠诚的客户,但实际上它们之间并不像人们所想象的那样存在着必然的联系。许多企业管理人员发现:有的客户虽然满意,但还是离开了。《哈佛商业评论》报告显示,对产品满意的客户中,仍有65%~85%的客户会选择新的替代品,也就是说满意并不一定忠诚。

美国汽车制造业曾经投入大量资金并制定了一系列奖励制度,促使员工提高客户满意程度,以便与外国汽车制造厂争夺市场。现在,美国汽车制造厂的客户满意率超过了90%,然而只有30%~40%的满意客户会再次购买美国汽车。也就是说,虽然汽车制造企业的客户满意度不断提高,但是它们的市场占有率和利润却在不断下降。

可见,满意也可能不忠诚,究其原因大概有以下几种情况:因为客户遭遇某种诱惑(竞争对手可能令客户更满意);可能迫于某种压力;因为客户需求转移或消费习惯改变;因为客户想换"口味",丰富一下自己的消费经历;因为有的客户搬迁、成长、衰退甚至破产;因为客户的采购主管、采购人员、决策者的离职等都会导致虽然满意但不忠诚。

3. 不满意则一般不忠诚

一般来说,要让不满意的客户忠诚可能性是很小的,如果不是无可奈何、迫不得已,客户是不会忠诚的。或者说,一个不满意的客户迫于某种压力,不一定会马上流失、马上不忠诚,但条件一旦成熟,就会不忠诚。

例如,客户不满意企业污染环境、不承担社会责任、不关心公益事业等,就会对企业不忠诚。又如,企业对客户的投诉和抱怨处理不及时、不妥当,客户就会对企业不忠诚。

4. 不满意也有可能忠诚

有两种情况,一种是惰性忠诚,另一种是垄断忠诚。

(1)惰性忠诚。惰性忠诚是指客户尽管对产品或者服务不满,但是由于本身的惰性而不愿意去寻找其他供应商或者服务商。对于这种忠诚,如果其他企业主动出击,让惰性忠诚者得到更多的实惠,还是容易将他们挖走的。

(2)垄断忠诚。垄断忠诚是指在卖方占主导地位的市场条件下,或者在不开放的市场条件下,尽管客户不满却因为别无选择,找不到其他替代品,不得已,只能忠诚。

例如,市场上仅有一个供应商,或是政府规定的,或是通过兼并形成的寡头垄断,在这些垄断的背景下,满意度对忠诚度不起什么作用——尽管不满意,客户也别无选择,仍然会维护很高的忠诚度,因为根本没有存有"二心"的机会和条件。

虽然惰性忠诚和垄断忠诚能够给企业带来利润,企业可以借势、顺势而为,但是,企业切不可麻痹大意、掉以轻心,因为不满意的忠诚是靠不住的,一旦时机成熟,这类不满意客户就会毫不留情地流失。

从以上分析来看,客户忠诚很大程度上受客户满意的影响,但是不绝对。一般来说,忠诚的客户通常来源于满意的客户;但是,满意的客户也并不一定忠诚,因为可能受到某种诱惑或者迫于某种压力;一般来讲,客户不满意通常就不会忠诚,但是,有时尽管不满意也可能因为惰性或者迫于无奈而忠诚。所以,企业要想维护客户关系,首要的就是尽可能提高客户满意度,但仅此而已是不够的,还得考虑影响客户忠诚的其他因素,需要其他手段的配合。

【想一想】客户满意和客户忠诚的区别是什么?

(二)客户因忠诚能够获得多少利益

追求利益是客户的基本价值取向。

调查结果表明,客户一般也乐于与企业建立长久关系,其主要原因是希望从忠诚中得到优惠和特殊关照,如果能够得到,就会激励他们与企业建立长久关系。可见,客户忠诚的动力是客户能够从忠诚中获得利益。如果老客户没有得到比新客户更多的优惠,那么就会限制他们的忠诚,这样老客户就会流失,新客户也不愿成为老客户。因此,企业能否提供忠诚奖励将会影响客户是否持续忠诚。

然而,当前仍然有许多企业总是把最好、最优惠的条件提供给新客户,而使老客户的待遇还不如新客户,这其实是鼓励后进、打击先进,是一个倒退,将大大损害客户忠诚度。衣不如新,人不如故。如果对待一个有十年交情的老朋友还不如新结识的朋友,那么有谁会愿意和这样的人做长久的朋友?其实,新客户是个未知数,你不知道最后他们会带来什么,而老客户伴随着企业历经风雨,是企业的功臣。如果一个企业连老客户都不珍惜,那又怎能令人相信它会珍惜新客户?再新也最终会变旧,企业切不可喜新厌旧,否则只会让老客户不再忠诚而流失。而新客户看到老客户的下场,也会望而却步,不愿加盟,因为老客户今天的境遇或下场就是新客户明天的境遇或下场。

所以,企业要废除一切妨碍和不利于客户忠诚的因素,要让老客户得到更多的实惠,享受更多的奖励,这样就会激励客户对企业的忠诚。当然,利益要足够大,要能够影响和左右客户对其是否忠诚的选择。

(三)客户的信任和情感

1. 信任因素

由于客户的购买存在一定的风险,因此,交易的安全感是客户与企业建立忠诚关系的主要动力之一。客户为了避免和减少购买过程中的风险,往往总是倾向于与自己信任的企业保持长期关系。

研究显示,信任是构成客户忠诚的核心因素,信任使重复购买行为的实施变得简单易行,同时也使客户对企业产生依赖感。

2. 情感因素

如今,客户购买行为的感情化倾向在不断增强,情感对客户是否忠诚的影响越来越不能忽视,这是因为企业给予客户利益,竞争对手也同样可以提供类似的利益,但竞争者难以攻破情感深度交流下建立的客户忠诚。

企业与客户一旦有了情感交融,就会使企业与客户之间从单纯的买卖关系升华为成败相关的伙伴关系。当客户与企业的感情深厚时,客户就不会轻易背叛,即使受到其他利益的诱惑也会考虑与企业感情的分量。

大家对于粉丝经济早已不再陌生,那什么是粉丝经济呢?粉丝经济泛指架构在粉丝和被关注者关系之上的经营性创收行为,是一种通过提升用户黏性并以口碑营销形式获取经济利益与社会效益的商业运作模式。以前,我们关注的是明星、偶像和行业名人等,比如,在音乐产业中粉丝购买歌星专辑、演唱会门票,以及明星所喜欢或代言的商品等。而今天我们更多关注的是粉丝数量,粉丝经济已经成为"实物+虚拟"消费体验的升级。让粉丝乐意掏腰包的不仅是商品和服务,更重要的是满足心理需求。

(四)客户是否有归属感

此外,假如客户具有很强的归属感,感到自己被企业重视、尊重,就会不知不觉地依恋企业,因而忠诚度就高。相反,假如客户没有归属感,感觉自己被轻视,就不会依恋企业,忠诚度也就低。

例如,星巴克最忠诚的客户每月到店的次数高达 18 次,他们把其当做一种除居家和办公之外的第三场所,他们能在星巴克体验到在别的地方无法体验的情调和氛围。他们选择并持续使用一种产品和服务,除了因为能得到实实在在的性能和效用外,还因为这种产品或服务是对他们身份的确认,他们还能从这种产品或服务中感受到某种情谊和归属感,甚至从这种产品和服务中获得某种精神的提升。

(五)客户的转换成本

转换成本指的是客户从一个企业转向另一个企业需要面临多大的障碍或增加多大的成本,是客户为更换企业所需付出的各种代价的总和。

转换成本可以归为以下三类:一类是时间和精力上的转换成本,包括学习成本、时间成本、精力成本等;另一类是经济上的转换成本,包括利益损失成本、金钱损失成本等;还有一类是情感上的转换成本,包括个人关系损失成本、品牌关系损失成本。相比较而言,情感转换成本比起另外两个转换成本更加难以被竞争对手模仿。

如果客户从一个企业转向另一个企业,会损失大量的时间、精力、金钱、关系和感情,那么即使目前他们对企业不是完全满意,也会三思而行,不会轻易流失。例如,企业实行累计优惠计划,那么频繁、重复购买的忠诚客户,就可以享受奖励,而如果中途背叛、放弃就会失去眼看就要到手的奖励,并且原来积累的利益也会因转换而失效,这样就会激励客户对企业忠诚。

转换成本是阻止客户关系倒退的一个缓冲力,转换成本的加大有利于客户忠诚的建立和维系。如花时间、金钱、精力好不容易掌握某一品牌的使用方法,这将成为客户的转换成本,因为客户一旦转换将不得不再花时间、金钱、精力去学习新品牌的使用方法。这样,客户在更换品牌时就会慎重考虑,不会轻易背叛,而会尽可能地忠诚。

但是,必须认识到,引导胜于围堵。如果企业仅仅靠提高转换成本来维系客户的忠诚,而忽视了企业形象及产品或服务本身,那将会使客户置于尴尬和无奈的境地。尽管可能出现一时的兴隆与红火,但是一旦情况有变终将导致客户的叛离与门庭的冷落。

(六)企业与客户联系的紧密程度

双方的合作关系是否紧密?企业提供的产品或者服务是否渗透到客户的核心业务?企业的产品或者服务是否具有显著的独特性与不可替代性?如果以上问题的答案是肯定的,那么,客户对企业的依赖程度就高,忠诚度也就高。反之,如果客户发现更好更合适的企业,便会毫不犹豫地转向新的企业。

(七)员工对企业的忠诚度

研究发现,员工的满意度、忠诚度与客户的满意度、忠诚度之间呈正相关的关系。一方面,只有满意的、忠诚的员工才能愉快地、熟练地提供令客户满意的产品和服务。另一方面,员工的满意度、忠诚度会影响客户对企业的评价,进而影响其对企业的忠诚度。

(八)企业对客户的忠诚度

忠诚应该是企业与客户之间双向的忠诚,不能追求客户对企业的单向忠诚,不是要客户忠诚于你,而是要企业与客户相互忠诚。正像宜家提出的那样:"你要忠诚于客户,通过给予忠诚来获得忠诚。"

假如企业对客户的忠诚度高,一心一意地为客户着想,不断为客户提供满意的产品或者服务,就容易获得客户的信任甚至忠诚。相反,企业没有相对稳定的目标客户,不能持续地为客户提供令其满意的产品或服务,那么客户的忠诚度就低。

(九)客户自身因素

以下几种因素也会影响客户的忠诚:客户遭遇某种诱惑;客户遭遇某种压力;客户朝三暮四;客户搬迁、成长、衰退、破产;客户重要当事人的离职、退休等;客户需求出现转移。

例如,客户原来喝白酒,现在注意保健而改喝葡萄酒了,这样,如果白酒生产企业不能及时满足客户新的需求(如供应葡萄酒),那么客户就不会继续忠诚。

以上这些因素是客户本身造成的,是企业无法改变的客观存在。

【案例】上海三菱电梯有限公司从1998年开始导入客户满意观念,2000年末将其提升为客户忠诚。他们首先在企业内部开展内部营销,使内部客户满意,这是因为要让外部客户满意,首先要让内部客户满意。然后从电梯这个特殊产品出发,以使用户满意为主线,从产品设计、制造、安装到维修、持续跟踪,落实用户各项需求;其次,从用户需求导入,实施质量功能展开(QFD)项目,通过定期开展用户满意度和忠诚度调查,将用户需求转化为产品质量特性,从而创造客户持续的忠诚。上海三菱电梯的产量、销售额、市场占有率、利润等多项经济指标连续在全国同行业中名列榜首。

【微课】顾客如"云"——客户满意和客户忠诚的关系

任务二　客户忠诚度的测评

学习重难点

（1）学习影响客户忠诚的原因；
（2）学习如何对客户忠诚度进行测评。

内 容 精 讲

忠诚有各种不同的类型，涵盖从习惯性的忠诚到完全忠诚。习惯性的忠诚是指表面上看起来忠诚的客户，他们对供应商的承诺程度可能很低。因为忠诚是一个很不精确的词，用客户承诺的形式并用承诺水平来测评忠诚度可能更有用。下面将按承诺水平从高到低来加以介绍。

一、客户保留

客户保留是最低形式的忠诚，也是测评能否留住客户的最简单方法。这种方法现在仍然是很多组织测评并检测客户忠诚的方式，它们通常会和历史数据相比较。图 8-1 是一个简单的客户保留示意图，它最初是根据兰克施乐公司的数据设计而成的，它回答了一个简单的问题："我们一年前的客户现在还有多少？"历史记录可以逐渐地显示出每年的新客户及其保留程度，并可以展示出整体的客户保留情况。图 8-1 显示出某企业第 2 年的保留率是 96%（第 1 年的 100 个客户中在第 2 年有 96 个保留了下来）；第 3 年保留率上升到 96.67%（第 2 年中的 120 个客户有 116 个保留了下来）。

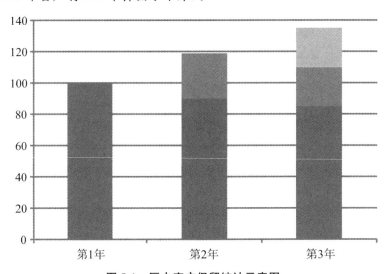

图 8-1　历史客户保留统计示意图

当然，预测未来的信息比显示过去的信息能更好地为管理决策提供帮助。通过向客户询问一些基本问题可以很好地获取这类信息，比如，"你认为你在新的一年里会继续作为ABC公司的客户吗？"

明显地，应该调整时间范围来适应与企业相关的客户。在短的时间范围内，可能客户基数将变大；时间范围长一些，则能较好地表现更稳定的客户与供应商关系。在一些情况下，比如，对于一家旅馆来说，"你认为你会再次光顾某旅馆吗？"这样目的性很强的忠诚性问题可能更合适。

可以用频率分布来分析结果，并用简单的条形图把答案展示出来，如图8-2所示。

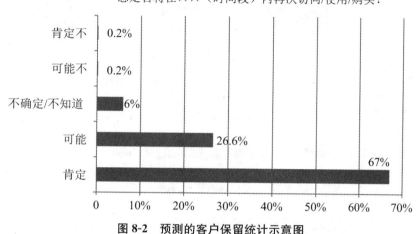

图 8-2　预测的客户保留统计示意图

二、钱包份额

"钱包份额"，是指客户在购买某一类商品时，会有多少比例的钱花在你的品牌、商店或企业上。承诺程度更高的客户会把他们总体开支中较大的份额分配给他们喜爱的供应商。因此，如果你的客户承诺程度变高，你就可以预估客户的平均开支或者平均客户价值指数有所上升。

图8-3显示了平均客户消费量或者平均客户开支。它在竞争激烈的环境下非常有用，因为客户可能使用好几个供应商来满足他们对特殊产品、服务领域的需求。在平均客户开支方面的增长可能预示该供应商在某产品领域正吸引更大份额的客户消费，也显示了忠诚度的提高。这种示意图对诸如零售业这样的领域也很有用，因为在这些领域无法了解到单个的客户，可能没法得到更方便的客户保留示意图。

然而，即使你的客户分类开支比例很小，但客户平均开支也可能有所增长。客户的钱包份额表明了他们的承诺水平。这点可以通过向客户提问来予以确认。在一些领域，询问非常精确的问题也是可行的，如"你在支付时使用信用卡的支付比率是多少？"如图8-4所示。

通常，客户不能准确地回忆甚至是不知道他在各个相互竞争的供应商那里的开支比例。在这种情况下，必须询问一些更一般性的问题："当你购买食品时，与其他超市相比，你多久去一次×××超市？"如图8-5所示。

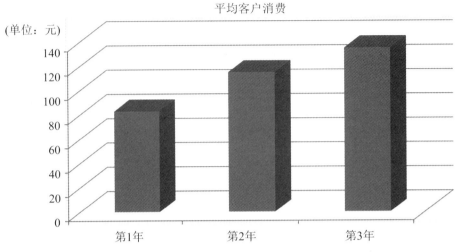

图8-3 平均客户消费量/客户开支统计示意图

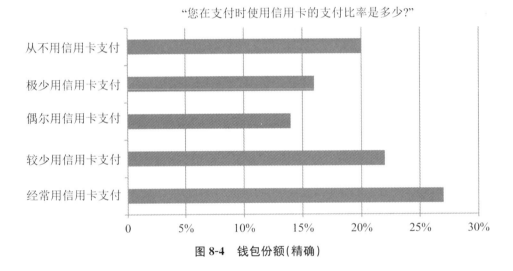

图8-4 钱包份额(精确)

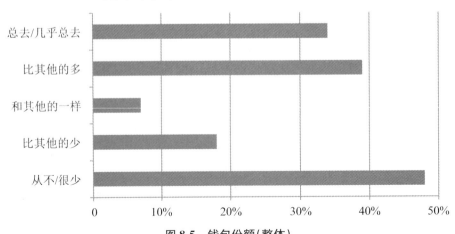

图8-5 钱包份额(整体)

【知识拓展】钱包份额规则

如果传统的忠诚度指标和钱包份额之间关系不大,那么哪些指标才和它相关呢?为了找到答案,某研究团队花了两年时间,对9个国家十几个行业的17000多名消费者进行了纵向研究,得出的结果是,只需使用一个简单公式,就可以根据顾客对品牌的排名来预测钱包份额。研究团队把这个新公式命名为"钱包份额规则",在不同品牌与不同行业,品牌的钱包分配规则得分和钱包份额明显一致,它们之间的平均相关性高于0.9(完全相关则为1.0)。更重要的是,钱包分配规则得分的变化与顾客钱包份额变化之间也存在很高的相关性,相关系数为0.8。而满意度或推荐意向的变化与钱包份额变化之间的相关性却很弱,只有0.1。

钱包分配规则的本质特征是,它既考虑品牌排名(你的品牌是顾客的首选吗?是次选吗?),也考虑消费者使用该类产品的品牌数量。了解了这两个数值,就可以信心十足地预测钱包份额了。

举例来说,如果顾客在购买某类产品时只考虑两个品牌,而你的品牌就是其中一个,那么钱包分配规则就会显示,你的品牌是顾客的首选还是次选,可能会造成巨大的营收差距,就算你与对手并列成为首选,其后果也不容轻视:你从顾客那里本可以赚到的每1元钱,都有一半落入了竞争对手的腰包,而当消费者使用该类产品的品牌数量增加时,次选和首选的营收差距就没有那么大了。

三、推荐

推荐是客户承诺的另一个指标。在客户调查问卷中包含关于推荐的问题已经有很多年了,但是其结果却总是被单独放在一边,而不是作为更有意义的忠诚/承诺测评的一部分。有很多询问推荐问题的方法,最常见的可能是询问他们推荐的意愿。这是一个效果很差的问题,因为人们很容易地就会给一个正面的回答,而实际上他们过去从来没有推荐过该供应商,甚至是在将来也可能不会推荐它。因此,一个更好的问题是询问被采访者,他们将来推荐该供应商的可能性有多大。但是最有意义的问题是询问他们实际上已经做了什么:"你曾经把×××推荐给别人过吗?"如图8-6所示。

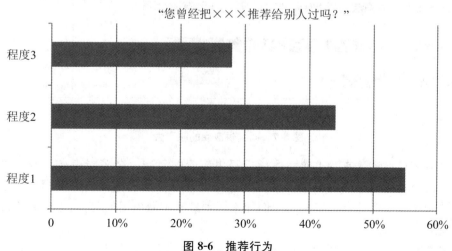

图8-6 推荐行为

四、竞争对手的可获得性

到目前为止,上述所提及的问题已经可以很好地显示客户承诺程度如何、品牌对其感情上的吸引力有多大以及客户对供应商或者品牌的感觉如何等。但是现实情况中,其他一些更为实际的因素将对客户的忠诚有更大的影响。无论你对一个供应商的承诺水平如何,一些市场中的客户总是能较为容易地更换供应商。虽然客户的脑子里经常会想到更换供应商的阻碍。这可能反映在更换的成本代价上,或者只是简单地感觉更换供应商牵涉到精力及其他因素。但一旦客户有了更换供应商的想法,他总能寻找到代替的供应商。

五、竞争对手的吸引力

无论更换供应商是容易还是困难,你必须知道你的竞争对手对你的客户有多大的吸引力。在提问这一主题的问题之前,鼓励客户去想想他们感觉可供选择的供应商的范围,这样做会很有用。因此,你应该询问诸如下面的问题:

"当你偶然出去的时候,你可能会去什么地方?你还可能考虑去其他什么地方?"

"当你每周去采购食品时,你会考虑去其他哪一家商店?"

"当购买时(产品或者服务),你会考虑其他哪一家供应商?"

已经让客户想出了全部的供应商,随后的任务就是问一问你的公司和这些可供选择的供应商相比如何。那些真正忠诚的客户将会回答你是"最好的",如图8-7所示。

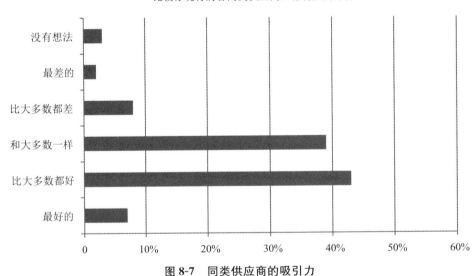

图8-7 同类供应商的吸引力

有时候,客户不知道或者不熟悉可供选择供应商的范围。在垄断市场中没有可供选择的供应商,甚至是在自由市场上客户也可能感到没有可供他们选择的供应商。在这种情况下,更好的测评忠诚度的方法是询问他们如果回到最开始做决定的时候,他们是否还会再次选择你。相关问题如下:

"如果你有幸重新从头开始,你会选择×××作为你的供应商吗?"

"如果你能把时钟拨回你第一次（选择供应商、买产品、签合同）的时候，你还会再次选择×××吗？"如图 8-8 所示。

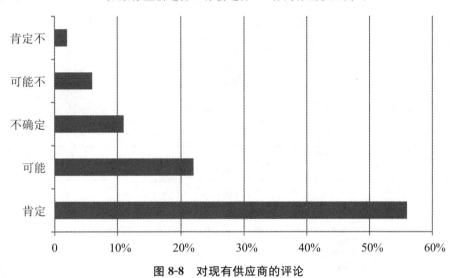

图 8-8　对现有供应商的评论

六、忠诚度分布

忠诚是一个复杂的问题，不能通过几个简单的关于忠诚的问题便能充分地测评。你需要一些问题来涵盖忠诚的不同方面。同时，这些问题的答案将建立起客户对企业的承诺，这可以用"忠诚度分布"的形式展示出来，如图 8-9 所示。

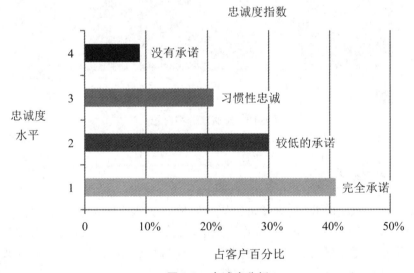

图 8-9　忠诚度分析

为了形成这个分布，你需要把分数分配于关于忠诚问题的得分上，并建立起每个承诺水平应得分数的标准。

比如，一个公司只问了两个关于忠诚的问题：预期的客户保留问题和竞争对手吸引力的问题，并将忠诚度分布的形成过程总结在表 8-1 和表 8-2 中。

表 8-1 忠诚问题的得分

回复类别		得分
肯定	最好的	5
可能	比大多数好	4
不确定	和大多数都一样	3
可能不	比大多数都差	2
肯定不	最差的	1

表 8-2 建立承诺水平

忠诚度得分	
承诺水平	所需得分
完全承诺	10
习惯性忠诚	8
低水平承诺	6
没有承诺	≤5

如果你所在的企业有几个公司，拥有几个品牌或者分支机构，注意比较它们各自的忠诚度分布，用图 8-10 所示类型的图表可以做出很好的比较。

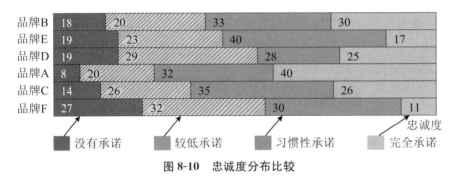

图 8-10 忠诚度分布比较

七、忠诚度细分

一旦你建立起了忠诚度分布，你就可以比较不同承诺水平下的客户态度。比较你的承诺水平最高和最低的客户，并确定是什么让承诺水平最高的客户非常满意以及为什么承诺水平低的客户很不满意，这种比较很有启发意义。通过比较承诺程度最高和最低的客户的满意度评分，就可以得到一个忠诚度细分的数量图，如图 8-11 所示。

你可以使用这些信息来保留你最忠诚的客户，也可以努力留住由于很不满意而可能流失的客户。为了认识到客户流失的原因，你应该自问这个问题："是哪些因素导致某些客户对公司的满意程度不如其他客户？"为了找到答案，你必须确定承诺程度最高和最低的客户在满意度评分上的差距。在图 8-11 中非常明显,承诺程度高的客户对"解决问题"一项极其满意,但是承诺程度低的客户却远不满意。在"员工帮助"一项也有类似的巨大差距,同样但程度稍弱的是"答应和承诺"。就是在这些方面,有些客户获得了或者感受到了水平低得多的服务。处理这些问题有助于解决客户流失的问题。

如果你已经展开了市场地位调查,你也可以根据你的竞争对手的客户忠诚度水平来对他们进行忠诚度细分。做完这一步,你可以强化比较弱的那一部分并从战略上对这一部分进行防御,而强攻对手较弱的一部分,并设法吸引一部分客户。这种做法最适合于有大量客户的市场,因为你需要一个很大的样本,以确保你对客户的分析能基于一个有效大小的样本上。

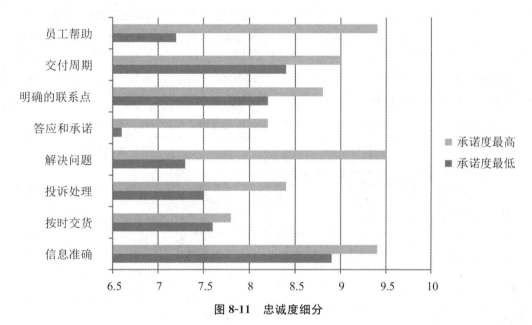

图 8-11　忠诚度细分

将前述讨论的原则扩展到市场地位调查的结果上,可以让你确定自己和竞争对手的客户忠诚度细分,如表 8-3 所示。

表 8-3　基于市场地位调查的忠诚度细分

	自己的客户	竞争对手的客户
忠实的	极强的忠诚度,对我们的表现评价很高,对竞争对手几乎没有兴趣	极强的忠诚度,对竞争者的表现评价很高,对我们几乎没有兴趣
脆弱的	明显的忠诚客户,但是习惯性购买程度很高或者对竞争对手有些兴趣	竞争对手的重复购买者,但是正面的忠诚度很小,并对我们有兴趣
不专情的	正面的忠诚度很小,对竞争对手的兴趣很大	对竞争对手的兴趣很小,可以接纳我们的优点
可利用的	对可供选择的供应商表现出强烈的偏爱	对我们的评价已经比竞争对手要好

使用客户满意度测评数据来建立客户忠诚度,在本质上要求我们"在客户最关心的方面竭尽全力",也就意味着要以客户的优先要求为中心,尤其是在那些我们的表现得到较低评价的方面。使用忠诚度细分并不违背这一原则,而是使你更准确地去遵循这个原则,从而更有效地去实施它。忠诚度细分通常会建议对每一类细分的客户采取不同的战略,尤其是不同的交流战略。你的欠忠诚的客户可能是"不专情的",因为他们对你的企业提供的利益有着错误的认识。同样,你也绝不能忽视保留战略,以便在未来加强和这些"不专情的"客户的联系,因为他们可能是你最"有利可图"的客户。

显然,这些战略的成功取决于你的客户关系管理系统是否全面和周到。如果你只能依靠大量广告这类市场技巧,那么你不可能从忠诚度细分中获得多少利益。理想的情况是你有一个开发良好的客户数据库,让你能够针对不同的客户群体采取不同的交流方式。

基于市场地位调查数据的忠诚度细分对预测市场份额的变动很有用处。忠诚度细分不仅能确定并量化你在哪些方面最容易失去客户,而且也会帮助你预测并确定可能的收益,如表8-4所示。再次强调,在消费市场上,虽然外部数据库总能提高忠诚度细分和确定的能力,但是一个开发良好的内部数据库总是很有帮助的。

表8-4　基于市场地位调查数据的忠诚度细分所开展的市场份额预测

	自己的客户	竞争者的客户
忠实的	回报忠诚,主要精力集中于服务他们	不要打他们的主意
脆弱的	极其注意开展交流活动和制定正面的提高忠诚度的计划	如果他们感到竞争对手在某些方面没有满足他们,而你表现非常好,可以争取
不专情的	客观地评估保留这些群体的成本和收益,主要在于缩小感受差距	这是竞争对手的死穴,尤其是如果你认为你的优势正好满足他们的优先要求时
可利用的	减少损失,保留的可能性很低	很容易获取,但是确保他们不是习惯性地转换

忠诚度细分也能为进行资源配置管理的决策提供坚实的基础。大多数组织没有足够的资源同时分配在每个方面,所以它们常常必须进行选择。现在可能会好一点,比如,如果满足你"手边的"客户的最优先要求的代价很低,则可以把较少的精力放在保留这些客户上;但是对竞争对手的那些已经确认的更高服务要求未能满足的客户,则应该努力争取。从客户细分中获得的洞察力将极大地提高你赢得竞争对手的"不专情的"和"可利用的"客户的效率,因为你将确切地知道他们在哪些方面对现有供应商最不满意。总之,这些为你在客户满意度测评和忠诚度细分方面超过对手提供了强有力的理由。

忠诚不是一个简单的概念,而是一个涉及客户对企业不同承诺水平的复杂概念。为了理解客户忠诚,需要询问很多问题,这些问题涵盖客户承诺的各个方面。从关于客户忠诚的问题中得到的结果应该结合起来以形成忠诚度分布与细分,并在企业内部、品牌或者分支机构之间进行比较。如果已经展开了市场地位调查,通过比较不同忠诚度细分的客户满意度得分,可以形成合适的战略来保护自己的客户并吸引竞争对手忠诚度细分中脆弱部分的客户。

【案例】雅诗兰黛的 MAC Select

雅诗兰黛的 MAC 化妆品公司是世界领先的化妆品公司,它有一个忠诚度计划——MAC Select。该计划面向在线购物者,具有三层内容:第一层:诱惑——客户加入这一层,不需要购买产品,只需要注册。此级别的优惠包括尽早接触到限量版产品。第二层:虔诚——如果客户一年花费 150 美元或更多购买产品,就有资格获得这一级别的特权:尽早接触到精选系列、免费下载使用一个快速化妆应用程序、在线了解增强产品样本以及免费的两天加急运输服务。第三层:痴迷——对于那些每年花费超过 500 美元购买产品的客户,可以成为第一个在某些系列中购物的人,可免费下载使用两个快速化妆应用程序,以及享受价值 50 美元的免费加急运输服务。这些层级,可以激励客户加入 MAC Select,以便他们获得更多的独家待遇。

【想一想】客户满意度的测评还有哪些新的方法呢?

任务三　提升客户忠诚度的策略

学习重难点

(1) 掌握提升客户忠诚度的策略;
(2) 了解为什么现代企业重视客户忠诚度的提升。

内容精讲

从已有关于客户忠诚的因素的分析中我们知道,企业必须建立激励客户忠诚和约束客户流失的机制,做到双管齐下,这样才能实现客户忠诚。

【案例】A 美容会所王女士的困惑

A 美容会所是一家颇具规模的美容会所。该美容会所地理位置优越,会所周边有政府机关、企事业单位、银行、特色商店等,是一个中产阶级人群密集的区域。在经营过程中,该会所经营思路较正确,不断引进先进美容设备,增加新的服务项目,包括美容、针灸理疗等多个项目,尤以纤体和健身闻名。总的来讲,在美容行业日益激烈的情况下,A 美容会所还是取得了不错的业绩,在业界和消费者心目中也树立了较好的形象,但是,老板王女士近来却忧心忡忡,因为她发现有两个问题越来越严重。

(1) 经营中新的项目不断推出,新老客户也都比较喜爱,营业额上去了,但利润却大不如前。

(2) 会所生意非常好,员工积极性也相当高,但消费者的忠诚度却没有提高,甚至出现客户流失的现象。

王女士十分担心,这两大问题如果无法尽快得到有效解决,势必将影响到会所未来的发展。

假如你是王女士,如何解决以上两个问题?

一、努力实现客户完全满意

客户越满意,忠诚的可能性就越大,而且只有最高等级的满意度才能实现最高等级的忠诚度。可见,企业应当追求让客户满意,甚至完全满意。

1987年施乐公司在进行客户满意度的评估中发现,不仅满意与再购买意愿相关,而且完全满意的客户的再次购买率是满意客户的6倍。为了追求客户完全满意,施乐公司承诺在客户购买后3年内,如果有任何不满意,公司保证为其更换相同或类似的产品,一切费用由公司承担,这样就确保了相当多的客户愿意持续忠诚于施乐。

联邦快递有两个宏伟目标:每一次交流和交易都要达到百分之百的客户满意,处理每一个包裹都要百分之百达到要求。

早期,联邦快递将客户满意度和服务表现定义为准时送达包裹所占的百分比。而后,通过多年的客户投诉记录分析,发现准时送达只是客户满意中的一个因素,还有其他因素影响着客户的满意度。联邦快递总结出,客户满意度包括应该避免的几种服务失败,具体是:送达日期错误;送达日期没错,但时间延误;发运时遗漏;包裹丢失;对客户的通知错误;账单及相关资料错误;服务人员的服务表现令客户不满意。

所以,除对客户投诉进行分类外,联邦快递每天都分别跟踪12个服务质量指标,以从总体上衡量客户的满意度。另外,公司每年都要在5个方面进行多次的客户满意度调查。多数服务机构在衡量客户满意度时,会将"有些满意"和"完全满意"的比例合二为一,但联邦快递却不这样。正是坚持了这样的服务标准,联邦快递成为美国历史上第一个在成立后的最初10年里销售额超过10亿美元的公司。在采用从"完全满意"到"完全不满意"的五分法调查中,最高客户满意度达94%,也因此获得了马尔科姆·鲍德里奇全国质量奖。

联邦快递追求客户完全满意的做法换来的是客户对联邦快递的高度忠诚。

二、奖励客户的忠诚

我们知道,想要让某人做某事,如果能够让他从做这件事中得到益处,那么他自然就会积极主动地去做这件事,而用不着别人引导或监督。同样的道理,企业想要赢得客户忠诚,就要对忠诚客户进行奖励,奖励的目的就是要让客户从忠诚中受益,从而使客户在利益驱动下维持忠诚。

(一)如何奖励

1. 采用重购、多购优惠的办法促进客户长期重购、多购

奖励客户忠诚的代表性行为是"频繁营销计划",它最早产生于20世纪70年代初,也称为"老主顾营销规划",指向经常或大量购买的客户提供奖励,目的是促使现有客户维持对企业的忠诚。

奖励的形式有折扣、积分、给予赠品、奖品等。如根据购买数量的多少、购买频率的高低实行价格优惠和打折促销,或者赠送其他价值相当的礼品等,或者实行以旧换新,以此来表示对老客户的关爱,降低他们重复购买的成本。

例如,有家餐厅将客户每次用餐后结账的账目记录在案,自然,账目金额大的都是该餐厅的常客。到了年终,餐厅将纯利润的10%按客户消费总金额大小的比例向客户发放奖金。这项"利润共享"的策略,使得该餐厅天天客满。

2. 提供奖励忠诚的其他配套措施

这里的其他配套措施是指特权、优待、机会、荣耀等物质利益以外的利益。

例如,为了提高分销商的忠诚度,企业可以采取以下措施:

(1) 授予分销商以独家经营权。如果能够作为大企业或名牌产品的独家经销商或者代理商,可以树立分销商在市场上的声望和地位,有利于调动分销商的经营积极性。

(2) 为分销商培训销售人员和服务人员。特别是当产品技术性强,推销和服务都需要一定的专门技术时,这种培训就显得更加重要。如美国福特汽车公司在向拉美国家出售拖拉机的过程中,为其经销商培训了大批雇员,培训内容主要是拖拉机和相关设备的修理、保养和使用方法等。此举使福特公司加强了与其经销商的关系,提高了经销商在拖拉机维修服务方面的能力,也迅速扩大了福特公司拖拉机的销量。

(3) 为分销商承担经营风险。如某企业明确表态:只要分销商全心全意地经营本企业的产品,就保证不让其亏本;在产品涨价时,对已开过票还没有提走的产品不提价;在产品降价时,分销商已提走但还没有售出的产品,按新价格计算。这样分销商就等于吃了定心丸,敢于在淡季充当"蓄水池",提前购买和囤积产品,使企业的销售出现淡季不淡、旺季更旺的局面。

(4) 向分销商提供信贷援助。如允许延期付款、赊购,当分销商规模较小或出现暂时财务困难时,这种信贷援助就显得更为宝贵。

(5) 还可由企业出资做广告,也可以请分销商在当地做广告,再由企业提供部分甚至全部资助,以及提供互购机会,既向分销商推销产品又向分销商购买产品。

(二) 奖励要注意的问题

1. 客户是否重视本企业的奖励

如果客户对奖励抱着无所谓的态度,那么企业就不必花"冤枉钱"。

2. 不搞平均主义

要按贡献大小区别奖励。

3. 不孤注一掷

要细水长流,即注重为客户提供长期利益,因为一次性促销活动并不能产生客户的忠诚,而且还浪费了大量的财力,即使促销有效,竞争者也会效仿跟进。因此,企业要考虑自己是否有能力对客户持续进行奖励,是否能够承受奖励成本不断上升的压力,否则,就会出现尴尬的局面——坚持下去,成本太高;取消奖励,企业信誉受影响。

4. 注重奖励效果

奖励效果一般由现金价值、可选择的奖品类别、客户期望的价值、奖励方法是否恰当、领取奖励是否方便等因素决定。

(三) 奖励计划的弱点

(1) 未能享受到奖励计划的客户可能对企业产生不满。

(2) 企业之间的奖励大战使客户享受到越来越多的优惠,客户的期望值因此越来越高,企业为了迎合客户的预期所投入的奖励成本也会越来越高。

（3）由于奖励计划操作简单，很容易被竞争者模仿。如果多数竞争者加以效仿，则奖励计划会趋于雷同，结果企业提高了成本却不能形成相应的竞争优势，成为企业的负担。但是，企业又不能轻易中断这些计划，因为一旦停止就会产生竞争劣势。于是，企业面临一个恶性循环：奖励计划→初显成效→大量效仿→失去优势→新的奖励计划……最终导致企业成本不断上升，但成效甚微，最多只是获得虚假忠诚的客户。

可见，奖励计划不是维护客户忠诚的最佳手段。

三、增强客户对企业的信任与感情

（一）增强客户的信任

一系列的客户满意产生客户信任，长期的客户信任形成客户忠诚。企业要建立高水平的客户忠诚度还必须把焦点放在赢得客户信任上，而不仅仅是客户满意上，并且要持续不断地增强客户对企业的信任，这样才能获得客户对企业的永久忠诚。

有些企业试图通过"搞关系""走后门"来"搞定"客户，但事实上，客户清楚"搞关系""走后门"都带有赤裸裸的目的，凡事若以利始，便难以义终。所以，"搞关系""走后门"无法获得客户信任，无法获得长期而稳定的客户关系，随时存在土崩瓦解的可能。

那么，企业如何才能增加客户的信任呢？

1. 要牢牢树立"客户至上"的观念

想客户所想，急客户所急，理解客户所难，帮客户所需，所提供的产品与服务确实能够满足客户需要。

2. 要提供广泛并值得信赖的信息

当客户认识到这些信息值得信赖并可以接受的时候，企业和客户之间的信任就会逐步产生并得到强化。

3. 重视客户可能遇到的风险

有针对性地提出保证或承诺，并切实履行，以减少他们的顾虑，从而赢得他们的信任。

4. 尊重客户的隐私权

使客户有安全感，进而产生信赖感。

5. 认真处理客户投诉

如果企业能够及时、妥善地处理客户的投诉，就能够赢得客户的信任。

（二）增强客户对企业的感情

没有留不住的客户，只有不会留客的商家！建立客户忠诚度说到底就是赢得客户的心。联邦快递的创始人佛莱德·史密斯有一句名言："想称霸市场，首先要让客户的心跟着你走，然后才能让客户的钱包跟着你走。"因此，企业在与客户建立关系之后，还要努力寻找交易之外的关系，如加强与客户的感情交流和感情投资，这样才能巩固和强化企业与客户的关系，从而提高客户转换购买的精神成本，使客户不忍离去。那么如何增强客户对企业的情感牵挂呢？

1. 积极沟通，密切交往

企业应当积极地与客户进行定期或不定期的沟通，进行拜访或者经常性的电话问候，了解他们的想法和意见,并邀请他们参与到企业的各项决策中去,使客户觉得自己很受重视。此外,企业可以邀请客户参加娱乐活动,如打保龄球、观赏歌舞、参加晚会等,过年过节时举行客户游园会、客户团拜会、客户酒会、客户答谢会等显示客户尊贵地位的活动,可以增进客户对企业的友情。

2. 超越期待,雪中送炭

生活中我们常说"将心比心,以心换心",企业与客户之间特别需要这种理解与关心。当企业对处于危困之中的客户"雪中送炭",那么,很可能为自己培养了未来的忠诚客户。

假如,当客户有困难时,企业能够伸出援手,如利用自己的社会关系帮助客户解决孩子入托、升学、就业等问题,就会令客户感动。假如客户因为搬迁不方便购买产品,企业主动送货上门,就会使客户觉得自己得到了特殊的关心。假如客户因为资金周转问题不能及时支付购买产品的费用,企业通过分期付款、赊账的形式予以援助,那么客户就会心存感激,当其资金问题解决后将回报以忠诚。

> **【案例】民生汽车客运公司视客户为"亲属"**
>
> 南京民生汽车客运公司除了提供客运服务外,还提供租车服务。当租车客户遇到交通纠纷时,公司以客户"亲属"而不是车主的身份全权处理一切事务。民生汽车客运公司的这项举措使客户大受感动,深得租车客户的好评,客户感到民生汽车客运公司时刻在为他着想,自然忠诚有加。

四、建立客户组织

建立客户组织可使企业与客户的关系更加正式化、稳固化,使客户感到自己有价值、受欢迎、被重视,从而使客户产生归属感,因而有利于企业与客户建立超出交易关系之外的情感关系。客户组织还使企业与客户之间由短期关系变成长期关系,由松散关系变成紧密关系,由偶然关系变成必然关系,从而维护现有客户和培养忠诚客户,确保企业有一个基本的忠诚客户群。因此,建立客户组织是巩固和扩大市场占有率、稳定客户队伍的一种行之有效的办法,有利于建立长期稳定的主顾关系。

例如,上海华联商厦对持有会员卡的客户在商厦购物可享受一定的折扣,并根据消费的金额自动累计积分;会员还可通过电话订购商厦的各种产品,不论大小,市区内全部免费送货上门,并对电视机、音响等产品免费上门进行调试。该商厦还注意倾听会员的意见和建议,不定期向会员提供产品信息和市场动态等各种资料,会员生日时还能收到商厦的祝福卡及小礼物。

五、提高客户的转换成本

一般来讲,如果客户在更换品牌或企业时感到转换成本太高,或客户原来所获得的利益会因为更换品牌或企业而损失,或者将面临新的风险和负担,就可以借此提高客户的忠诚度。

例如,软件企业为客户提供有效的服务支持,包括提供免费软件、免费调试及解决相关问题等,并帮助客户学习如何正确地使用软件。那么,一段时间以后,客户学习软件所花的时间、精力将会成为一种转换成本，使客户在别的选择不能体现明显的优越性时自愿重复使用，成为忠诚客户，而不会轻易转换。

另外，采取礼品组合等方法，如购买机票的贵宾卡、超市的积分卡以及快餐店的组合玩具等，也可以提高客户的转换成本。因为客户一旦转换就将损失里程奖励、价格折扣等利益，这样就可以将客户锁定住。

此外，客户参与定制产品或服务在增加客户满意度的同时，也增加了客户的特定投入，如时间、精力、感情等，即增加了转换成本，因而能够提高他们的退出障碍，从而有效地阻止客户的叛离。

例如，客户购买一定数额的 MaBelle 钻饰就可以注册为"VIP 俱乐部"会员。公司要求员工必须定期通过电邮、电话、手机短信等方式和客户建立个人关系，这种私人关系无疑增加了客户的情感转换成本。MaBelle 还定期为会员举办关于"选购钻石"及"钻饰款式"方面的知识讲座，增加了客户转换的学习成本。

当然，企业还可以通过与客户签订合作协议来提高客户的转换成本，那么，一般情况下在协议期限内客户将不会轻易违约、断交，否则他将按照合作协议的违约条款承担责任。

六、加强业务联系，提高不可替代性

（一）加强业务联系

加强业务联系是指企业渗透到客户的业务中间，双方形成战略联盟与紧密合作的关系。

经验表明，客户购买一家企业的产品越多，对这家企业的依赖就越大，客户流失的可能性就越小，就越可能维护忠诚。如 360 安全公司通过网上智能升级系统，及时为使用其产品的客户进行升级，并且可免费下载一些软件，从而增强了客户对其的依赖性。因此，企业在为客户提供物质利益的同时，还可通过向客户提供更多、更宽、更深的服务，与客户建立结构性的联系或者纽带，如为客户提供生产、销售、调研、管理、资金、技术、培训等方面的帮助，为客户提供更多的购买相关产品或服务的机会，这样就可以促进客户忠诚。

例如，当客户在银行开立一个账户成功购买某项金融产品时，银行应该努力为这个客户提供尽可能多的服务，通过选择套餐等金融业务来加强与客户的联系。如工商银行推出的"旅游套餐"包括个人旅游贷款办理，个人旅游支票及牡丹信用卡、牡丹灵通卡、牡丹中旅卡异地通存通兑等金融服务，在客户旅游消费的整个过程中维护和加强了其与客户的联系。

又如，宝洁的成功在很大程度上得益于"助销"理念——帮助经销商开发、管理目标区域市场。宝洁公司提出了"经销商即办事处"的口号，就是要全面支持、管理、指导并掌控经销商。宝洁公司每开发个新的市场，原则上只物色一家经销商（大城市一般 2~3 家），并派驻一名厂方代表。厂方代表的办公场所一般设在经销商的营业处，他肩负着全面开发、管理该区域市场的重任，其核心职能是管理经销商及经销商下属的销售队伍。为了提高专营小组的工作效率，一方面宝洁公司不定期派专业销售培训师前来培训，内容涉及公司理念、产品特点及谈判技巧等各个方面，进行"洗脑式"培训；另一方面，厂方代表必须与专营小组成员一起拜访客户，不断进行实地指导与培训。同时，为了确保厂方代表对专营小组成员的全面控制和管理，专营小组成员的工资、奖金甚至差旅费和电话费等全部由宝洁提供。厂方代表依据销售人员业绩，以及协同拜访和市场抽查结果，确定小组成员的奖金额度。宝洁公司通过"助销"行动密切了与经销商的关系,也使经销商对宝洁公司更加忠诚。

(二)提高不可替代性

个性化的产品或者服务是客户关系发展到一定程度时客户的必然要求。一个企业如果不能满足客户的这种要求,将始终无法成为客户心目中最好的企业,也就无法成为客户唯一、持久的选择。因此,企业如果能够为客户提供独特的、不可替代的产品或者服务,如提供个性化的信息、个性化的售后服务和个性化的技术支持,甚至个性化的全面解决方案,就能够成功地与竞争对手的产品和服务相区分,就能够形成不可替代的优势,增加客户对企业的依赖性,从而达到增进客户忠诚的目的。

例如,IBM提出"IBM就是服务"的口号,事实上IBM确实存在差异于竞争对手的绝对竞争优势:IBM全球服务部不仅可为客户提供基础软硬件维护和零配件更换的售后服务,更重要的是还能提供诸如独立咨询服务、业务流程与技术流程整合服务、专业系统服务、网络综合布线服务、人力培训等服务,从而满足客户日益复杂和个性化的需求,正是这种服务优势实现了客户对其的忠诚。

此外,企业还可通过技术专利与对手拉开差距,构筑防止竞争者进入的壁垒,从而使自己成为不可替代的供应商,那么就可以降低客户的"跳槽率",实现客户忠诚。

例如,微软公司就是凭借其功能强大的Windows系列产品,几乎垄断了PC操作系统软件市场,而功能实用、性能良好的AutoCAD在计算机辅助设计领域占有很高的市场份额,它们都是凭借不可替代的产品或者服务赢得了客户忠诚。

总之,企业可以通过自身的人才、经验、技术、专利、秘方、品牌、资源、历史、文化、关系、背景等来增强自身的不可替代性,从而实现客户忠诚。

七、加强员工管理

企业应该通过提升员工的满意度与忠诚度来提升客户的满意度和忠诚度,同时,通过制度避免员工流动造成客户的流失。

(一)通过培养员工的忠诚实现客户的忠诚

1. 寻找优秀的员工

企业应寻找那些特质、潜力、价值观与企业的制度、战略和文化相一致,才识兼备、技术娴熟、工作能力强的员工。

2. 加强培训

企业应培训员工树立"以客户为中心""客户至上"的理念,使每位员工认识到他们的工作如何影响客户和其他部门的人员,从而又最终影响到客户的忠诚和企业的生存,并给予相关知识和技能的培训与指导。

3. 充分授权

即企业要赋予员工充分的权利和灵活性,从而使员工感到自己受重视、被信任,进而增强其责任心和使命感,激发其解决生产、服务等各环节中问题的创造性和主动性,使每个员工都积极参与到提供超越客户预期目标的服务中去,群策群力、同心同德,共同想办法赢得客户忠诚。

4. 建立有效的激励制度

有效的激励可以激发员工的工作热情，挖掘员工的潜力，因此，企业要善于将员工的报酬与其满足客户需要的程度相挂钩，建立有助于促使员工努力留住客户的奖酬制度。

例如，美国的一家信用卡公司 MBNA 就建立了这样一种奖酬制度，员工收入中的 20% 是与客户维护有关的奖金。这种奖酬制度激励了员工与客户进行有效的沟通，该企业在过去几年中留住了许多试图终止业务关系的客户。

5. 尊重员工

企业应尊重员工的合理要求，充分满足员工的需要，在员工培训和个人发展上舍得投资，及时解决员工遇到的问题，从而不断提高员工的满意度。

6. 不轻易更换为客户服务的员工

熟悉就会亲切，熟练就会有效率。如果员工在一个工作岗位时间较长，不但可以了解工作的要求，掌握做好工作的技巧，而且能够了解客户的兴趣与需求。

（二）通过制度避免员工的流失造成客户的流失

有些客户之所以忠诚于某家企业，主要是因为与之联系的员工表现出色，如专业、高效、业务娴熟以及与他们建立的良好私人关系。因此，如果这个员工离开了公司，客户就会怀疑该公司是否仍能满足他们的要求。

为了消除这种疑虑，企业要建立统一的员工形象，特别要强调企业所有的员工都非常优秀（但是等新员工开始工作后才向客户说明这一点是没有用的，必须在平时就要将企业拥有高素质员工的信息不断地向客户宣传）。这样，即使其中一个员工流失，其他员工也可以顺利接替他的工作，继续为客户提供优质的服务，而不至于出现客户跟着流失的现象。

八、以自己的忠诚换取客户的忠诚

企业不应当忽视自己对客户的忠诚，而应当以自己的忠诚换取客户的忠诚。例如，德国商业巨头麦德龙以现购、自运著称，主要特点是进销价位较低，现金结算，勤进快出，客户自备运输工具。麦德龙充分考虑到中国市场的情况，决定其服务对象是：中小型零售商、酒店、餐饮企业、工厂、企事业单位、政府和团体，即主打团体消费，不为个人客户提供服务。

麦德龙之所以不面向个体客户，是因为麦德龙的一条宗旨是"给中小零售商以竞争力"，既然已经为中小型零售商提供了服务，按照利益共享的原则，个人客户由中小型零售商负责提供服务。

由于麦德龙维护中小型零售商的利益，忠诚于中小型零售商，所以也赢得了中小型零售商对麦德隆的完全满意和忠诚。在麦德龙的帮助下，它们增强了与大型超市竞争的能力。中小型零售商壮大了，自然增加对麦德龙的需求，这样双方形成双赢的格局。

九、社交与影响力

在粉丝经济时代，我们不能忽略和客户之间的互动，这种互动可以来源于品牌和粉丝之间微妙的联系，比如用户使用某个品牌的产品，很多时候是因为使用这款产品就代表了用户自己的身份，很多做生意的人都会购买奔驰、宝马等名车，为了就是证明自己的身份，使他们在生意场上能够获得更高的社交地位。对于年轻人来说,这种影响力其实最大,比如腾讯做的产品总能够快速成功,有人把他归功于腾讯产品团队的优异能力。这当然是重要因素,但是与其他公司不同的地方在于,腾讯有QQ,QQ是一个全民的社交软件,腾讯可以将它们的所有产品与社交产品进行快速打通,使它的产品都能够带上社交的属性。

能把优惠券玩成社交游戏,美团外卖算是一个好例子,美团外卖有两个红包社交游戏,第一个是偷红包,用户可以在点餐的时候偷取好友的红包;第二个游戏是订餐后分享红包,领红包人数达到一定数量后,用户就能够获得大红包。美团在用户返利的过程中,植入了社交因素,促进用户分享红包进行拉新,并且使用社交这一内在驱动因素,让用户觉得好玩,促进用户使用。这就是粉丝经济时代企业应当考虑到的发展策略。

【想一想】还有哪些提高客户忠诚度的好方法?

【知识拓展】客户忠诚的原因并非是单一的,大致可以分为两个维度:

(1) 客户想要从产品中获得什么?产品设计要做的无非就是让刚开始对产品无感情的客户对产品产生强烈的感情,难以割舍,同时要做好体验维护,长久地维持好感避免被客户讨厌。

(2) 客户离开之后会失去什么?当客户失去的成本(时间、金钱、关系、习惯)大到让他们痛苦的时候,客户就很难离开。

【案例】海尔赢得市场的两个法宝

海尔赢得市场的法宝有两个,一是提升顾客忠诚,二是创造市场。针对顾客忠诚,海尔提出了"绝不对市场说不""打价值战不打价格战""顾客买的是享受不是商品""用户的抱怨是最好的礼物"等观念,并在经营实践中始终专注于用户需求,生产出个性化的产品满足用户不同层次的需求。针对创造市场,海尔提出了"只有淡季的思想,没有淡季的市场""为客户找产品"的观念,不抓住一个市场不放,而进行市场创造,通过引导消费来引领市场。"小小神童"洗衣机的例子就是海尔成功开发市场、满足用户需求的典型例子。以前每到夏季,衣服的洗涤成了不少人的难题,一般的洗衣机费水费电又费时,而习惯了洗衣机的人又不愿意用手洗,海尔人正是看到了消费者的这个难题,开发出了中国第一台"即时即洗"洗衣机——"小小神童"。这种微型洗衣机外形尺寸不到普通全自动洗衣机的三分之一,洗涤1.5千克衣物水电用量相当于全自动洗衣机的三分之一。

在海尔,最让人感动的是,很多在平凡工作岗位上的普普通通员工,能够用心去做自己的工作。一些生产线上普通工人为了提高生产效率,搞技术改革,自己出钱并用业余时间去尝试。海尔冰箱二事业部的全体员工,在精益生产推进过程中取得了成绩:钣金线的节拍比前一段时期20秒/台又有提高,达到19秒/台。在海尔,像这样的创新还有许许多多,只有给员工提供个性化的创新空间,才能满足外部用户的个性化需求。海尔正是通过创新把关注顾客需求的企业文化灵活性与实现顾客满意的基于共同价值观的员工的行为一致性联系起来,不仅让内部员工凝聚为一股推动企业不断进步的力,而且充分调动了每个员工的积极性、发挥每个员工的潜力,创造性地满足顾客需求、超出顾客期望、感动客户,甚至创造市场,改变顾客的生活方式。由此,爱岗敬业的员工加上企业想顾客之所想使得海尔获得了顾客长久的信任,在顾客满意度和忠诚度上也取得骄人的成就。

【微课】企业青睐粉丝经济——提升客户忠诚度的策略

学 习 小 结

1. 忠诚的定义包含两种不同的思路：一种是从行为的角度，将客户忠诚定义为客户对产品或者服务所承诺的一种重复购买的行为；另一种基于态度的观点，则把客户忠诚定义为对产品或者服务的一种偏好和依赖。

2. 一般来说，影响客户忠诚的因素有：客户满意的程度、客户因忠诚能够获得多少利益、客户的信任和情感、客户是否有归属感、客户的转换成本、企业与客户联系的紧密程度、员工对企业的忠诚度、企业对客户的忠诚度、客户自身因素等。影响客户忠诚有时是单一因素的作用结果，有时也是多个因素共同作用的结果。

3. 客户忠诚度和满意度之间有着千丝万缕的联系。客户满意度越高，客户的忠诚度就会越高；客户满意度越低，客户的忠诚度就会越低。

4. 忠诚有各种不同的类型，涵盖从习惯性的忠诚到完全忠诚。

5. 从已有关于客户忠诚的因素的分析中我们知道，企业必须建立激励忠诚和约束流失的机制，做到双管齐下，这样才能实现客户忠诚。

学 习 检 测

1. 客户忠诚度的含义、意义是什么？
2. 简要说明客户满意度和客户忠诚度的关系。
3. 影响客户忠诚度的因素有哪些？
4. 客户忠诚度测评指标具体有哪些？
5. 提高企业客户忠诚度的策略有哪些？
6. 信赖忠诚与势利忠诚有什么不同？
7. 1981年，可口可乐公司进行了一次顾客沟通的调查。调查是在对公司抱怨的顾客中进行的。下面是那次调查的主要发现：

(1) 超过12%的人向20个或更多的人讲述可口可乐公司对他们的抱怨的反应。
(2) 对公司的反馈完全满意的人们向4～5名其他人转述他们的经历。
(3) 10%对公司的反馈完全满意的人会增加购买可口可乐公司的产品。
(4) 那些认为他们的抱怨没有完全得到解决的人向9～10名其他人转述他们的经历。
(5) 在那些觉得抱怨没有完全得到解决的人中，只有1/3的人完全抵制公司产品，其他45%的人会减少购买。

问题：
(1) 如何看待可口可乐公司顾客的这种口头传播所反映的客户关系状况？

（2）可口可乐公司针对顾客抱怨所做的客户满意度调查和调查结果，对其客户关系管理有何意义？

（3）可口可乐公司的做法体现的是何种营销观念，其值得总结的经验有哪些？

（4）除上述调查工作外，可口可乐公司的客户关系管理工作还应当进行哪些调查和处理？

实 践 挑 战

综合利用所学的知识，以小组为单位，针对京东校园馆中的蓝月亮品牌，进行客户忠诚度调查，完成调查报告，并进行数据分析，完成分析报告。

模块六

大客户管理

学习思维导图

模块六 大客户管理
└─ 项目九 大客户管理
   ├─ 任务一 正确认识你的大客户
   │   ├─ 大客户的含义和特征
   │   ├─ 大客户管理的含义和特征
   │   ├─ 大客户管理的目的与意义
   │   └─ 树立正确的大客户管理观念
   ├─ 任务二 大客户营销策略
   │   ├─ 大客户营销的含义和特征
   │   ├─ 大客户营销的原则
   │   ├─ 大客户营销的策略
   │   └─ 大客户营销的注意事项
   └─ 任务三 大客户流失的原因与预防
       ├─ 大客户流失的原因
       ├─ 大客户流失的预防
       └─ 大客户战略与目标管理

项目九　大客户管理

学习目标

1. 知识目标
(1) 理解大客户的定义、类型和界定标准;
(2) 树立正确的大客户管理观念;
(3) 掌握大客户营销策略;
(4) 掌握大客户流失的原因与预防措施;
(5) 熟悉大客户管理的特征和内容。

2. 技能目标
(1) 能够准确识别何为大客户;
(2) 工作中能娴熟地进行大客户营销;
(3) 准确判断大客户流失原因;
(4) 掌握预防大客户流失的方法与措施。

3. 素养目标
培养客服人员的马克思主义人民观和以人为本思想。

引导案例

1909年的秋天,美国第一家汽车制造商亨利·福特向工人宣布了一个令人震惊的消息,他将采取一种极度专业化的战略。自那以后,这个只有5年历史的公司将只生产一种汽车,一种"能为大多数平民百姓接受的车",它的特点是价格低廉,设计单一。福特称这款新车为"T型车"。

对于汽车业内外人士来说,福特这种极度专业化的做法简直是疯狂之举。对福特的单一想法持批评意见的一位批评家很直率地警告他说:"我告诉你,亨利,这样做太鲁莽了。别把所有鸡蛋都放在一个篮子里。"

据传闻,福特对此做出的回应成了美国商业史上的一段佳话。"把所有鸡蛋放在一个篮子里并没错,"他犀利地回击说,"只要看好那个篮子。"

言必信,行必果。无论怎样,亨利·福特显然不是不计后果的。T型车一投入生产,他就不知疲倦地守着他的宝贝作品,一直在工厂里围着那个集所有关键于一身的篮子转来转去。

6年后美国三分之二的司机、世界二分之一的司机都以拥有一辆轻快小汽车而自豪。到1927年生产线最终停产时,通过这一底特律组装线加工的T型小汽车已经达到了1 500万辆。福特做的远不只坚持这么简单。他贯彻了正确的、先进的"资源集中化"战略。事实上,由于自1909年以来商业界已经完全成熟,业界的成熟带动了更为激烈的市场竞争和为了生存而日益明显的差异化趋势,从而使今天比福特时代更适用这一战略。

用现在的语言描述福特的话大概是这样:如果你想要在竞争中脱颖而出,你就必须集中有限的资源在那些最可能获得高额回报的机会上。然后你要通过系统管理这些有限的资源来保住所进行的各项投资。要想在今日的商界存活,你不但要关注,而且要一心一意地关注"最有可能获得高额回报的机会",这就是我们聚焦于大客户的原因。

工作任务导入

小茗同学所在的公司给一个世界领先的高科技公司的国际分部介绍大客户管理策略,他发现这个公司有几百家客户,但两个最大的客户带来了公司68%的业务。因此,小茗同学发现一个规律:5%的客户能为企业带来超过50%的收入。与他交流过的每个销售专员、每个市场经理,以及每个高级职员也都证实了这一数据。无论他们是卖计算机芯片还是卖广告空位,他们都从少数几个客户那里拿到了超过公司总收入半数的销售额。究竟大客户会给企业带来什么样的优势?如何防止大客户流失呢?带着这些问题,小茗同学开始了对本项目的学习。

任务一 正确认识你的大客户

学习重难点

(1)明确大客户的定义、特征;
(2)了解大客户管理内涵、目的、意义;
(3)树立正确的大客户管理观念。

内容精讲

一、大客户的含义和特征

(一)大客户的含义

每个企业对自己的大客户都可以有不同的定义和理解。大客户,也称重点客户、关键客户、KA(Key Account),是市场上卖方认为具有战略意义的客户,是指对产品(或服务)消费频率高、消费量大、利润率高而对企业经营业绩能产生一定影响的关键客户,而除此之外的客户则可划入中小客户范畴。小客户则是指那些采购量小、产品流通频率低,并且顾客利润率低甚至无利润的客户。

大客户通常是某一领域的细分客户,大客户是实现企业利润和可持续发展最为重要的保障之一,对于企业具有无与伦比的重要性和战略意义,对大客户的识别、开发与持续经营,已经成为行业竞争的焦点。企业必须具备识别大客户的能力,并且能够对其进行开发与持续经营。

（二）大客户的特点

（1）与本企业签有较大的订单并至少有1～2年或更长期连续合约,能带来相当大的销售额或有较大的销售潜力；
（2）与本企业签有较大的订单且具有战略性意义；
（3）对于企业的业务或企业形象,在目前或将来有着重要的影响；
（4）有较强的技术吸收和创新能力；
（5）有较强的市场发展实力等。

大客户应该符合以下条件：
（1）属于团体客户；
（2）具有发展潜力,终身价值高；
（3）诚信合作。

企业和客户之间的合作,从来都是双向的过程,单向的追求可能成功,但会耗费很多的沟通资源。因此在判断对方是否是大客户时,大体上需做以下几方面的考虑,才能够获得较好的大客户洽谈成功率。

首先,这个客户是不是企业有能力服务的。

其次,客户是否具有比较大的成长性。这需要销售人员对其运营状况做出准确的判断。如果所有情况都是正向的,那么这就是企业需要寻找的大客户。大客户不一定是效益很好的客户,有时候,大企业不代表它市场竞争力就强,对于很多中小企业来说,有些大客户却是压款的陷阱。资金和货款进去,很长周期才能够出来,这样的大客户还是小心为妙。比如一个公司秉承了大客户战略,在向线下渠道供货的时候,回款周期是6个月,但是他们同时也给线上渠道供货,他们的回款周期是1个月。这样的账谁都会算,显然,如果公司要大发展,就需要扩大对电子商务渠道的投入,扩大供货规模。

最后,企业必须学会管理大客户的销售体系。企业在做大客户销售的时候,需要将双方合作层次的升级作为一个重要的任务。现有的客户中,可能有几家是企业现实利润的主要来源,那么,对于这样的客户,企业需要保持紧密沟通,松懈不得。销售人员需要不断提升双方的合作层次,让双方的企业领导层能够实现多方面的业务交流和情感交流。销售人员有必要站在企业整体的角度,维护公司的现实利益。

与大客户的合作意味着服务,不能做丢了西瓜捡了芝麻的事情。很多企业在做客户开拓的时候,只重于前期的开拓,而没有很好地重视后期客户的维护,这造成了一边不断有新客户进来,又不断有老客户出去的情况。

如果这些客户不能在企业运营过程中沉淀下来,成为长期的合作伙伴,那么这就无法维系企业的长久发展。判断大客户是谁,这是个简单问题。在企业的营销实践中,坚持大客户营销,这不仅是一个战术问题,也是一个战略问题,提升服务水准,执行大客户战略,这是企业营销的重中之重。

> **【职场小贴士】** 客户销量大就一定是大户吗？错！实际销量才对厂家的市场有积极意义，如果这个客户有终端和流通市场掌控能力，他的区域里价格稳定，二、三级客户有钱赚，终端铺货率高，终端生动化表现优秀，那么这个经销商的销量才是实际销量，这样的客户才是"真大户"。反之，"假大户"往往进货量很大，但他的流通市场价格混乱、终端铺货率低、终端生动化表现差，该客户并未实现实际销售，醒目、耀眼的销售数字多半是靠换货、冲货完成的。

二、大客户管理的含义和特征

（一）大客户管理的含义

大客户是供应商为自己的未来所投资的顾客。有时候还需要做出短期牺牲，以获得长期的预期收益。大客户管理是对这样一笔投资的管理，是管理一种非同寻常的客户关系，也是管理该种客户关系对供应商自身业务的影响。简而言之，大客户管理就是对未来的管理。

（二）大客户管理的特征

大客户管理的特征是指在大客户管理中对重要客户将给予特殊待遇，而其他客户则不会享有，在价格、产品、服务、分销和信息共享方面的特惠待遇可能以特殊价格、产品定制化、特殊服务提供、服务定制化、分销和操作流程的协调、信息共享和商业项目的联合开发以及新产品的形式出现。大客户管理要求多个职能部门共同努力，除了销售以外，制造、营销、财务、信息技术、研发和物流等部门也要通力合作。在内容上，大客户管理是在严谨的市场分析、竞争分析、客户分析基础之上，分析与界定目标客户，确定总体战略方向，实现系统的战略规划管理、目标与计划管理、销售流程管理、团队管理、市场营销管理和客户关系管理，为大客户导向的战略管理提供规范的管理方法、管理工具、管理流程和实战性的管理图表。

三、大客户管理的目的与意义

（一）大客户管理的目的

实行大客户管理是为了集中企业的资源优势，从战略上重视大客户，深入掌握、熟悉客户的需求和发展的需要，有计划、有步骤地开发、培育和维护对企业的生存和发展有重要战略意义的大客户，为大客户提供优秀的产品及解决方案，建立和维护好持续的客户关系，帮助企业建立和确保竞争优势。同时，通过大客户管理，解决采用何种方法将有限的资源（人、时间、费用）充分投到大客户身上的问题，从而进一步提高企业在每一领域的市场份额和项目签约成功率，改善整体利润结构。

一般大客户管理的目的可以概括为以下两点：

（1）在有效的管理控制下，为大客户创造高价值；

（2）在有效的客户关系管理和维护下，为大客户提供个性化解决方案，从而从大客户处获取长期、持续的收益。

大客户管理的范畴涉及内容很广，包括从寻找客户线索、建立客户关系、对潜在大客户销售产品到产品安装与实施售后服务等诸多环节的控制与管理。但它的目的只有一个，就是为大客户提供持续的、个性化解决方案，并以此来满足客户的特定需求，从而建立长期、稳定的大客户关系，帮助企业建立和确保竞争优势。

（二）大客户管理的意义

通过大客户管理，企业可以在以下几个方面保持竞争优势：
（1）保持企业产品、解决方案与竞争者有差异性，并能满足客户需求。
（2）与大客户建立起业务关系后，在合作期内双方逐步了解、适应，彼此建立信任，情感递增，容易形成客户忠诚度。
（3）形成规模经营，取得成本上的优势。
（4）在同大客户接触中不断提取有价值的信息，发展与大客户的客户关系，为满足客户的需求做好准备。
（5）分析与研究大客户，制定个性化解决方案，建立市场区隔，以赢得更多的客户，增加企业综合竞争力。

> **【小故事】一位母亲对儿子的忠告**
>
> 曾经有一位母亲向她即将开始独立生活的儿子提出一个很好的建议，她说："永远买好鞋和好床，因为你有半生在鞋上度过，其余半生在床上度过。"这句话折射出一个正确的原则：永远都不要在最重要的东西上打折扣。凡是追求可持续发展的企业，都必须郑重承诺：永远都不会在重要的大客户身上打折扣，因为对大客户打折扣就是对企业的未来打折扣。

四、树立正确的大客户管理观念

人们一直认为大客户管理主要是一种销售活动，尽管是层次较高的销售活动，这种销售活动的实施也几乎完全由销售队伍来负责。大客户管理不是一种主动的销售活动，也不是指你为客户做事情。实施大客户战略需要企业整体的支持。大客户管理不只是一种团队活动，更是整个企业的活动。

如果供应商和客户要致力于培养类似于业务关系这样重要的关系，双方必须寻求管理上述关系的新方法。这种关系处于大客户管理最核心的位置，它为形成附加价值的活动提供了信息源，这种关系也带来了相互信任，能为长期业务打下基础。如果你要维持稳定的客户关系，就要关注大客户管理。应该把大客户管理看作一种途径，由此可以取得主要供应商的地位，从而获得利润。

大客户管理是一种竞争战略，更是实现大客户战略的必要手段。大客户管理必须和企业整体营销战略相结合，不仅需要对大客户进行系统、科学而有效的市场开发，更要用战略的思维对大客户进行系统管理，需要大客户部门和其他部门及各层次人员持续性地努力工作。对大客户的经营战略、业务战略、供应链战略、项目招标、项目实施全过程以及大客户组织中个人的工作、生活、兴趣、爱好等方面都要加以分析研究。因此，客户信息的收集和管理是一个重要环节。

大客户信息的收集是开展大客户业务的前提和依据,是实现销售的基础,为了鼓励经销商及各部门提供大客户信息的积极性,完善企业大客户信息资源的管理,规范和系统地开展大客户销售工作,达到推进销售的目的,各企业应制定大客户信息收集和管理办法,具体要做到:

(一)集中有用信息

好的客户战略不可能凭空制定。很显然,它们来自对资料的有效管理。资料越好,战略就越好。因此,一旦选定了一个目标客户,你就需要收集该客户的相关数据。为了判断有用信息和无用信息,一般有两点原则:

(1)搜集和客户产品相关的资料。
(2)搜集和客户业务相关的资料。

对于第一条原则,你可以收集到世界上最复杂的客户数据和行业数据,但是如果这些数据和你欲与该客户建立的特殊关系丝毫不相干,那么这些数据也是无用的。"有用"意味着这些数据要有利于你的销售。第二条原则没那么直观,应搜集关于客户现在的资料以及与他们发展趋势相关的资料。你收集的资料,可以是客户经营环境的变化、竞争对手对其市场地位的威胁、客户的发展方向,以及他们的企业使命,所有资料都可以帮你制定和他们的战略焦点紧密相连的客户战略,甚至成为他们战略的补充。"有用"意味着你对客户有用。

(二)精准数据来源

1. 自己的销售数据库

它包括"过去"和"未来"的销售数据。你要知道过去两三年里自己卖给这位客户什么产品,你还要知道在不远的将来可能卖给客户什么产品,或者你想卖什么产品。

2. 客户的报表

至少是最新的年度报表。当然也可以包括其两三年前的年度报表、当前的季度报表、促销手册以及产品和服务说明书。这些资料可以让你用客户的眼光来评估他们的形势——这是你在制定战略时必须掌握的资料。如果你的目标大客户是私营企业,那也许就拿不到它的财务报告了。但是,即使是私人公司也会发布促销手册和产品及服务说明书。这些资料也可以让你了解他们对自身形势的评估。

3. 投资意见

如果你面对的是上市公司,那么它的股票增值潜力评估就可以看作有用的"健康体检报告"。在电视评论、报纸报道中都可以找到这些投资意见。

4. 期刊媒介

可以看看相关期刊上的最新的关于大客户和其所在行业的文章,然后分析介绍行业变化和发展趋势的文章。

(三)拓宽收集渠道

要从多个渠道收集我们所需要的信息,这是保证我们信息全面的有效方法,因为客户信息对我们后面的专业判断影响甚大,因此要严格、认真地对待。

1. 网络搜索

企业网站、新闻报道、行业评论等。优点:信息量大,覆盖面广泛。缺点:准确性、可参考性不高,需要经过筛选方可使用。

2. 权威数据库

国家或者国际上对行业信息或者企业信息有权威的统计和分析,可供参考,对企业销售具有重要的指导作用。优点:内容具有权威性和准确性。缺点:不易获得。

3. 专业网站

各行业内部或者行业之间为了促进发展和交流,往往设有行业网站或者与该方面技术有关的专业网站。优点:以专业的眼光看行业,具有借鉴性,企业间可做对比。缺点:不包含深层次的信息。

4. 展览

各行业或者地区定期或不定期会举办展览,会有很多企业参展。优点:会有更丰富、具体的信息。缺点:展览的时间不确定。

5. 老客户

你的老客户同你新的大客户之间会有一定的相同之处,同行业之间会有更多的相似之处,因此,你的老客户也很了解其他客户的信息。销售企业可通过同老客户的关系,获得行业内部的一些信息。优点:信息的针对性强,可参考性高。缺点:容易带主观色彩。

此外,还可以通过市场考察、分析竞争对手、参加会议或论坛等获得相关信息。

【想一想】除了以上渠道之外,是否还有其他渠道获取大客户信息?

(四)整理客户资料

信息收集后要进行归类整理,要学会挖掘、提炼信息价值,使收集的各类资料最大限度地服务于企业销售。

1. 大客户基础资料

我们需要回答以下问题:其是什么样的客户?规模有多大?员工有多少?一年内大概会买多少同类产品?

大客户的消费量、消费模式和消费周期是怎样的?其组织机构是什么样的?我们所拥有的通信方式是否齐全?客户各部门的情况我们是否了解?客户所在的行业基本状况如何?大客户在该行业中所处地位、规模如何?并应根据大客户自身的变化,进行适当的动态管理。

2. 项目信息

项目信息是评估的关键因素,在对大客户实行战略规划时,若对大客户的项目没有基本的了解,后面的合作就无从谈起。要了解的信息有:客户最近的采购计划是什么?通过这个项目要解决的问题是什么?决策人和影响者是谁?采购时间表、采购预算、采购流程是否清楚?客户的特殊需求是什么?

3. 竞争对手的资料

身处激烈的市场竞争条件下,不得不多关注自己的竞争对手,以防止竞争对手突如其来地攻击,从而影响本企业的销售。竞争对手资料包括以下几方面:产品使用情况、客户对其产品的满意度、竞争对手的销售代表的名字、该销售代表与客户的关系等。

【微课】谁是你的大客户——正确认识你的大客户

任务二 大客户营销策略

学习重难点

(1) 明确大客户营销的定义、特征；
(2) 掌握大客户营销基本原则；
(3) 掌握大客户营销"五步营销法"。

内容精讲

大客户销售由于销售额巨大，往往会受到客户和竞争对手的重视，同时大单销售是和一群人做生意，它涉及客户组织中众多利益相关方和决策人，这就使得影响大单销售成功的因素非常复杂，有很多销售员非常努力，历经千辛万苦，到最后单子却丢了。所以熟知大客户营销的原则，并有一套行之有效的营销策略才能为成功销售保驾护航。

一、大客户营销的含义和特征

（一）大客户营销的含义

大客户营销，就是针对大客户的一系列营销组合。大客户是相对于一般消费者而言的，一般指的是企业客户或者渠道商，其价值相对比较大，需要一对一地进行客户管理与营销战略实施。

大客户又被称为重点客户、主要客户、关键客户、优质客户等。大客户有两个方面的含义：其一指客户范围大，客户不仅包括普通的消费者，还包括企业的分销商、经销商、批发商和代理商；其二指客户的价值大小，不同的客户对企业的利润贡献差异很大，20%的大客户贡献了企业80%的利润，因此，企业必须要高度重视高价值客户以及具有高价值潜力的客户的营销。在大客户营销战略中的大客户是指后者，是指公司所辖地域内购买产品量大或单位性质特殊的客户，主要包括经济大客户、重要客户、集团客户与战略客户等。其中经济大客户是指产品使用量大、使用频率高的客户；重要客户是指满足党政军、公检法、文教卫生、新闻等国家重要部门需求的客户；集团客户是指与本企业在产业链或价值链中具有密切联系、使用本企业产品的客户；战略客户是指经市场调查、预测、分析，具有发展潜力，会成为竞争对手的突破对象的客户。

（二）大客户营销的特征

每位销售人员都想寻得几个大客户，那么，究竟什么是大客户？或者说，大客户的特征如何呢？只有清楚大客户的内在特征与外在表现，才能赢得与大客户合作的机会。

一般来讲，大客户营销具有交易额大、影响力大、大战略和大平台等特征。

1. 交易额大

交易额大可以是一次性的，更多的则是持续的交易累计。大客户关系的发展轨迹是：从试探期到稳定期，从零星的购买升级为有规律的、大批量的采购。一开始客户是不相信、不习惯的谨慎态度，产品用着用着态度就会转变，信任产生了，依赖也就出现了，此时，大客户营销才迸发出惊人的能量。客户还是那个客户，可交易额却大了许多，因此，大客户是动态地"做"出来，而不是静态地等、靠、要。

2. 影响力大

大客户的销售额占企业销售额比重大，对企业整体战略有重大意义，企业的营销战略与目标设定，大客户在其中有较大影响。视大客户为"掌上明珠"，意味着企业将重点过问与支持，在资源投入上会加以倾斜。

3. 大战略

大战略意味着目标一致、团队一心、资源专一。目标一致，就是说大客户营销在企业业务战略中居于显著地位，一般是高层领导亲自挂帅。团队一心，是指团队成员分工明确，行动有序，领导有力。资源专一，是指大客户营销的业务资源、服务资源，必须专门划拨、专项使用。

4. 大平台

跳出了我卖你买的业务圈子，主动地想客户所想，从客户的终极需求出发，帮助客户对准市场靶心。成就客户，成就自己，是一种与客户共进退的经营方式。

> **【案例】佰草集的营销策略**
>
> 佰草集，一家隶属于上海家化集团的中国化妆品公司，在兰蔻、雅诗兰黛等高档化妆品云集的市场中，不仅轻松占据了一席之地，而且打破了洋品牌垄断高端化妆品市场的神话。解码其营销基因，除了独特的品牌定位外，无疑与佰草集选择的营销策略息息相关。佰草集通过会员制实行大客户营销，面向会员的专属会所和网上互动社区集中行销，每年开展以白领生活领域为核心的展店计划，组织积分兑换、年度聚会等会员活动，如今，佰草集全国会员数量超过30万人，一群知性的女性消费者已经成为其忠诚的客户。此举带来的直接效益是提高了单笔消费金额，扩大了营收，佰草集超过50%的营收都来自会员。由此可以看出，企业全面了解大客户需求，用心打造大客户的专属营销体验，一定能获得成功。

二、大客户营销的原则

为了能针对大客户开展更有效、更有针对性的服务，满足大客户的需求，进一步细分大客户市场成为大客户营销的重要工作，甚至可以将具有特色的单个用户作为一个细分的市场，最后再进行不同层次、不同行业、不同特性的服务产品的市场定位、开发、包装和营销。这些都需要对大客户资源进行精细的管控，因此在大客户营销管控过程中，要掌握以下四大原则：

（一）动态管理

大客户营销管控措施建立后，置之不顾，就会失去它的意义，因为大客户的情况是会不断地发生变化的，所以大客户的资料也要不断地加以调整，剔除过时的或已经发生变化的资料,及时补充新的资料,对大客户的变化进行跟踪,使大客户营销管控保持动态性。

(二) 突出重点

不同类型的大客户资料很多,我们要通过这些资料找出重点大客户。重点大客户不仅要包括现有大客户,而且还应包括未来大客户或潜在大客户。这样可以同时为企业选择新的大客户及开拓新市场提供资料,为企业进一步发展创造良机。

(三) 灵活运用

大客户资料的收集管理,目的是在销售过程中加以运用。所以,在建立大客户资料卡或大客户营销管控卡后,不能束之高阁,应以灵活的方式及时、全面地提供给推销人员及其他有关人员,使他们能进行更详细的分析,使死资料变成活材料,提高大客户营销管控的效率。

(四) 专人负责

由于许多大客户资料是不能流出企业的,只能供内部使用。所以,大客户营销管控应确定具体的规定和办法,由专人负责管理,严格管控大客户情报资料的利用和借阅。

三、大客户营销的策略

大客户销售有很多不可测因素,为大客户销售成功带来很多的变数,这就需要大客户销售人员对销售项目有很强的控制能力,要注重以下三个关键点:

(一) 信息力

在大客户营销过程中信息非常重要,有的时候信息就是优势,你掌握的信息越及时、越准确,你的主动性就越强,你的把握性就更大。对于这一点,有的销售人员不知道要了解哪些方面的信息,不知道什么情况算真正地掌握了信息。具体可以从以下九个信息点来掌握:
(1) 我们项目推进的步骤是什么? 在推进的过程中的难点是什么?
(2) 客户的采购流程是什么? 客户采购的重点是什么?
(3) 我们在客户的组织结构中的支持面有多大?
(4) 客户在此项目中的决策结构是什么? 决策链中每个人的影响力是多少?
(5) 客户的资金和信誉情况如何?
(6) 客户立项的原因是什么,每个类别的项目经手人的真实的需求是什么?
(7) 我方和客户方的各参与者在项目推进过程中可利用的资源情况如何?
(8) 在项目推进过程中我方竞争对手的情况如何?
(9) 找到成功的关键要素,并及时关注和跟进最为重要的三个要素的时时变化情况。
此外,要在客户企业内部和外部建立自己的"情报系统"。

(二) 关系力

大客户营销是和一群人做生意,要和一群人做好生意,就要搞清楚这群人之间的相互关系。要理清他们之间的关系,一般要经过三个步骤:
步骤一:找到影响销售成功的各个关键人物,并对每个关键人物的影响力和作用进行打分和排序。

步骤二：不断地扩大己方的盟友，盟友就是主动协助己方获取项目的人。

步骤三：扩大支持面，在大客户销售中不能只关注关键人物，也要关注"小人物"，要让整个支持面越来越大。

（三）决定力

客户组织内的最高决策者对项目的成败有着决定性的影响。作为销售人员与其良好接触至关重要，从项目开始到结束时还没有接触过最高决策者是非常危险的，如果得到他们的支持，赢单的概率会大增，反之失单的概率会大增。

> **【知识拓展】大客户营销"五步营销法"**
> (1) 以柔克刚，了解客户秉性和意图。
> (2) 专业控局，以专业知识让客户愿意倾听。
> (3) 换位思考，站在客户的角度抓住客户的心。
> (4) 精准出击，针对客户的需求制定营销方案。
> (5) 礼尚往来，做好后续客户维护工作。

四、大客户营销的注意事项

（一）让客户100%满意

企业在以前的市场竞争中，往往会形成一种以企业本身利益最大化为唯一目的的企业文化，因为这种企业文化能够有效地使企业各项资源围绕企业如何获取更多利润而展开，在很长一段时间内促进了企业的发展。于是以赢利为唯一目标成为企业的金科玉律，在这一思想指导下，许多企业为获利自觉或不自觉地损害客户利益，从而导致客户的满意度和忠诚度很低。而在大客户营销战略中，我们将大客户作为企业重要的资产，因而企业应当更加重视客户满意、客户忠诚和客户保留，企业拥有了许多忠诚的客户后，再不断地升级相关的服务，这样在客户得到了100%满意的同时企业也获得了很大的利润，真正实现了客户和企业的双赢。

（二）前台资源与后台资源的整合

传统企业在特定的经济环境和管理背景下，企业管理的着眼点在于内部资源管理，即后台部分。而对于直接面对以客户为主的外部资源即前台部分，缺乏相应管理。在大客户营销战略中，需重视前台资源的运用，要求企业将市场营销、生产研发、技术支持、财务金融、内部管理这五个经营要素全部围绕着以客户资源为主的企业外部资源来展开，实现前台资源和后台资源综合管理。

（三）一对一的营销策略

随着社会财富的不断积累，人们的消费观念已经从最初的追求物美价廉的理性消费时代过渡到感性消费时代，感性消费时代最突出的一个特点就是消费者在消费时更多的是在追求一种心灵的满足,追求的是一种个性的张扬。因此企业必须要能够为大客户提供个性化的产品和服务,满足不同类型群体的需要。要实现从传统大规模文化向一对一文化的转变。如移动公司对于不同集团单位的虚拟网、银行对大客户的定制理财业务等。

(四)充分利用大客户的社会资本

客户成为企业发展的动脉,当客户这种独特的资产与其他资产发生利益冲突时,企业应当留住客户资产,因为客户资产将为企业带来长期收益。企业应通过实施大客户营销战略,利用大客户的口碑与其社会网络,来进一步优化企业客户资源的管理,从而实现客户价值最大化。

(五)培育以大客户为中心的企业文化

一个大客户战略至少包括四个元素:客户理解、客户竞争、客户亲和力、客户管理。一个大客户战略必须要能够回答:客户是谁?客户想要什么?客户如何被管理?只有制定了长远的企业客户战略,才有在企业形成一种客户导向文化的可能性。从另一方面来看,企业在实施客户战略时,也离不开组织变革、文化转变。

> **【小故事】第二次龟兔赛跑**
>
> 第一次龟兔赛跑后,兔子咽不下胸中这口恶气,非要拉着乌龟再比一次,乌龟无奈,只得点头同意兔子的无理要求,但也提出了自己的特殊要求,终点要自己决定。兔子为了捍卫自己仅有的尊严,丝毫不敢懈怠,一路狂飙,飞驰而去。突然间,它一个急刹车,停在了路边,望着眼前那条宽阔的大河傻了眼,终点就在河对岸,自己却不知如何是好。
>
> 过了好久,乌龟才蹒跚而来。只见他纵身跃入河中,缓缓向对岸游去。不一会工夫就上了岸,然后把奖杯高高举起。
>
> 再次见到兔子,乌龟对它说:"你要记住,在这个世界上靠蛮干是不行的。为什么不能发挥我们各自的优势,在陆地上你背着我,在水里我驮着你呢?"兔子听了以后恍然大悟,连忙要求再试一次。
>
> 于是,他们一起出发了,在陆地上,兔子扛着乌龟,一路狂奔;在河里,乌龟潜在水中,背上面安稳地趴着兔子。就这样,它们又一次来到了终点。
>
> "你看,这是不是比我上次到达终点的时间少了很多呢?你难道不觉得这次的速度比上次快了吗?"兔子不由得点头,它的心里突然升起一股更大的满足感和成就感……

【想一想】"龟兔赛跑"后续的故事能给你在大客户营销中带来什么启发?

大客户营销战略立足大市场、服务大客户,通过定制的客户解决方案和完善的服务,利用互动的平台来为大客户提供快捷、方便的绿色通道,大客户服务宗旨是本着优质、高效、方便的原则为大客户提供优先、优质、优惠的三优服务,包括向大客户提供产品的咨询、宣传和维护服务等。大客户服务中心或大户室对外代表企业对大客户进行服务,对内代表客户提出需求,是公司与大客户之间的桥梁。

【微课】大客户营销五部曲——大客户营销策略

任务三 大客户流失的原因与预防

学习重难点

(1) 熟知大客户流失的常见原因；
(2) 掌握预防大客户流失的方法与措施；
(3) 实施大客户战略。

内容精讲

一、大客户流失的原因

(一) 断链：销售人员离职导致客户资源流失

客户资料一般都掌握在销售人员的手中，企业规模小或是客户数量不多，也许企业经营者还能了解每个销售人员手上的客户情况。一旦企业规模大了，特别是出现跨区销售时，企业经营者根本无法知道每个销售人员的客户情况。这样，当销售人员出现人事变动时，好的情况是将客户的资料通过文档的形式交接给企业，虽然企业将拥有"客户名单"，但对哪些是重点客户、哪些客户临近签单、哪些客户已报价、具体报价是多少等详细的客户信息无从知晓；坏的情况是一些销售人员交接的客户资料都是一些无价值客户，甚至存在虚假信息。

(二) 客户忠诚度下降：服务不到位导致客户资源流失

企业如果不具备完善的售后服务考核机制，或内部服务流程无法高效规范地运转，难以持续为老客户提供高品质的服务，将导致老客户流失。

(三) 业务衔接不紧密：客户跟进不到位

销售人员每天要跟踪大量的客户，这既包括对新客户的意向的挖掘，也包括对意向客户的销售工作的推进，还包括对老客户的回访。由于业务线索繁多，销售人员难免会因为忘记一些对客户的回访而导致客户流失。比如，销售人员 A 给客户打电话时，客户正在外面出差，说要一个星期后才能回来，约一个星期后再给他电话。可到了约定的那天，销售人员 A 因为忙，忘记给客户打电话了，而那天竞争对手的销售人员 B 却如时和客户联系，并通过一系列最终优惠条款打动了客户，本来客户还在犹豫选择哪一家，由于销售人员 A 的"怠慢"，客户便下定决心选择了竞争对手。

(四)产品缺乏创新性:不能吸引客户眼球

如果一家企业永远故步自封,没有创新,那就会成为井底之蛙,坐以待毙。没有创新的企业,一定会被时代的浪潮拍死在沙滩上。如果你留意你在网上购买过的店铺就会发现,那些皇冠店铺和粉丝众多的网红店,他们的上新速度很快,基本上一周上新一次,甚至有些店铺一周上新两次,这样做的目的就是发扬他们的创新性,与时俱进,不断吸引客户。

【想一想】还有哪些原因会导致大客户流失?

二、大客户流失的预防

企业要防止大客户的流失,最根本的做法是提升大客户的满意度,进而形成忠诚度,这要从战略和策略两个角度去解决这个问题。通过建立战略合作伙伴关系,有利于形成长久合作机制;通过策略化运作可以稳固日常合作关系,两者结合才能"长治久安"。一般来讲,防止大客户流失的主要措施如下:

(一)在企业内建立大客户管理部门

组建专业管理部门,并发挥其管理职能,这在通信、邮政、银行等很多行业都已实施。为了更好地管理大客户,有必要建立以下工作组织职能链条:企业→大客户管理部门→交叉工作组→大客户。

(二)采取最适应的销售模式

大客户与企业的合作具有一定的特殊性,而其特殊性就体现在模式创新性、价格特殊性、服务紧密性等诸多方面。而这些特殊性就要求企业最大化接近大客户,掌握客户需求,为此很多销售模式应运而生,诸如以直销为基本特征的俱乐部营销、顾问式销售、定制营销等,这对于针对大客户的信息收集、个性化策略制定以及个性化服务有促进作用。

(三)建立销售激励体系

企业必须为大客户建立销售激励政策,通过激励使其尝到合作的"甜头"。其实,很多企业把客户划分为关键客户、重点客户、一般客户等几个级别加以管理,并根据不同级别制定不同的管理政策,目的是对那些对企业贡献度高的客户予以激励,包括物质激励(如资金、实物等)和精神激励(荣誉证书、牌匾等)。

(四)建立信息管理系统

企业有必要引入大客户管理系统,以大客户的信息资料为基础,围绕大客户开展大客户发展分析、大客户价值分析、大客户行为分析、代理商贡献分析、大客户满意度分析、一对一大客户分析等工作,使企业决策层对大客户的发展趋势、价值趋向、行为倾向有一个及时、准确的把握,并能对重点大客户进行一对一分析与营销。

(五)建立全方位沟通体系

大客户管理部门中的大客户营销人员、客户经理及其主管要定期或不定期地主动上门征求大客户意见,发现大客户的潜在需求并及时解决。要加强与大客户间的感情交流,根据企业实际定期组织企业高层领导与大客户高层召开座谈会,努力与大客户建立相互信任的朋友关系及互利双赢的战略伙伴关系,这样有利于化解渠道冲突。

(六) 不断分析研究大客户

管理大客户要坚持"动态分析,动态管理"的原则,在把握大客户动态的同时,不断创新大客户管理。大客户分析包括大客户发展分析、大客户服务分析、大客户流失分析、大客户费用分析、大客户价值分析、大客户经理分析等方面,这是进行大客户管理决策的基础,是"防患于未然"。

(七) 提升整合服务能力

提升整合服务能力应以客户为导向,包括以下内容:量身打造服务模式(如顾问服务、驻扎服务),建立服务沟通平台(如网络平台、电话平台等),开通大客户"绿色通道"(为大客户提供便利措施),强化基本服务(基本服务项目保障),提供增值服务(不断为客户创造产品之外的新价值),建设企业服务文化(企业内部文化传播和对客户传播),提供完善的服务解决方案等。

> **【知识拓展】** 留住大客户的核心技巧之一就是就是围绕用户体验,将有限的企业资源有针对性地投入到大客户使用产品和接受服务的关键环节上。打造"有温度"的用户体验,就拥有了从打动到触动,再到感动,最后到激动的完整用户体验。

> **【小故事】与大客户合作共赢**
>
> 某年8月,浙江台州遭遇了一场50年未遇的台风。某公司的一个大客户的仓库正好位于海堤内40米处,由于位置特殊,连保险公司也拒绝接受投保。在台风紧急警报发布后,该客户还存有侥幸心理,以为台风未必在当地登陆,该公司的客户经理一再告诫客户必须改变仓库位置并购买保险,该客户一直未有动作,但这次情况非同寻常,此公司的客户经理特地赶往台州,再次规劝他马上把货物转移至安全的地方,该客户这次终于听了劝告。随后发生的台风和伴随的海啸在当地历史上也是少有的,在同一仓库存放货物的另一客户遭受了灭顶之灾,价值100多万的水泥全部被冲入了大海,顷刻倾家荡产。事后这个客户感到非常后怕,同时也对该公司的客户经理非常感激,庆幸接受了客户经理的意见,虽然当时花了1万多元的仓储和搬运费,但保住了价值60多万的货物。后来他对客户经理说:"其实厂家完全可以不予关心,因为这完全是经销商买断的货,无论损失与否与厂家无关,但你们是把我真正当成家里人来看待了,今后我还有什么理由不继续与厂家合作呢?"

三、实施大客户战略

（一）大客户战略的定义

大客户战略是指企业帮助既有潜力又与企业的价值观高度一致的客户做大做强,支持、陪伴客户成长与成功的一系列管理及制度安排。

事实上,无论是工业品营销、项目型销售,还是互联网营销,企业所做的一切都是为了使客户更成功。正是在这样的经营理念下,通用电气前CEO杰克·韦尔奇在20年间,把通用电气的市值从130亿美元提升到4800亿美元,盈利能力也从全美上市公司排名第十跃升至全球第一,成为世界第二大公司。

为什么要采取大客户战略?尽管商业世界似乎永远都不缺乏"高深"的市场战略和所谓的营销理论,他们在宏观层面上过多地讨论市场机会、市场细分、市场定位等,却忽略了"最后一公里"。

面对面永远是最有效的价值创造方式,因为,面对客户需求多变的市场,单纯的"宏观差异"无法应对每个客户的与众不同。比如同样是购买工业空调,有的客户需要设备的快速安装,有的需要能够拆卸,而有的需要能利用现有的压缩机。任何大客户战略成功的关键都始于倾听客户的声音。只有把客户的差异化发挥到极致,深度诊断客户或消费者的难点、关注点和真正的痛点,帮助客户做出正确的"购买决策",最大限度地提高客户的投资效益,才能成为客户解决问题的最佳合作伙伴。事实上,没有需求就没有购买,而需求就源于客户目前存在的问题或想要实现的目标。在商业上,企业客户的需求无不与提升核心竞争力或持续盈利能力有关。因此,实施大客户战略的目的在于成为客户的合作伙伴,帮助客户找到真正解决问题和达成目标的创新解决方案。

好的战略有两个必要条件:独特的见解,满足客户需求。

所谓独特的见解是指对世界、对人生,或者对企业的基于事实和证据的独特的看法或价值主张。

所谓客户需求,无论组织还是个人,尽管表现形式不同,但最终都是想要更好——从现状(A)到更好的目标(B)。而满足需求就是帮助客户以创新的方法和路径实现从A到B。因此真正的战略不止是认知创新,更重要的是方式和路径创新。大客户战略就是帮助客户完成认知创新,并支持客户做到方式和路径创新,从而取得更好的成果。

比如全球食品与饮料包装业巨擘瑞典利乐公司,在满足客户需求方面堪称典范。在中国,蒙牛和伊利的成长始终与利乐的全方位支持和服务相连。利乐的销售人员不仅精通包装产品和技术、营销手法,还深谙客户从事的饮料、奶业等领域的专业知识和行业发展趋势。在与客户的互动过程中他们全面了解客户,特别是客户在经营过程中面对的困难,千方百计地帮助客户解决问题,提供的服务包括为客户设计饮料与牛奶的推广方案,传授销售技巧,提供饮料与牛奶进入超市的策略,规划全国市场的物流运营系统,等等。此外,利乐还为某些新成立的饮料公司诊断企业管理问题,培训管理人员,甚至聘请专业咨询公司全面诊断客户的管理或营销并提供咨询服务。

（二）大客户战略的实施步骤

（1）企业经营定位、业务陈述。

（2）企业外部环境分析。发现营销机会，并分析所面对的威胁与挑战。

（3）内部环境分析。通过对企业的资源、竞争能力、企业文化和决策者的风格等进行客观的评估，找出竞争对手的优势和劣势。

（4）目标制定。基于企业业务定位和内外环境的分析，制定出具体的战略目标，如利润率、销售增长率、市场份额、技术研发、品牌形象等。

（5）企业战略制定，包括企业总体战略和营销战略的制定。企业战略制定要解决下列问题：如何实现企业目标？如何打败竞争对手？如何获取持续的竞争优势？如何加强企业长期的市场地位？

企业应根据企业战略规划，对企业产品及服务、核心能力、产品的生产及安装、企业文化、使命目标、已占领的市场、品牌形象、技术开发等细分领域进行深入分析，进而制定出适合大客户导向的大客户管理战略。大客户管理战略的制定要解决下列几个问题：谁是大客户？大客户想要什么？大客户如何被管理？大客户如何被长期经营？同时，应利用市场趋势（行业趋势、特定客户发展趋势和技术趋势等）为客户提供增值的机会（使客户更成功），亦应对客户进行优先排序（使我们更成功）。

【微课】客户用脚投票——客户流失的原因与预防

学 习 小 结

1. 大客户，是市场上卖方认为具有战略意义的客户，是指对产品（或服务）消费频率高、消费量大、利润率高而对企业经营业绩能产生一定影响的关键客户。

2. 大客户管理是管理一种非同寻常的客户关系，也是管控该种客户关系对供应商自身业务的影响。

3. 树立正确的大客户管理观念：集中有用信息、精准把握数据来源、拓宽收集渠道、整理客户资料。

4. 大客户营销，就是针对大客户的一系列营销组合。大客户是相对于一般消费者而言的，一般指的是企业客户或者渠道商，其价值相对比较大，需要一对一地进行客户管理与营销战略实施。

5. 大客户营销的原则：动态管理、突出重点、灵活运用、专人负责。

6. 大客户营销"五步营销法"：以柔克刚、专业控局、换位思考、精准出击、礼尚往来。

7. 大客户流失的原因：断链、客户忠诚度下降、业务衔接不紧密、产品缺乏创新性。

8. 大客户流失的预防：在企业内建立大客户管理部门，采取最适应的销售模式，建立销售激励体系，建立信息管理系统，建立全方位沟通体系，不断分析研究大客户，提升整合服务能力。

学 习 检 测

1. 什么是大客户?
2. 针对大客户的营销原则是什么?
3. 什么是针对大客户营销的"五步营销法"?
4. 大客户流失的原因有哪些?
5. 该如何预防大客户的流失?

实 践 挑 战

请以京东校园馆市场部业务员的身份,为便利店联系一位大客户。

模块七

客户服务人员的压力管理

学习思维导图

模块七 客户服务人员的压力管理
└─ 项目十 客户服务人员的压力管理
   ├─ 任务一 正确认识客户服务工作的压力
   │   ├─ 压力的含义
   │   ├─ 压力的分类
   │   ├─ 压力对客户服务人员的消极影响
   │   └─ 压力测试
   ├─ 任务二 客户服务人员压力的基本类型分析
   │   ├─ 客户服务人员压力的形成因素
   │   └─ 客户服务人员压力的常见类型
   └─ 任务三 客户服务人员压力管理
       ├─ 情绪上：放松情绪
       ├─ 认知上：调整认知
       ├─ 行为上：立目标定计划
       └─ 社交上：建立社会支持系统

项目十　客户服务人员的压力管理

学 习 目 标

1. 知识目标

(1) 掌握压力的含义、类型和影响；
(2) 掌握客户服务人员压力形成的影响因素；
(3) 掌握客户服务人员压力的常见类型；
(4) 掌握放松训练的技巧；
(5) 掌握积极认知的训练方法。

2. 技能目标

(1) 正确处理压力；
(2) 学会放松；
(3) 调整认知。

3. 素养目标

提升心理健康水平,参与构建社会主义和谐社会。

引 导 案 例

刚毕业的杨杨,信心满满地去做房产销售工作,他给自己定了一个目标,一天打100个电话,他认为能接通电话的至少应该有50个人。在这50个客户中,只要耐心去推荐,至少应该有10个客户有意向去看房,在这10个客户中,应该有5个可能买房,5个客户中能签单的客户总会有吧,所以杨杨认为,只要努力付出,每周签一单应该不难。结果一个月过去了,没有签一个单,他的挫折感来袭;第二月还是没有签单,他的挫折感加深;第三月仍然没有开张,一想到自己的试用期马上结束,不开单就丢了工作,杨杨心急如焚,怀疑自己的工作能力,怀疑自己的坚持是否值得……

工 作 任 务 导 入

小茗同学想要成为一名优秀的客户服务人员,他知道需要面对压力并应对压力,那么客户服务人员该如何应对自身的压力呢？有什么好的方法吗？

任务一　正确认识客户服务工作的压力

学习重难点

(1) 理解压力的含义；
(2) 掌握压力的影响作用。

内容精讲

服务工作是一项与人打交道的工作，不同的客户对于服务有着不同的理解和看法，服务的宗旨是令客户满意，所以客户服务工作给服务人员带来了不小的压力。

一、压力的含义

压力是个体认为自己无法应对环境要求时产生的负面感受和消极信念。

压力是一种复杂的身心历程，它的产生过程是：压力源—认知评估—焦虑反应。

压力源，即压力来源，是指任何情境或刺激具有伤害或威胁个人的潜在因素。心理学家们把压力源分为三类：生物性压力、精神性压力、社会环境性压力。生物性压力是指由于身体疾病、饥饿、失眠等生理原因而造成的压力；精神性压力是指由于性格特点、认知偏差、道德冲突等原因造成的压力；社会环境性压力是指由于重大社会变革、重要人际关系破裂、家庭长期冲突、社交问题等原因造成的压力。

认知评估，是当事人对经历的刺激或情境的一种评估，当他所经历的刺激或情境对于个人确实有所威胁时，此时在认知上被评估为压力，但如果认为是种解脱或乐趣而不是威胁时，则在认知上不被评估为压力。

焦虑反应，是指当事人意识到他生理的健康、身体的安全、心理的安静、事业的成败或自尊的维护，甚至自己所关心的人等正处于危险状况或受到威胁时所做出的反应。

二、压力的分类

(一) 一般分类

压力的种类通常可分为正性压力、中性压力和负性压力（急性压力和慢性压力）。正性压力是有益的压力，产生于个体被激发和鼓舞的情景中，当压力持续增加，正性压力会逐渐转化为负性压力，健康状况随之下降，生病的危险加大。中性压力是一些不会引发后续效应的感官刺激，它们无所谓好坏。比如，看到一则关于遥远的城市发生火灾的新闻，或是听说某明星的婚姻出现危机，等等。负性压力，即有害的压力，经常被简称为压力，比如险些发生交通事故、工作中频繁加班、夜晚隔壁邻居家吵闹的音乐声等。负性压力又可以分为两类：

急性压力和慢性压力,前者来势汹汹但迅速消退,后者出现的时候不甚强烈,但旷日持久。

(二)按严重程度分类

心理压力按严重程度来讲,可分为轻度心理压力、中度心理压力、重度心理压力和破坏性压力等四种压力。

轻度压力的压力源不大,刺激比较轻,克服难度较小,稍微努力就能缓解,对人的动力的影响也比较小,基本上不产生心理困惑。轻度压力一般无需关注和进行特别的调控。

中度压力介于轻度压力和重度压力之间,从压力源上来说适中;从难度上说要经过努力和采取一定措施才能缓解,对人的动力的影响较大;从心理上来说容易让人产生焦虑情绪,也可能会伴有轻微的抑郁成分。中度压力可自行调节,个体按照预先制定的计划和措施实施,压力将会减小,心理困惑将会逐步减轻。

重度压力由于压力源大,会给人造成严重的心理冲突,导致焦虑和抑郁持续的时间较长,程度比较严重,在短时间内这种状态很难减弱。这种状态会使大多数人产生逆反心理,会放弃现在的努力和改变这种状态的能力,导致压力所致的心理问题长期得不到解决。

破坏性压力又称极端压力,包括战争、大地震、空难以及被攻击、绑架、强暴等。破坏性压力的后果可能会导致创伤后压力失调、灾难症候群、创伤后压力综合征等。破坏性压力不仅可以影响一个人的身体素质,使得个体容易产生生理疾病,而且会引发个体在生物、心理、社会、行为等各个方面的变化,从而导致心身障碍甚至心身疾病,应当慎重对待。

(三)按压力性质分类

按压力性质分类,可将压力分为单一生活压力和叠加压力。

单一生活压力指某一时间段内,经历某种事件并努力适应,其强度并不足以使个体崩溃。这类压力产生的结果往往是正面的,大多有利于个体提高抗压能力。

叠加压力从产生时间上又分为两种:一是同时性叠加压力,指同一时间内发生若干压力事件;二是继时性叠加压力,指两个以上的压力事件相继发生,前者的压力效应尚未消除,后继的压力又已发生,此时所体验的压力即被称为继时性叠加压力。

> **【案例】破釜沉舟,百二秦关终属楚**
>
> 岸边,项羽严束铠甲,威武异常,目中闪着异样的明光。面对这滔滔江水,项羽狠下决心,下令沉船、砸锅、烧屋,带上三天军粮与秦军决一死战。面对着由章邯为首的秦军主力,项羽区区两万兵马不足挂齿。但为救巨鹿,项羽凭着空前绝后的勇敢,破釜沉舟,与秦军殊死一战。战士们明白已没有退路,他们个个抱着必死的信念奋勇杀敌并大破秦军,扭转了陈胜举义以来对秦斗争军事上的低潮,成为推翻秦王朝的转折点。

【想一想】现阶段,你经历过哪些压力?

三、压力对客户服务人员的消极影响

(一)失去工作热情

当工作压力过大时,会让客户服务人员对工作产生厌倦感。

(二)情绪波动较大

在压力笼罩下,客户服务人员容易产生烦躁情绪和愤怒情绪。

(三)身体可能受损

压力可能给人体带来损伤,常见的症状有心悸、胸部疼痛、头痛、掌心冰冷或出汗、消化系统问题、恶心或呕吐、免疫力降低等。

(四)影响人际关系

在工作中经历巨大压力的客户服务人员,他的家人、朋友通常也会被传染压力感,如果不注意调整,人际关系会受到很大影响。

【知识拓展】压力的4个积极作用

据美国《赫芬顿邮报》报道,"压力山大"并不是一句夸张的表达,现代人经历着各种形式的压力,有的来自工作,有的来自家庭。面对压力,人们常常感到束手无策。但虽如此,我们也常说,有压力才有动力。实际上,有些压力是好事,若能合理控制压力,会对身体及心理产生极大好处。以下是压力的4个作用。

1. 让记忆更敏锐

偶尔的压力让人注意力更集中,能够提高人的回忆能力,在考试或工作汇报中起到积极作用。

2. 提高免疫系统工作能力

我们需要健康的免疫系统来对抗感染及疾病。生病时,压力会促使身体产生荷尔蒙,来对抗给身体造成的威胁。生病初期,即身体最虚弱最需要帮助时候,这种压力尤为有效。

3. 提高工作效率和工作能力

在工作中,往往工作量越少,效率就越低。工作中压力过小容易让人产生自满,影响实际完成的工作量。当你敢于冒险,选择面对工作中的困难时,这会帮助你形成坚忍不拔的精神,也能培养自信。而这些能力能提高你的社会竞争力,增加晋升机会。正确管理压力,就能让压力帮助你在工作中战胜他人。

4. 带给生活更多乐趣

压力会让生活更加有趣,这是因为我们将压力看作生存工具,有时我们有意识地将自己置身于压力环境中,就是为了享受生活,给生活更多乐趣。比如一些挑战,初次邀请某人约会,面对并战胜已知恐惧,接触从未见过的人,学习全新事物等。

四、压力测试

你了解过当前自身的心理压力有多大吗?你对当前境况了解多少呢?

认知心理学家凯利认为,你对于当前心理压力认知有多深刻,你就有多少机会让自己摆脱压力。从宏观来看,压力来自于两方面:现实压力、由现实问题所衍生出来的主观情绪压力。通常情况下,现实问题压力要远小于衍生出来的情绪压力。而如果你能够深刻地认识到这一点,那么你的心理压力将大大被缓解。

下面这份《PSTR心理压力量表》是由瑞士心理学家爱德沃兹于1983年编制的,是以德国心理学家穆瑞在1968年提出的心理压力因素理论为基础的专业量表。请你根据自己的情况,在最符合你的当下状态的选项上画"√",不要在每一题上花太多时间考虑。做完测试之后请计算总分,并对照下方的评定标准,认真阅读对于得分的解释。

表10-1 PSTR心理压力量表

项目	总是	经常	有时	很少	从未
1. 我受背痛之苦	4	3	2	1	0
2. 我的睡眠不定,且睡不安稳	4	3	2	1	0
3. 我有些头痛	4	3	2	1	0
4. 我颚部疼痛	4	3	2	1	0
5. 若需等候,我会不安	4	3	2	1	0
6. 我的后颈感到疼痛	4	3	2	1	0
7. 我比少数人更神经紧张	4	3	2	1	0
8. 我很难入睡	4	3	2	1	0
9. 我的头顶感到阵痛	4	3	2	1	0
10. 我的胃有病	4	3	2	1	0
11. 我对自己没有信心	4	3	2	1	0
12. 我对自己说话	4	3	2	1	0
13. 我忧虑财务问题	4	3	2	1	0
14. 与人见面时,我会窘迫	4	3	2	1	0
15. 我怕发生可怕的事	4	3	2	1	0
16. 白天我觉得累	4	3	2	1	0
17. 我感到喉咙痛,但并非由于患上感冒	4	3	2	1	0
18. 我心情不安,无法静坐	4	3	2	1	0
19. 我感到非常口干	4	3	2	1	0
20. 我心脏有病	4	3	2	1	0
21. 我觉得自己不是很有用	4	3	2	1	0
22. 我吸烟	4	3	2	1	0

续表

项目	总是	经常	有时	很少	从未
23. 我独处时会感到不舒服	4	3	2	1	0
24. 我觉得不快乐	4	3	2	1	0
25. 我流汗	4	3	2	1	0
26. 我喝酒	4	3	2	1	0
27. 我很自觉	4	3	2	1	0
28. 我觉得自己已四分五裂	4	3	2	1	0
29. 我的眼睛又酸又累	4	3	2	1	0
30. 我的腿或脚抽筋	4	3	2	1	0
31. 我的心跳过速	4	3	2	1	0
32. 我怕结识人	4	3	2	1	0
33. 我手脚冰凉	4	3	2	1	0
34. 我患便秘	4	3	2	1	0
35. 我未经医师指示使用各种药物	4	3	2	1	0
36. 我发现自己很容易哭	4	3	2	1	0
37. 我消化不良	4	3	2	1	0
38. 我咬指甲	4	3	2	1	0
39. 我耳中有嗡嗡声	4	3	2	1	0
40. 我小便频繁	4	3	2	1	0
41. 我有胃溃疡	4	3	2	1	0
42. 我有皮肤方面的病	4	3	2	1	0
43. 我的喉咙很紧	4	3	2	1	0
44. 我有十二指肠溃疡病	4	3	2	1	0
45. 我担心我的工作	4	3	2	1	0
46. 我口腔溃烂	4	3	2	1	0
47. 我为琐事忧虑	4	3	2	1	0
48. 我呼吸浅促	4	3	2	1	0
49. 我觉得胸部紧迫	4	3	2	1	0
50. 我发现很难做决定	4	3	2	1	0

评定标准：

43—65 分，表示压力适中；

低于 43 分，表示压力过小，需要适度增加压力；

高于 65 分，表示压力过大，需要适当降低。

具体标准：

93 分以上：表示你处于高度应激反应中，身心遭受压力伤害，需要专业心理治疗师给予一些忠告，它可以帮助你削减你对压力的知觉，并帮助你改善生活的品质。

82—92 分：表示你正在经历太大的压力，身心健康正在受到损害，并令你的人际关系发生问题。你的行为会伤害自己，也会影响他人。因此，对你来说，学会如何减小自己的压力反应是非常必要的。你可能必须花时间做练习，学习控制压力，也可以寻求专业帮助。

71—81 分：表示你的压力程度中等，可能正开始对健康不利，你可以仔细反省自己对压力如何做出反应，并学习在压力出现时，控制自己的肌肉紧张，以消除生理激活反应。

60—70 分：表示你生活中的兴奋与压力是相当适中的，偶尔会有一段时间压力太大，但你也许有能力去享受压力，并且很快回到平衡状态，因此对你的健康不会造成威胁。

49—59 分：表示你能够控制你自己的压力反应，你是一个相当放松的人。也许你对于所遇到的各种压力，并没有将他们解释为威胁，所以你很容易与人相处，可以毫不惧怕承担工作，也没有失去信心。

38—48 分：表示你对所遭遇的压力很不易为之所动，甚至不当一回事，好像并没有发生过一样。这对你的健康不会有什么负面影响，但你的生活缺乏适度的兴奋，因此趣味也就有限。

27—37 分：表示你的生活可能是相当沉闷的，即使刺激或有趣的事情发生了，你也很少做出反应。可能你必须参加更多的社会活动或娱乐活动，以增加你的压力激活反应。

16—26 分：表示你在生活中所经历的压力经验不够，或是你没有正确地分析自己。你最好更主动些，在工作、社交、娱乐等活动上多增加些刺激。

任务二　客户服务人员压力的基本类型分析

学习重难点

（1）掌握客户服务人员压力的形成因素；
（2）了解客户服务人员压力的常见类型。

内容精讲

作为企业重要的服务窗口，客服人员承担了企业与客户直接对话的工作，服务态度及水平事关企业品牌与形象。客服人员的心理压力又直接影响到其服务态度和水平，因此掌握当前客服人员的心理压力现状、成因及其危害尤为重要。

一、客户服务人员压力的形成因素

客户服务人员压力的形成主要有管理因素、工作因素、生活因素、自身因素和人际因素等方面。

（一）来自客户的压力

随着客户数量增长、需求日益多样化和维权意识的提高，客服人员所感受的压力越来越大。客服人员每天接听各类咨询电话，聆听各种不同的声音，处理不同的客户投诉，还经常遭到客户毫无缘由的质问与指责，甚至被言语攻击、侮辱。正如客服人员所说，从事客服工作，最累的不是身体而是心理，每天都在承受着较大的压力和委屈。尤其是晚上，往往需要面对大量骚扰性的客户来电。

（二）来自管理的压力

为实现管理目标，客服人员需要面对各项服务考核指标，包括话务量、接通率、被客户投诉情况等，同时也要面临各类集训、常见业务测试、星级考试等，客户服务人员间接感受到的压力与日俱增。这些压力如果没有得到及时恰当的疏导，将直接压制客户服务人员的创造性和积极性，破坏团结精神和集体观念，涣散团队合力，严重伤害客户服务人员和企业之间的感情。

（三）来自生活家庭的压力

当客户服务人员家庭在面对重大病情、子女上学或是较重的赡养负担等问题时，对于一些家庭经济条件不太好的客户服务人员来说，生活就会使他们举步维艰，成为主要的压力源。还有一些个人因素，比如恋爱、婚姻家庭、子女教育、个人身体状况和心理困扰等，这些虽然是客户服务人员的个人问题，但却是影响客户服务人员心理压力和情绪的重要因素。

（四）来自职业发展的压力

有些客户服务人员对职业发展比较担忧，不明确职业发展方向，同时认为上升通道有限。加上企业经营管理体制改革带来一些不确定因素，员工对自身岗位的稳定性等方面都有着较多的担忧，尤其是用工性质的不确定，令客户服务人员的思想压力及包袱加重。

> **【案例】可可的压力**
>
> 可可是新入职客服部门的应届大学毕业生，在工作中，她觉得力不从心，很多看起来很简单的事情，她做起来却很吃力，频频出错。除此之外，她发觉自己在大学里学到的东西根本用不到工作中去，她不禁对自己的能力以及专业知识水平产生了很大的怀疑。渐渐地，可可做事越来越没有自信，甚至害怕去上班，害怕领导交代她做事，她每天的情绪都非常低落，工作压力很大，甚至想到了辞职。

（五）来自沟通渠道不足的压力

内部的沟通渠道较多，但实际的效用度有待提升，存在有上传渠道但无反馈与解决渠道的问题，尤其在涉及客户服务人员切身利益的问题方面，比如，在管理措施出台之前，应尽量多地考虑客户服务人员承受能力，尽量多地让客户服务人员参与。解压渠道中，客户服务人员主要是自我解压，直线管理人员还未成为客户服务人员倾诉压力的主要对象，需要加强对客户服务人员的心理慰藉，拉近客户服务人员与企业的距离。

（六）来自人际关系紧张的压力

有些客户服务人员由于某种原因，与同事或领导发生了矛盾和冲突，造成一定程度上的人际紧张关系，从而产生了心理压力。

二、客户服务人员压力的常见类型

结合客户服务工作，客户服务人员常见的压力有五种类型：错误认识型、压迫感型、心理冲突型、挫折感型、生活变迁型。

（一）错误认识型压力

这是由人格特质或自己独特的信念、价值观等引起的，如过高要求、完美主义、有求必应、不敢说不等。由于错误认识形成的压力与人的心理特征有关，而很多心理特征的形成都有长期性，由此产生的压力并不容易消除，它需要进行长时间的认知调节。

（二）压迫感型压力

压迫感多是由时间、空间与人际关系等因素造成的超过自身接受范围的痛苦感受。压迫感在客户服务工作中经常表现为来自客户的责备和抱怨，可能这些并非自身原因所导致的问题，但客户会把问题强加在客户服务人员身上，甚至在不满意的时候还会辱骂客户服务人员，可以通过转移注意力的方式加以解决。

（三）心理冲突型压力

当一个人同时有两种动机却无法兼顾时，心中就会产生冲突。心理冲突会降低一个人的行动力，容易使人进入到思想的恶性循环中，迟迟不能做出决定。比如在客户服务领域，许多客户服务人员对未来职业发展产生强烈的心理冲突。这种压力需要客户服务人员尽快明确方向，树立目标，做出选择。

【知识拓展】心理冲突类型

德国心理学家 K. 勒温认为基本的冲突有"双趋冲突""趋避冲突""双避冲突"三种。

1. 双趋冲突

对两个具有差不多等同吸引力的正价的目的物（即两个有利无害的目标）之间做出选择时所发生的心理冲突。例如，一个人同时收到两项具有同等吸引力的工作邀请，对其中一项的选择，意味着对另一项的拒绝，于是，这个人处于一种犹豫不决的冲突状态。人们常说的"鱼和熊掌不可兼得"即反映的是双趋式冲突。

2. 趋避冲突

对含有吸引与排斥两种力量的同一目标予以选择时所发生的心理冲突。例如，吸毒上瘾的人，可能受到强烈吸引而趋向接受某种治疗但又害怕经历戒除过程并回到一种寂寞无聊的生活，因而会产生心理冲突。

3. 双避冲突

这是一个人要在两项负价对象之间(即两个有害无益的目标之间)进行选择时所产生的心理冲突。这一处境可用一个敌伪士兵的情况来说明,他深感战斗之疲劳、危险及战争的非正义性,总想从战场脱逃,但又怕被抓回来处以极刑,这种心理矛盾就是双避冲突。

(四)挫折感型压力

当事情没有按照我们的意愿发展下去,或无法满足我们的需求时,人所感受到的压力就是挫折感。心理学研究表明,一个人的欲望大小,是决定是否产生挫折感的最重要的原因,因此要知足常乐,降低欲望水平以减少挫折,减少压力。

(五)生活变迁型压力

此类压力最为普遍。它主要是由于个人所生存的环境和状态发生突然性的改变,导致心理和生理的不适应性所产生的压力反应,如搬家、跳槽等环境的改变而引发生活压力。这种压力需要一方面改变自己的认知习惯,逐渐适应新的环境和面对不可改变的事实,另一方面转化视角,发现危机背后的积极面,培养乐观的处事态度。

【想一想】你最近遭遇了哪种类型的压力?
【微课】无处不在的压力——客服人员的压力类型分析

任务三　客户服务人员的压力管理

学习重难点

(1)掌握放松训练技巧;
(2)学会积极认知。

内容精讲

客户服务人员的压力管理主要从四个角度出发:情绪上——放松情绪,认知上——调整认知,行为上——立目标定计划,社交上——建立社会支持系统。

一、情绪上：放松情绪

压力通常会引起生理上的紧张反应，如心跳加快、血压升高、呼吸急促等，此类生理的紧张会因压力的持续存在而造成对身体的伤害，影响工作效率，所以，对客户服务人员而言，有效的压力管理策略之一就是直接控制压力的生理反应，做放松训练是行之有效的方式。

放松训练是指身体和精神由紧张状态朝向松弛状态的过程。放松主要是消除肌肉的紧张，在所有生理系统中，只有肌肉系统是可以直接控制的。当压力事件出现时，紧张不断积累，压力体验逐渐增强，此刻，持续几分钟的完全放松比一小时睡眠效果更好。放松训练要求客户服务人员处在安静的环境里，精神集中，有规律地进行训练，可以运用呼吸放松、想象放松、静坐放松、自律放松等方法。

（一）呼吸放松法

采用鼻子呼吸，腹部吸气。双肩自然下垂，慢慢闭上双眼，然后慢慢地深深地吸气，吸到足够多时，憋气2秒钟，再把吸进去的气缓缓地呼出。自己要配合呼吸的节奏给予一些暗示和指导语："吸……呼……吸……呼……"呼气的时候尽量告诉自己我现在很放松很舒服，注意体会自己的呼气、吸气，体会"深深地吸进来，慢慢地呼出去"的感觉。重复做这样的呼吸20遍，每天两次。

（二）想象放松法

在脑海中想象最能让自己感到舒适、惬意、放松的情境，通常是在大海边。例如："我静静地俯卧在海滩上，周围没有其他的人；我感觉到了阳光温暖的照射，触到了身下海滩上的沙子，我全身感到无比的舒适；海风轻轻地吹来，带着一丝丝海腥味；海涛在轻轻地拍打着海岸，有节奏地唱着自己的歌；我静静地躺着，静静地倾听这永恒的波涛声……"节奏要逐渐变慢，配合自己的呼吸，自己也要积极地进行情境想象，尽量想象得具体生动，全面利用五官去感觉。

> **【知识拓展】由紧到松的放松训练**
>
> 步骤要领：放松的顺序：头部—手臂部—躯干部—腿部。
>
> 1. 头部的放松
>
> 第一步：紧皱眉头，就像生气时的动作一样。保持10秒钟（可匀速默念到10），然后逐渐放松。放松时注意体验与肌肉紧张时不同的感觉，即稍微发热、麻木松软的感觉，好像"无生命似的"。
>
> 第二步：闭上双眼，做眼球转动动作。先使两只眼球向左边转，尽量向左，保持10秒钟后还原放松。再使两只眼球尽量向右转，保持10秒钟后还原放松。随后，使两只眼球按顺时针方向转动一周，然后放松。接着，再使眼球按逆时针方向转动一周后放松。
>
> 第三步：皱起鼻子和脸颊部肌肉（可咬紧牙关，使嘴角尽量向右边咧，鼓起两腮，似在极度痛苦状态下使劲一样），保持10秒钟，然后放松。
>
> 第四步：紧闭双唇，使唇部肌肉紧张，保持该姿势10秒钟，然后放松。
>
> 第五步：收紧下颚部肌肉，保持该姿势10秒钟，然后放松。

第六步：用舌头顶住上颚，使舌头前部紧张，10秒钟后放松。

第七步：做咽食动作以紧张舌头背部和喉部，但注意不要完全完成咽食这个动作，持续10秒钟，然后放松。

2. 颈部的放松

将头用力下弯，使下巴抵住胸部，保持10秒钟，然后放松。

3. 臂部的放松

双手平放于沙发扶手上，掌心向上，握紧拳头，使双手和双前臂肌肉紧张，保持10秒钟，然后放松。接下来，将双前臂用力向后臂处弯曲，使双臂的二头肌紧张，10秒钟后放松。接着，双臂向外伸直，用力收紧，以紧张上臂三头肌，持续10秒钟，然后放松。每次放松时，均应注意体验肌肉松弛后的感觉。

4. 肩部的放松

将双臂外伸悬浮于沙发两侧扶手上方，尽力使双肩向耳朵方向上提，保持该动作10秒钟后放松。注意体验发热和沉重的放松感觉。20秒钟后做下一个动作。

5. 背部的放松

向后用力弯曲背部，努力使胸部和腹部突出，使呈桥状，坚持10秒钟，然后放松。20秒钟后，往背后扩双肩，使双肩尽量合拢以紧张背上肌肉群，保持10秒钟后放松。

二、认知上：调整认知

通过调整不合理认知，从根源上减轻心理压力。常见的不合理认知有三种：绝对化、以偏概全、糟糕至极。

绝对化想法通常和"必须""一定""应该"等词联系在一起，比如"我这个月业绩考核必须要拿部门第一！""我应该要得到客户的尊重。"

以偏概全就是过分概括化，比如"哎呀我怎么连这种小投诉都处理不好，看来我真不是这块料，注定成功不了。"

糟糕至极就是把某一不好的事情看成是非常可怕的灾难性事件，这样认知的人经常把一个词挂嘴边"我完了"。

这三种认知思维在客户服务人员中很常见，一定要理性识别，并时常提醒自己要客观分析，不要夸大压力，注意训练自己的积极思维。

心理学家艾利斯认为，人的情绪和行为障碍不是由于某一激发事件直接引起的，而是由于经受这一事件的个体对它不正确的认知和评价所引起的信念，最后导致了特定情景下的情绪和行为后果，这就是ABC理论。根据这个理论，人们可以通过转变对事物的认知态度来调节由该事物引发的后果。A(Activating Event)代表前因，即引发后果的具体事件；B(Belief)代表认知、观念、想法，即对这个事件的看法；C(Consequence)代表结果，即此事件产生的最终结果。同一个事件，不同的人会产生不同的看法，因而产生不同的行为结果，因此，改变事件走向的根本方法在于改变认知。

> **【小故事】秀才赶考**
>
> 有一个秀才进京赶考。住在城外的一间客栈里,在考试的前两天,他一连做了两个梦。第一个梦是梦到自己在墙上种白菜;第二个梦是梦到是下雨天,他既戴了斗笠又打了伞。他觉得这两个梦好像有一些比较深的意思,所以这个秀才第二天就去找算命先生解梦。
>
> 这个算命先生听了他说的梦之后,就大声叹了口气说:"唉,你这次还是回家去吧,你肯定是考不上的。你自己想一下,你在一面高墙上种白菜,这不是白费力气吗?而你又戴斗笠又打伞的,这不是多此一举吗?"这个秀才听了之后,感到心灰意冷,就准备收拾东西回家去了。
>
> 店主看到他还没考试,就要回家,就问他是怎么回事。听了秀才的话,他笑笑说:"我也会解梦,你这次肯定是要高中。你自己想一想,你在墙上种菜,这不就是高中的意思吗?所以说,这次你一定能高中。"这个秀才听了店主的话,觉得他说的非常有道理,所以就信心百倍地去参加考试,最后真的中了一个探花。
>
> 同样一件事情,不同的认知会导致不同的结果,因此,对于压力,我们如果能转变认知,以积极的态度面对压力,同样会产生不同的结果,且一定能产生好结果。

三、行为上:立目标定计划

行动是解决压力行之有效的方法。目标是前进的动力,设置行动目标后,须对目标进行分层,目标分为长期、中期、短期三种层次,须依据总目标设置三个层次的目标,并按目标行事,定期对其评估,见表10-2。将目标分层后,须将目标细分成月目标、周目标和日目标,具体时间安排见表10-3 至10-5。

表10-2 总体目标设计表

	目标内容	主要的部分	次要的部分
长期目标			
中期目标			
短期目标			

表10-3 月计划表

周次	从事的活动	计划时间	实际开始时间	实际结束时间
第一周	1.			
	2.			
	3.			
	……			

周次	从事的活动	计划时间	实际开始时间	实际结束时间
第二周	1.			
	2.			
	3.			
	……			
第三周	1.			
	2.			
	3.			
	……			
第四周	1.			
	2.			
	3.			
	……			

表 10-4 周计划表

星期	从事的活动	计划时间	实际开始时间	实际结束时间
星期一	1.			
	2.			
	3.			
	……			
星期二	1.			
	2.			
	3.			
	……			
星期三	1.			
	2.			
	3.			
	……			
……				
星期日	1.			
	2.			
	3.			
	……			

表 10-5 日计划表

	日程	任务活动	备注
上午	08:30-10:00		前期安排中截至今天必须完成的任务: 1. 2. ……
	10:00-12:00		
下午	12:00-14:00		今天领导布置的任务: 1. 2. ……
	14:00-15:30		
	15:30-17:30		
	17:30-19:00		
晚上	19:00-21:00		其他需要做的事: 1. 2. ……
	21:00-23:00		

定计划意味着须合理安排时间。时间管理的"四象限"法则(图 10.1)根据事情的轻、重、缓、急程度把要做的所有事情排列组合分成四个象限:

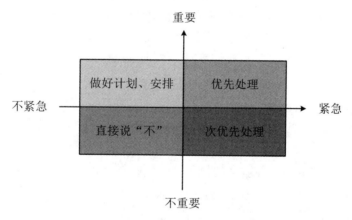

图 10-1 时间管理四象限法则

第一象限包含的是一些紧急而重要的事情,这一类的事情具有时间的紧迫性和影响的重要性,无法回避也不能拖延,必须首先处理优先解决。它表现为重大项目的谈判、重要的会议工作等。

第二象限包含的事件是那些紧急但不重要的事情,这些事情很紧急但并不重要,因此这一象限的事件具有很大的欺骗性。很多人认识上有误区,认为紧急的事情都显得重要,实际上像接听没有意义的电话、附和别人期望的事、打麻将三缺一等事件并不重要。这些不重要的事件往往因为它"紧急",会占据人们很多宝贵时间。

第三象限的事件大多是些琐碎的杂事,没有时间上的紧迫性,没有任何的重要性,但它们往往使人们难以脱身,所以人们经常会跌进第三象限而无法自拔,例如玩游戏、看娱乐视频等,只要一玩起来就很难脱身,而且要耗费很长的时间才能结束。

第四象限不同于第一象限,这一象限的事件不具有时间上的紧迫性,但是,它具有重大的影响,对于个人或者企业的存在和发展以及周围环境的建立维护,都具有重大的意义。

因此,我们要优先解决第一象限,区分一、二象限,"投资"第四象限,放弃第三象限,高效率的时间管理策略是花更多的时间放在处理重要但不紧急的事情上。要有准确的判断能力,确定哪些是既紧急又重要的事情,然后优先处理。第二象限对人们的欺骗性是最大的,它很紧急的事实造成了它很重要的假象,耗费了人们大量的时间。依据紧急与否是很难区分这两个象限的,要区分它们就必须借助另一标准,看这件事是否重要,也就是按照自己的人生目标和人生规划来衡量这件事的重要性,如果它重要就属于第一象限的内容,如果它不重要,就属于第二象限的内容。第一象限的事情重要而且紧急,由于时间原因人们往往不能做得很好。第四象限的事情很重要,而且会有充足的时间去准备,有充足的时间去做好,可见投资第四象限的回报才是最大的。使用时间管理四象限法则,将要处理的事情归类、排序,使得时间安排从容不迫,减轻压力。

【想一想】对于你现在要处理的事情,怎样用时间管理四象限法则进行分类呢?

四、社交上:建立社会支持系统

人是社会性动物,不能离群索居,需要得到他人的支持,也需要关爱他人。社会支持系统包括家庭、学校、同伴和社会机构。家庭支持资源有父母、长辈、兄妹等;学校支持资源有老师、辅导员、心理咨询师等;同伴支持资源有公司同事、同学、朋友等;社会机构支持资源有医生、警察、老乡等。在社会支持系统的帮助下,我们能及时倾诉并得到关怀和支持,最终减轻自身压力。因此,在日常生活中,我们要注意保持良好的人际关系,积极开展社交,维系友谊。

> **【案例】联想的员工帮助计划**
>
> 2001年3月,我国诞生了第一个完整的EAP项目——联想客户服务部的员工帮助计划。项目首先进行了员工心理状况调查、研究和诊断,运用心理学专业问卷调查、访谈、座谈等方法考察了员工的压力、心理健康、工作满意度、自我接纳、人际关系等方面的心理状况,对员工的心理有了全面深入的了解。专业人士根据发现的一些问题提出了相关的组织管理建议。随后开展了大量的宣传活动,设计制作了一系列精美的卡片和海报,赠送给员工,张贴于工作场所,宣传心理健康知识,以增强员工对心理问题的关注和意识,同时也在网上进行宣传教育。项目开展了咨询式管理者的培训,教会管理者从心理咨询的角度、运用心理学的方法看待和处理管理中的问题,改变管理风格,使管理从"命令、惩戒"式转向支持和帮助员工解决问题。开展了各种专题的小组咨询,如压力小组咨询、工作与生活协调小组咨询、成长小组咨询等,引起员工很大的反响。还开通了心理咨询热线电话,大量的员工使用热线电话咨询;心理咨询师接受了几十人次的个人面询。项目还有良好的反馈机制,定期将培训、咨询中发现的与组织管理相关的问题反馈给管理者,以帮助其改进管理。这样一个过程对于一个企业来说受益巨大,作为这些企业的员工也为在企业能拥有这样的待遇而感到自豪。

【微课】解压集结站——客服人员的压力管理

学 习 小 结

1. 压力是个体认为自己无法应对环境要求时产生的负面感受和消极信念。

2. 压力通常可分为正性压力、中性压力和负性压力（急性压力和慢性压力）。按严重程度来讲，心理压力可分为轻度心理压力、中度心理压力、重度心理压力和破坏性压力等四种压力。按压力性质分类，可将压力分为单一生活压力和叠加压力。

3. 压力对客户服务人员的消极影响主要包括：失去工作热情，情绪波动大，身体可能受损，影响人际关系。

4. 客户服务人员压力的形成因素主要包括：来自用户的压力、来自管理的压力、来自生活家庭的压力、来自职业发展的压力、来自沟通渠道不足的压力、来自人际关系紧张的压力。

5. 客户服务人员常见的压力有五种类型：错误认识型、压迫感型、心理冲突型、挫折感型、生活变迁型。

6. 客户服务人员的压力管理主要从四个角度出发：情绪上——放松情绪，认知上——调整认知，行为上——立目标订计划，社交上——建立社会支持系统。

学 习 检 测

1. 对企业而言，员工的压力管理有何意义？
2. 对员工而言，处理压力有哪些好处？
3. 如果你是员工，来自公司业绩的压力该如何应对？
4. 对于你的工作，你有什么近期目标？

实 践 挑 战

以小组为单位，模拟小茗同学在京东校园馆里遭遇的职场压力，并使用所学内容缓解压力。

附录　中华人民共和国消费者权益保护法

1993年10月31日第八届全国人民代表大会常务委员会第四次会议通过根据2009年8月27日第十一届全国人民代表大会常务委员会第十次会议《关于修改部分法律的决定》第一次修正根据2013年10月25日第十二届全国人民代表大会常务委员会第五次会议《关于修改的决定》第二次修正。

第一章　总　　则

第一条　为保护消费者的合法权益，维护社会经济秩序，促进社会主义市场经济健康发展，制定本法。

第二条　消费者为生活消费需要购买、使用商品或者接受服务，其权益受本法保护；本法未作规定的，受其他有关法律、法规保护。

第三条　经营者为消费者提供其生产、销售的商品或者提供服务，应当遵守本法；本法未作规定的，应当遵守其他有关法律、法规。

第四条　经营者与消费者进行交易，应当遵循自愿、平等、公平、诚实信用的原则。

第五条　国家保护消费者的合法权益不受侵害。

国家采取措施，保障消费者依法行使权利，维护消费者的合法权益。

国家倡导文明、健康、节约资源和保护环境的消费方式，反对浪费。

第六条　保护消费者的合法权益是全社会的共同责任。

国家鼓励、支持一切组织和个人对损害消费者合法权益的行为进行社会监督。

大众传播媒介应当做好维护消费者合法权益的宣传，对损害消费者合法权益的行为进行舆论监督。

第二章　消费者的权利

第七条　消费者在购买、使用商品和接受服务时享有人身、财产安全不受损害的权利。

消费者有权要求经营者提供的商品和服务，符合保障人身、财产安全的要求。

第八条　消费者享有知悉其购买、使用的商品或者接受的服务的真实情况的权利。

消费者有权根据商品或者服务的不同情况，要求经营者提供商品的价格、产地、生产者、用途、性能、规格、等级、主要成分、生产日期、有效期限、检验合格证明、使用方法说明书、售后服务，或者服务的内容、规格、费用等有关情况。

第九条　消费者享有自主选择商品或者服务的权利。

消费者有权自主选择提供商品或者服务的经营者，自主选择商品品种或者服务方式，自主决定购买或者不购买任何一种商品、接受或者不接受任何一项服务。

消费者在自主选择商品或者服务时，有权进行比较、鉴别和挑选。

第十条　消费者享有公平交易的权利。

消费者在购买商品或者接受服务时，有权获得质量保障、价格合理、计量正确等公平交易条件，有权拒绝经营者的强制交易行为。

第十一条　消费者因购买、使用商品或者接受服务受到人身、财产损害的,享有依法获得赔偿的权利。

第十二条　消费者享有依法成立维护自身合法权益的社会组织的权利。

第十三条　消费者享有获得有关消费和消费者权益保护方面的知识的权利。

消费者应当努力掌握所需商品或者服务的知识和使用技能,正确使用商品,提高自我保护意识。

第十四条　消费者在购买、使用商品和接受服务时,享有人格尊严、民族风俗习惯得到尊重的权利,享有个人信息依法得到保护的权利。

第十五条　消费者享有对商品和服务以及保护消费者权益工作进行监督的权利。

消费者有权检举、控告侵害消费者权益的行为和国家机关及其工作人员在保护消费者权益工作中的违法失职行为,有权对保护消费者权益工作提出批评、建议。

第三章　经营者的义务

第十六条　经营者向消费者提供商品或者服务,应当依照本法和其他有关法律、法规的规定履行义务。

经营者和消费者有约定的,应当按照约定履行义务,但双方的约定不得违背法律、法规的规定。

经营者向消费者提供商品或者服务,应当恪守社会公德,诚信经营,保障消费者的合法权益;不得设定不公平、不合理的交易条件,不得强制交易。

第十七条　经营者应当听取消费者对其提供的商品或者服务的意见,接受消费者的监督。

第十八条　经营者应当保证其提供的商品或者服务符合保障人身、财产安全的要求。对可能危及人身、财产安全的商品和服务,应当向消费者作出真实的说明和明确的警示,并说明和标明正确使用商品或者接受服务的方法以及防止危害发生的方法。

宾馆、商场、餐馆、银行、机场、车站、港口、影剧院等经营场所的经营者,应当对消费者尽到安全保障义务。

第十九条　经营者发现其提供的商品或者服务存在缺陷,有危及人身、财产安全危险的,应当立即向有关行政部门报告和告知消费者,并采取停止销售、警示、召回、无害化处理、销毁、停止生产或者服务等措施。采取召回措施的,经营者应当承担消费者因商品被召回支出的必要费用。

第二十条　经营者向消费者提供有关商品或者服务的质量、性能、用途、有效期限等信息,应当真实、全面,不得作虚假或者引人误解的宣传。

经营者对消费者就其提供的商品或者服务的质量和使用方法等问题提出的询问,应当作出真实、明确的答复。

经营者提供商品或者服务应当明码标价。

第二十一条　经营者应当标明其真实名称和标记。

租赁他人柜台或者场地的经营者,应当标明其真实名称和标记。

第二十二条　经营者提供商品或者服务,应当按照国家有关规定或者商业惯例向消费者出具发票等购货凭证或者服务单据;消费者索要发票等购货凭证或者服务单据的,经营者必须出具。

第二十三条　经营者应当保证在正常使用商品或者接受服务的情况下其提供的商品或者服务应当具有的质量、性能、用途和有效期限；但消费者在购买该商品或者接受该服务前已经知道其存在瑕疵，且存在该瑕疵不违反法律强制性规定的除外。

经营者以广告、产品说明、实物样品或者其他方式表明商品或者服务的质量状况的，应当保证其提供的商品或者服务的实际质量与表明的质量状况相符。

经营者提供的机动车、计算机、电视机、电冰箱、空调器、洗衣机等耐用商品或者装饰装修等服务，消费者自接受商品或者服务之日起六个月内发现瑕疵，发生争议的，由经营者承担有关瑕疵的举证责任。

第二十四条　经营者提供的商品或者服务不符合质量要求的，消费者可以依照国家规定、当事人约定退货，或者要求经营者履行更换、修理等义务。没有国家规定和当事人约定的，消费者可以自收到商品之日起七日内退货；七日后符合法定解除合同条件的，消费者可以及时退货，不符合法定解除合同条件的，可以要求经营者履行更换、修理等义务。

依照前款规定进行退货、更换、修理的，经营者应当承担运输等必要费用。

第二十五条　经营者采用网络、电视、电话、邮购等方式销售商品，消费者有权自收到商品之日起七日内退货，且无需说明理由，但下列商品除外：

（一）消费者定做的；
（二）鲜活易腐的；
（三）在线下载或者消费者拆封的音像制品、计算机软件等数字化商品；
（四）交付的报纸、期刊。

除前款所列商品外，其他根据商品性质并经消费者在购买时确认不宜退货的商品，不适用无理由退货。

消费者退货的商品应当完好。经营者应当自收到退回商品之日起七日内返还消费者支付的商品价款。退回商品的运费由消费者承担；经营者和消费者另有约定的，按照约定。

第二十六条　经营者在经营活动中使用格式条款的，应当以显著方式提请消费者注意商品或者服务的数量和质量、价款或者费用、履行期限和方式、安全注意事项和风险警示、售后服务、民事责任等与消费者有重大利害关系的内容，并按照消费者的要求予以说明。

经营者不得以格式条款、通知、声明、店堂告示等方式，作出排除或者限制消费者权利、减轻或者免除经营者责任、加重消费者责任等对消费者不公平、不合理的规定，不得利用格式条款并借助技术手段强制交易。

格式条款、通知、声明、店堂告示等含有前款所列内容的，其内容无效。

第二十七条　经营者不得对消费者进行侮辱、诽谤，不得搜查消费者的身体及其携带的物品，不得侵犯消费者的人身自由。

第二十八条　采用网络、电视、电话、邮购等方式提供商品或者服务的经营者，以及提供证券、保险、银行等金融服务的经营者，应当向消费者提供经营地址、联系方式、商品或者服务的数量和质量、价款或者费用、履行期限和方式、安全注意事项和风险警示、售后服务、民事责任等信息。

第二十九条　经营者收集、使用消费者个人信息，应当遵循合法、正当、必要的原则，明示收集、使用信息的目的、方式和范围，并经消费者同意。经营者收集、使用消费者个人信息，应当公开其收集、使用规则，不得违反法律、法规的规定和双方的约定收集、使用信息。

经营者及其工作人员对收集的消费者个人信息必须严格保密，不得泄露、出售或者非法向他人提供。经营者应当采取技术措施和其他必要措施,确保信息安全,防止消费者个人信息泄露、丢失。在发生或者可能发生信息泄露、丢失的情况时,应当立即采取补救措施。

经营者未经消费者同意或者请求,或者消费者明确表示拒绝的,不得向其发送商业性信息。

第四章 国家对消费者合法权益的保护

第三十条 国家制定有关消费者权益的法律、法规、规章和强制性标准,应当听取消费者和消费者协会等组织的意见。

第三十一条 各级人民政府应当加强领导,组织、协调、督促有关行政部门做好保护消费者合法权益的工作,落实保护消费者合法权益的职责。

各级人民政府应当加强监督,预防危害消费者人身、财产安全行为的发生,及时制止危害消费者人身、财产安全的行为。

第三十二条 各级人民政府工商行政管理部门和其他有关行政部门应当依照法律、法规的规定,在各自的职责范围内,采取措施,保护消费者的合法权益。

有关行政部门应当听取消费者和消费者协会等组织对经营者交易行为、商品和服务质量问题的意见,及时调查处理。

第三十三条 有关行政部门在各自的职责范围内,应当定期或者不定期对经营者提供的商品和服务进行抽查检验,并及时向社会公布抽查检验结果。

有关行政部门发现并认定经营者提供的商品或者服务存在缺陷,有危及人身、财产安全危险的,应当立即责令经营者采取停止销售、警示、召回、无害化处理、销毁、停止生产或者服务等措施。

第三十四条 有关国家机关应当依照法律、法规的规定,惩处经营者在提供商品和服务中侵害消费者合法权益的违法犯罪行为。

第三十五条 人民法院应当采取措施,方便消费者提起诉讼。对符合《中华人民共和国民事诉讼法》起诉条件的消费者权益争议,必须受理,及时审理。

第五章 消费者组织

第三十六条 消费者协会和其他消费者组织是依法成立的对商品和服务进行社会监督的保护消费者合法权益的社会组织。

第三十七条 消费者协会履行下列公益性职责:

(一)向消费者提供消费信息和咨询服务,提高消费者维护自身合法权益的能力,引导文明、健康、节约资源和保护环境的消费方式;

(二)参与制定有关消费者权益的法律、法规、规章和强制性标准;

(三)参与有关行政部门对商品和服务的监督、检查;

(四)就有关消费者合法权益的问题,向有关部门反映、查询,提出建议;

(五)受理消费者的投诉,并对投诉事项进行调查、调解;

(六)投诉事项涉及商品和服务质量问题的,可以委托具备资格的鉴定人鉴定,鉴定人应当告知鉴定意见;

(七)就损害消费者合法权益的行为,支持受损害的消费者提起诉讼或者依照本法提起诉讼;

（八）对损害消费者合法权益的行为，通过大众传播媒介予以揭露、批评。

各级人民政府对消费者协会履行职责应当予以必要的经费等支持。

消费者协会应当认真履行保护消费者合法权益的职责，听取消费者的意见和建议，接受社会监督。

依法成立的其他消费者组织依照法律、法规及其章程的规定，开展保护消费者合法权益的活动。

第三十八条 消费者组织不得从事商品经营和营利性服务，不得以收取费用或者其他牟取利益的方式向消费者推荐商品和服务。

第六章 争议的解决

第三十九条 消费者和经营者发生消费者权益争议的，可以通过下列途径解决：

（一）与经营者协商和解；

（二）请求消费者协会或者依法成立的其他调解组织调解；

（三）向有关行政部门投诉；

（四）根据与经营者达成的仲裁协议提请仲裁机构仲裁；

（五）向人民法院提起诉讼。

第四十条 消费者在购买、使用商品时，其合法权益受到损害的，可以向销售者要求赔偿。销售者赔偿后，属于生产者的责任或者属于向销售者提供商品的其他销售者的责任的，销售者有权向生产者或者其他销售者追偿。

消费者或者其他受害人因商品缺陷造成人身、财产损害的，可以向销售者要求赔偿，也可以向生产者要求赔偿。属于生产者责任的，销售者赔偿后，有权向生产者追偿。属于销售者责任的，生产者赔偿后，有权向销售者追偿。

消费者在接受服务时，其合法权益受到损害的，可以向服务者要求赔偿。

第四十一条 消费者在购买、使用商品或者接受服务时，其合法权益受到损害，因原企业分立、合并的，可以向变更后承受其权利义务的企业要求赔偿。

第四十二条 使用他人营业执照的违法经营者提供商品或者服务，损害消费者合法权益的，消费者可以向其要求赔偿，也可以向营业执照的持有人要求赔偿。

第四十三条 消费者在展销会、租赁柜台购买商品或者接受服务，其合法权益受到损害的，可以向销售者或者服务者要求赔偿。展销会结束或者柜台租赁期满后，也可以向展销会的举办者、柜台的出租者要求赔偿。展销会的举办者、柜台的出租者赔偿后，有权向销售者或者服务者追偿。

第四十四条 消费者通过网络交易平台购买商品或者接受服务，其合法权益受到损害的，可以向销售者或者服务者要求赔偿。网络交易平台提供者不能提供销售者或者服务者的真实名称、地址和有效联系方式的，消费者也可以向网络交易平台提供者要求赔偿；网络交易平台提供者作出更有利于消费者的承诺的，应当履行承诺。网络交易平台提供者赔偿后，有权向销售者或者服务者追偿。

网络交易平台提供者明知或者应知销售者或者服务者利用其平台侵害消费者合法权益，未采取必要措施的，依法与该销售者或者服务者承担连带责任。

第四十五条 消费者因经营者利用虚假广告或者其他虚假宣传方式提供商品或者服务，其合法权益受到损害的，可以向经营者要求赔偿。广告经营者、发布者发布虚假广告的，消费者可以请求行政主管部门予以惩处。广告经营者、发布者不能提供经营者的真实名称、地址和有效联系方式的,应当承担赔偿责任。

广告经营者、发布者设计、制作、发布关系消费者生命健康商品或者服务的虚假广告,造成消费者损害的,应当与提供该商品或者服务的经营者承担连带责任。

社会团体或者其他组织、个人在关系消费者生命健康商品或者服务的虚假广告或者其他虚假宣传中向消费者推荐商品或者服务,造成消费者损害的,应当与提供该商品或者服务的经营者承担连带责任。

第四十六条　消费者向有关行政部门投诉的,该部门应当自收到投诉之日起七个工作日内,予以处理并告知消费者。

第四十七条　对侵害众多消费者合法权益的行为,中国消费者协会以及在省、自治区、直辖市设立的消费者协会,可以向人民法院提起诉讼。

第七章　法律责任

第四十八条　经营者提供商品或者服务有下列情形之一的,除本法另有规定外,应当依照其他有关法律、法规的规定,承担民事责任:

(一) 商品或者服务存在缺陷的;
(二) 不具备商品应当具备的使用性能而出售时未作说明的;
(三) 不符合在商品或者其包装上注明采用的商品标准的;
(四) 不符合商品说明、实物样品等方式表明的质量状况的;
(五) 生产国家明令淘汰的商品或者销售失效、变质的商品的;
(六) 销售的商品数量不足的;
(七) 服务的内容和费用违反约定的;
(八) 对消费者提出的修理、重作、更换、退货、补足商品数量、退还货款和服务费用或者赔偿损失的要求,故意拖延或者无理拒绝的;
(九) 法律、法规规定的其他损害消费者权益的情形。

经营者对消费者未尽到安全保障义务,造成消费者损害的,应当承担侵权责任。

第四十九条　经营者提供商品或者服务,造成消费者或者其他受害人人身伤害的,应当赔偿医疗费、护理费、交通费等为治疗和康复支出的合理费用,以及因误工减少的收入。造成残疾的,还应当赔偿残疾生活辅助具费和残疾赔偿金。造成死亡的,还应当赔偿丧葬费和死亡赔偿金。

第五十条　经营者侵害消费者的人格尊严、侵犯消费者人身自由或者侵害消费者个人信息依法得到保护的权利的,应当停止侵害、恢复名誉、消除影响、赔礼道歉,并赔偿损失。

第五十一条　经营者有侮辱诽谤、搜查身体、侵犯人身自由等侵害消费者或者其他受害人人身权益的行为,造成严重精神损害的,受害人可以要求精神损害赔偿。

第五十二条　经营者提供商品或者服务,造成消费者财产损害的,应当依照法律规定或者当事人约定承担修理、重作、更换、退货、补足商品数量、退还货款和服务费用或者赔偿损失等民事责任。

第五十三条　经营者以预收款方式提供商品或者服务的,应当按照约定提供。未按照约定提供的,应当按照消费者的要求履行约定或者退回预付款;并应当承担预付款的利息、消费者必须支付的合理费用。

第五十四条　依法经有关行政部门认定为不合格的商品,消费者要求退货的,经营者应当负责退货。

第五十五条　经营者提供商品或者服务有欺诈行为的,应当按照消费者的要求增加赔偿其受到的损失,增加赔偿的金额为消费者购买商品的价款或者接受服务的费用的三倍;增加赔偿的金额不足五百元的,为五百元。法律另有规定的,依照其规定。

经营者明知商品或者服务存在缺陷,仍然向消费者提供,造成消费者或者其他受害人死亡或者健康严重损害的,受害人有权要求经营者依照本法第四十九条、第五十一条等法律规定赔偿损失,并有权要求所受损失二倍以下的惩罚性赔偿。

第五十六条　经营者有下列情形之一,除承担相应的民事责任外,其他有关法律、法规对处罚机关和处罚方式有规定的,依照法律、法规的规定执行;法律、法规未作规定的,由工商行政管理部门或者其他有关行政部门责令改正,可以根据情节单处或者并处警告、没收违法所得、处以违法所得一倍以上十倍以下的罚款,没有违法所得的,处以五十万元以下的罚款;情节严重的,责令停业整顿、吊销营业执照:

(一) 提供的商品或者服务不符合保障人身、财产安全要求的;

(二) 在商品中掺杂、掺假,以假充真,以次充好,或者以不合格商品冒充合格商品的;

(三) 生产国家明令淘汰的商品或者销售失效、变质的商品的;

(四) 伪造商品的产地,伪造或者冒用他人的厂名、厂址,篡改生产日期,伪造或者冒用认证标志等质量标志的;

(五) 销售的商品应当检验、检疫而未检验、检疫或者伪造检验、检疫结果的;

(六) 对商品或者服务作虚假或者引人误解的宣传的;

(七) 拒绝或者拖延有关行政部门责令对缺陷商品或者服务采取停止销售、警示、召回、无害化处理、销毁、停止生产或者服务等措施的;

(八) 对消费者提出的修理、重作、更换、退货、补足商品数量、退还货款和服务费用或者赔偿损失的要求,故意拖延或者无理拒绝的;

(九) 侵害消费者人格尊严、侵犯消费者人身自由或者侵害消费者个人信息依法得到保护的权利的;

(十) 法律、法规规定的对损害消费者权益应当予以处罚的其他情形。

经营者有前款规定情形的,除依照法律、法规规定予以处罚外,处罚机关应当记入信用档案,向社会公布。

第五十七条　经营者违反本法规定提供商品或者服务,侵害消费者合法权益,构成犯罪的,依法追究刑事责任。

第五十八条　经营者违反本法规定,应当承担民事赔偿责任和缴纳罚款、罚金,其财产不足以同时支付的,先承担民事赔偿责任。

第五十九条　经营者对行政处罚决定不服的,可以依法申请行政复议或者提起行政诉讼。

第六十条　以暴力、威胁等方法阻碍有关行政部门工作人员依法执行职务的,依法追究刑事责任;拒绝、阻碍有关行政部门工作人员依法执行职务,未使用暴力、威胁方法的,由公安机关依照《中华人民共和国治安管理处罚法》的规定处罚。

第六十一条　国家机关工作人员玩忽职守或者包庇经营者侵害消费者合法权益的行为的,由其所在单位或者上级机关给予行政处分;情节严重,构成犯罪的,依法追究刑事责任。

第八章 附 则

第六十二条 农民购买、使用直接用于农业生产的生产资料,参照本法执行。

第六十三条 本法自 1994 年 1 月 1 日起施行。

(第二次修正版于 2014 年 3 月 15 日起施行)

参 考 文 献

[1] 孙科炎.客户服务技能案例手册 2.0[M].北京:机械工业出版社,2013.
[2] 苏昭辉.客户关系管理:客户关系的建立与维护[M].北京:清华大学出版社,2010.
[3] 王鑫.客户服务实务[M].北京:高等教育出版社,2015.
[4] 张慧峰.客户关系管理实务[M].2版.北京:人民邮电出版社,2014.
[5] 郑志丽.客户关系管理实务[M].北京:北京理工大学出版社,2016.
[6] 侯东.客户关系管理[M].北京:教育科学出版社,2016.
[7] 胡英,丁思颖.客户关系管理[M].北京:机械工业出版社,2016.
[8] 邵兵家.客户关系管理[M].2版.北京:清华大学出版社,2010.
[9] 李文龙,徐湘江.客户关系管理实务[M].2版.北京:清华大学出版社,2010.
[10] 杜帅.客户管理必备制度与表格范例[M].北京:中国友谊出版公司,2018.
[11] 苏朝辉.客户关系管理[M].2版.北京:高等教育出版社,2016.
[12] 苏朝辉.客户关系管理建立、维护与挽救[M].北京:人民邮电出版社,2016.
[13] 莱昂纳多·因基莱星,迈卡·所罗门.五星级服务:客户忠诚度实操手册[M].杨波,译.北京:世界图书出版公司,2014.
[14] 胡令,王进.网店客服[M].北京:人民邮电出版社,2015.
[15] 张永红,白洁.客户关系管理[M].北京:北京理工大学出版社,2016.
[16] 庄小将,王水清.客户关系管理[M].北京:教育科学出版社,2013.
[17] 王春凤,曹薇,范玲俐.客户关系管理[M].上海:上海交通大学出版社,2017.
[18] 马修·狄克逊,尼克·托马,瑞克·德里西.新客户忠诚度提升法[M].董幼学,译.北京:电子工业出版社,2015.
[19] 奈杰尔·希尔,吉姆·亚历山大.客户满意度与忠诚度测评手册[M].廉奇志,唐姚辉,译.北京:机械工业出版社,2004.
[20] 李光明,李伟萁.客户管理实务[M].北京:清华大学出版社,2009.
[21] 易发久,白沙.让客户回头[M].北京:电子工业出版社,2009.